일본어 능력시험 N5, N4 문형 수록

일본어문법
- 중급 -

하치노 토모카 지음

제이앤씨
Publishing Company

초급 학습을 마치고 중급으로 올라온 여러분, 환영합니다!!

여러분이 あいうえお부터 시작해서 이제 기본적인 동사와 형용사를 가지고 간단한 문장을 만들 수 있는 단계라고 생각합니다. 중급에 올라오면서 더 어려워지지 않을까, 더 복잡해지지 않을까 걱정하는 사람도 있을 것이고, 더 많은 표현을 배워서 더 유창하게 일본어를 구사했으면 좋겠다고 기대하고 있는 사람도 있을 것입니다. 초급에서는 잘 따라왔던 사람이 중급으로 올라오면서 힘들어하는 모습을 많이 봐왔지만, 기초부터 차근차근 단계적으로 학습했다면 앞으로도 본인의 페이스와 능력에 맞춰서 꾸준히 해나갔으면 합니다. 절대 포기하지 마시고요. 중급을 잘 넘기는 Tip을 여기서 가르쳐 드리겠습니다.

한국어와 일본어는 전혀 다르다고 인식할 것.

한국어와 일본어는 어순이 똑같지요? 그래서 일본어가 쉽겠다고 생각해서 공부를 시작한 사람도 있을 것입니다. 저도 한국어를 배웠을 때 그랬으니까요... 하지만, 결론부터 말하면, 한국어와 일본어는 전혀 다른 언어입니다.

저의 경험담 하나 해 드리겠습니다. 제가 한국에 처음 와서 한국어를 배우고 있을 때 이야기입니다. 어느 날 아침에 몸살 기운이 있어서 수업에 도저히 못 갈 것 같았습니다. 그래서 결석한다고 선생님한테 전화를 걸었습니다.

> 気分(きぶん)が悪(わる)いので、今日(きょう)はお休(やす)みします。

이렇게 선생님한테 말하고 싶었습니다. 그래서 제가 한 말은..

> 기분이 나빠서 오늘은 쉬겠습니다.

선생님이 많이 당황하셨을 것입니다. 몸 상태가 안 좋을 때 일본어로 '気分(きぶん)が悪(わる)い'라는 표현을 한국어로 그대로 '기분이 나쁘다'라고 한 것처럼, 이렇게 한국어와 일본어의 어휘나 문형이 가지고 있는 의미·기능은 서로 맞지 않을 때가 많습니다. 두 언어가 비슷하다 보니 쉽게 쓰다가 이런 실수를 하게 됩니다. 이제 초급 학습을 마치고 중급으로 올라온 여러분들은 일본어다운 표현을 배우는 단계가 되었습니다. 초급 단계에서는 한국어로 대부분이 해석이 되었지만, 중급부터는 한국어로 해석이 안 되는 표현들이 나오기 시작합니다. 그렇다면 한국인학습자들이 중급을 잘 넘기는 방법은 무엇일까요?

일본어 문장을 한국어로 해석하지 말 것.

초급에서 배운 문형들은 한국어를 일본어로 직역을 해도 그다지 어색하지 않았습니다. 어순도 똑같고 표현만 배우면 얼마든지 일본어로 만들 수가 있었지요. 하지만 이제부터는 그 방법이 통하지가 않습니다. 일본어 문형마다 한국어 번역이 있지만, 그 번역이 딱 맞는 표현이 아닐 때도 있고, 전에 나온 문형과 똑같은 번역일 수도 있습니다. 그러기 때문에 한국어 해석에서 어떤 차이를 찾으려고 하지 말고, 일본어의 용법으로 그 차이를 찾기 바랍니다. 제가 2002년부터 한국에서 일본어 가르치기 시작했고, 지금은 7년째 사이버한국외국어대학교에서 가르치고 있습니다. 중급을 잘 넘기는 학습자들은 일본어와 한국어와의 차이를 이해하려고 노력하는 사람이었습니다. 학습하는데 있어서 나이는 상관이 없지만, 젊은 학습자들이 이해하기 빠른 것은 젊으면 젊을수록 그 차이를 받아들이기 쉽기 때문일 것입니다. 한국어로는 같은 해석이지만 일본인들 귀에는 다른 어감으로 들린다는 점을 이해하게 된다면 여러분도 앞으로 얼마든지 자연스러운 일본어를 구사할 수 있습니다.

또 한 가지 중요한 것은 한국어에 없는 표현을 배웠으면 그 표현을 일본인들은 왜 사용하는지 언제 사용하는지에 집중하시기 바랍니다. 예를 들어, 수동태를 배웠어도 동사를 수동형으로 바꾸는 연습만 하고 실제로 쓸 수가 없는 학습자들이 많이 있습니다. 수동태를 일본인이 왜 사용하는지, 언제 사용하는지 모르기 때문에 활용할 수가 없었던 것입니다. 이 책은 각 문법마다 그 표현을 언제 쓰는지 왜 쓰는지에 대해 설명하여 여러분이 실제로 쓸 수 있도록 도와줍니다.

또한 한국인학습자 입장에서 해석하기 어려운 표현을 【한국어와 다른 일본어】에 정리했습니다. 일본어 표현을 배웠으면 문장을 최대한 한국어로 해석하지 마시고 일본어다운 표현을 익히시기 바랍니다. 한국어와의 차이를 너무 어렵다고 생각하는 것보다는 그 차이를 재미있고 흥미로운 것으로 생각했으면 좋겠습니다.

한국어와의 차이를 이해하고 일본어적인 발상이 훈련이 되었으면 여러분은 고급레벨에 올라가게 됩니다. 고급레벨은 일본어다운 일본어를 구사하는 수준이기 때문에 여러 표현을 아는 것도 중요하지만 표현과 표현의 뉘앙스 차이를 잘 이해하는 것도 중요합니다. 이 책에서는 다음 고급레벨에 잘 올라갈 수 있도록 뉘앙스 차이에 대한 설명을 **もう一歩 step up**에서 소개하고 있습니다. 또한 고급레벨에서 배울 문형에

대해서도 설명하고 있으니 여유가 있으면 읽어 보시기 바랍니다.

　초급부터 꼼꼼히 학습해 온 여러분에게 『日本語文法-중급-』이 큰 도움이 되기를 진심으로 기원합니다. 항상 여러분을 응원하고 있겠습니다. がんばれ！

2015년5월

한국외대 이문동 캠퍼스에서

하치노 토모카

일본어문법
- 중급 -

차 례

알아두기

일본어문법
- 중급 -

동사

1그룹 동사

일본어	한국어	일본어	한국어
書(か)く	쓰다	行(い)く	가다
働(はたら)く	일하다	聞(き)く	듣다
急(いそ)ぐ	서두르다	泳(およ)ぐ	수영하다
死(し)ぬ	죽다	遊(あそ)ぶ	놀다
呼(よ)ぶ	부르다	休(やす)む	쉬다
読(よ)む	읽다	飲(の)む	마시다
買(か)う	사다	会(あ)う	만나다
習(なら)う	배우다	吸(す)う	피우다, 빨아들이다
手伝(てつだ)う	도와주다	もらう	받다, 얻다
持(も)つ	들다	待(ま)つ	기다리다
帰(かえ)る	돌아가다	入(はい)る	들어가다
降(ふ)る	(비, 눈이)오다	ある	(물건이)있다
終(お)わる	끝나다	取(と)る	잡다, 들다
切(き)る	자르다	送(おく)る	보내다
知(し)る	알다	かかる	걸리다, 들다
曲(ま)がる	구부러지다, 돌다	話(はな)す	이야기하다
貸(か)す	빌려주다	出(だ)す	내다, 꺼내다
消(け)す	끄다, 지우다	上(あ)がる	올라가다
暮(く)らす	지내다, 살다	謝(あやま)る	사과하다
歩(ある)く	걷다	動(うご)く	움직이다
歌(うた)う	노래 부르다	写(うつ)す	그리다, 묘사하다
起(お)こす	일으키다	選(えら)ぶ	고르다
怒(おこ)る	화내다	笑(わら)う	웃다
押(お)す	밀다	踊(おど)る	춤추다
驚(おどろ)く	놀라다	思(おも)う	생각하다

일본어	한국어	일본어	한국어
折(お)る	접다	移(うつ)す	옮기다
泊(と)まる	묵다	去(さ)る	떠나다
登(のぼ)る	오르다	走(はし)る	달리다
通(とお)る	다니다	横切(よこぎ)る	가로지르다
飛(と)ぶ	날다	渡(わた)る	건너다
着(つ)く	도착하다	戻(もど)る	되돌아가다
至(いた)る	도달하다	教(おそ)わる	가르침을 받다, 배우다
思(おも)い出(だ)す	생각나다	撮(と)る	(사진을) 찍다
間(ま)に合(あ)う	(시간 기한을) 맞추다		

2그룹 동사

일본어	한국어	일본어	한국어
食(た)べる	먹다	寝(ね)る	자다
起(お)きる	일어나다	借(か)りる	빌리다
見(み)る	보다	いる	(사람이)있다
教(おし)える	가르치다	あげる	주다
かける	걸다	迎(むか)える	맞다, 맞이하다
疲(つか)れる	피곤하다, 지치다	出(で)る	나가다, 나오다
見(み)せる	보여주다	つける	붙이다, 켜다
浴(あ)びる	(주목을)받다, (아침 햇살을)쬐다	止(と)める	세우다, 멈추다, 고정시키다
開(あ)ける	열다	閉(し)める	닫다
足(た)りる	충분하다, 족하다	着(き)る	입다
入(い)れ替(か)える	교체하다	植(う)える	(나무를) 심다
生(う)まれる	태어나다	遅(おく)れる	늦다
覚(おぼ)える	외우다, 기억하다	降(お)りる	내리다
折(お)れる	접히다	離(はな)れる	(거리가 멀리)떨어지다
届(とど)ける	전하다	上(あ)げる	올리다, 들다

3그룹 동사(불규칙동사)

일본어	한국어	일본어	한국어
あいさつする	인사하다	安心(あんしん)する	안심하다
遠慮(えんりょ)する	사양하다	案内(あんない)する	안내하다
散歩(さんぽ)する	산책하다	招待(しょうたい)する	초대하다
合格(ごうかく)する	합격하다	失敗(しっぱい)する	실패하다
出席(しゅっせき)する	출석하다	出発(しゅっぱつ)する	출발하다
失礼(しつれい)する	실례하다	故障(こしょう)する	고장 나다
参加(さんか)する	참가하다	支度(したく)する	일을 준비하다
経験(けいけん)する	경험하다	コピーする	복사하다
質問(しつもん)する	질문하다	卒業(そつぎょう)する	졸업하다
入学(にゅうがく)する	입학하다	到着(とうちゃく)する	도착하다
入場(にゅうじょう)する	입장하다	退場(たいじょう)する	퇴장하다
達(たっ)する	도달하다	びっくりする	놀라다
達(たっ)する	도달하다	びっくりする	놀라다

2 자주 사용하는 숙어

- 写真(しゃしん)を撮(と)る　　　　　사진을 찍다.

- たばこを吸(す)う　　　　　　　　담배를 피우다.

- メモを取(と)る　　　　　　　　　메모를 하다.

- 元気(げんき)を出(だ)す　　　　　기운을 내다.

- 元気(げんき)が出(で)る　　　　　기운이 나다.

- ゆっくりする　　　　　　　　　푹 쉬다

- のんびりする　　　　　　　　　느긋하게 지내다.

- 電話(でんわ)が鳴(な)る　　　　　전화가 울리다.

- 一杯(いっぱい)やる　　　　　　　술 한 잔 하다.

- 計画(けいかく)/目標(もくひょう)を立(た)てる

　　　　　　　　　　　　　　　계획/목표를 세우다.

- 雨(あめ)が降(ふ)る　　　　　　　비가 내리다.

- お風呂(ふろ)に入(はい)る　　　　목욕을 하다.

- シャワーを浴(あ)びる　　　　　샤워를 하다.

- 風邪(かぜ)をひく　　　　　　　감기에 걸리다.

- かぎをかける　　　　　　　　　문을 잠그다.

3 형용사

い 형용사

일본어	한국어	일본어	한국어
大(おお)きい	크다	甘(あま)い	달다
小(ちい)さい	작다	辛(から)い	맵다
新(あたら)しい	새롭다	重(おも)い	무겁다
古(ふる)い	오래되다	軽(かる)い	가볍다
いい(よい)	좋다	ほしい	갖고 싶다
悪(わる)い	나쁘다	寂(さび)しい	쓸쓸하다
暑(あつ)い	덥다	広(ひろ)い	넓다
寒(さむ)い	춥다	狭(せま)い	좁다
熱(あつ)い	뜨겁다	長(なが)い	길다
冷(つめ)たい	차갑다	短(みじか)い	짧다
難(むずか)しい	어렵다	明(あか)るい	밝다
易(やさ)しい	쉽다	暗(くら)い	어둡다
高(たか)い	높다	背(せ)が高(たか)い	키가 크다
低(ひく)い	낮다	背(せ)が低(ひく)い	키가 작다
高(たか)い	비싸다	頭(あたま)がいい	머리가 좋다
安(やす)い	싸다	危(あぶ)ない	위험하다
おもしろい	재미있다	痛(いた)い	아프다
若(わか)い	젊다, 어리다	眠(ねむ)い	졸리다
おいしい	맛있다	強(つよ)い	강하다
忙(いそが)しい	바쁘다	弱(よわ)い	약하다
楽(たの)しい	즐겁다	調子(ちょうし)がいい	상태가 좋다
白(しろ)い	희다	調子(しょうし)が悪(わる)い	상태가 나쁘다
黒(くろ)い	검다	体(からだ)にいい	몸에 좋다

일본어	한국어	일본어	한국어
赤(あか)い	붉다	すごい	대단하다
青(あお)い	파랗다	多(おお)い	많다
近(ちか)い	가깝다	少(すく)ない	적다
遠(とお)い	멀다	暖(あたた)かい	따뜻하다
早(はや)い	(시기)빠르다	涼(すず)しい	시원하다
速(はや)い	(속도)빠르다	うるさい	시끄럽다
遅(おそ)い	늦다	えらい	훌륭하다
やさしい	상냥하다, 쉽다	ちょうどいい	딱 좋다
ややこしい	헷갈리다, 까다롭다	まぎらわしい	헷갈리기 쉽다
細(ほそ)い	가늘다	つまらない	시시하다, 지루하다
太(ふと)い	두껍다	細(こま)かい	미세하다, 잘다
正(ただ)しい	옳다, 맞다	濃(こ)い	짙다, 진하다
詳(くわ)しい	자세하다	薄(うす)い	연하다
硬(かた)い	딱딱하다	ひどい	(정도가)심하다
軟(やわ)らかい	부드럽다	怖(こわ)い	무섭다
気持(きも)ちがいい	기분이 좋다	厳(きび)しい	엄격하다
気持(きも)ちが悪(わる)い	(기분 몸상태가 나쁘다	都合(つごう)がいい	상황이 좋다
汚(きたな)い	더럽다	都合(つごう)が悪(わる)い	상황이 니쁘디
うれしい	기쁘다	気分(きぶん)がいい	기분이 좋다
悲(かな)しい	슬프다	気分(きぶん)が悪(わる)い	(기분 몸상태가 나쁘다
恥(は)ずかしい	부끄럽다	珍(めずら)しい	드물다
かわいい	귀엽다	おかしい	이상하다
厚(あつ)い	두껍다	うらやましい	부럽다
薄(うす)い	얇다	すばらしい	훌륭하다
うまい	맛있다		
まずい	맛없다		

な형용사

일본어	한국어	일본어	한국어
きれい	아름답다, 예쁘다, 깨끗하다	上手(じょうず)	잘한다
静(しず)か	조용하다	下手(へた)	미숙하다
にぎやか	번화하다	いろいろ	여러가지다
有名(ゆうめい)	유명하다	大変(たいへん)	힘들다
親切(しんせつ)	친절하다	大切(たいせつ)	소중하다
元気(げんき)	건강하다	大丈夫(だいじょうぶ)	괜찮다
暇(ひま)	한가하다	無理(むり)	무리다
便利(べんり)	편리하다	無駄(むだ)	소용없다
すてき	멋지다	不便(ふべん)	불편하다
好(す)き	좋아하다	真面目(まじめ)	성실하다
嫌(きら)い	싫어하다	熱心(ねっしん)	열심하다
簡単(かんたん)	간단하다	心配(しんぱい)	걱정스럽다
安全(あんぜん)	안전하다	適当(てきとう)	적당하다
丁寧(ていねい)	정중하다	嫌(いや)	싫다
十分(じゅうぶん)	충분하다	邪魔(じゃま)	거추장스럽다.(방해)
だめ	안된다	危険(きけん)	위험하다
楽(らく)	편하다	必要(ひつよう)	필요하다
ハンサム	잘생겼다	丈夫(じょうぶ)	튼튼하다
大(おお)きな	큰	変(へん)	이상하다
小(ちい)さな	작은	幸(しあわ)せ	행복하다
複雑(ふくざつ)	복잡하다		

1. **ケーキを買(か)っていきます**。
2. **雨(あめ)が降(ふ)ってきました**。

「~ていく」와「~てくる」에 대해서 학습하자.
다음 ( ) 안에 들어갈 말을 생각해 보자.

① ごはんは(　　　　　　　　　)。밥은 <u>먹고 가겠습니다</u>.

② ごはんは(　　　　　　　　　)。밥은 <u>먹고 왔습니다</u>.

먹고 가다　食(た)べていく

먹고 오다　食(た)べてくる

① ごはんは(食(た)べ**ていきます**)。밥은 먹고 가겠습니다.

② ごはんは(食(た)べ**てきました**)。밥은 먹고 왔습니다.

「~ていく」와「~てくる」는　①"~하고 가다", ②"~하고 오다"와
같이 <u>공간적 이동</u>을 나타내는 경우가 있고, 다음 ③④와 같이 <u>시간에 의</u>
<u>한 변화</u>를 나타내는 경우가 있다.

③ これからも仕事(しごと)は続(つづ)け**ていきます**。

　　앞으로도 일은 계속해 가겠습니다.

④ 今(いま)まで一生懸命(いっしょうけんめい)がんばっ**てきま**
　　した。지금까지 열심히 해 왔습니다.

1 「～ていく」「～てくる」만드는 법

▌동사 て형＋ていく

書(か)く　→　書(か)いていく

▌동사 て형＋てくる

書(か)く　→　書(か)いてくる

＊「て」다음에 「～いく　가다」와「～くる　오다」는 보통 ひらが
　な로 쓴다.

연습1

する ▣ していく	しない ▣ しないでいく

① かう　▣ ＿＿＿＿＿　　かわない　▣ ＿＿＿＿＿

② はなす　▣ ＿＿＿＿＿　　はなさない　▣ ＿＿＿＿＿

③ まつ　▣ ＿＿＿＿＿　　またない　▣ ＿＿＿＿＿

④ あそぶ　▣ ＿＿＿＿＿　　あそばない　▣ ＿＿＿＿＿

⑤ よむ　▣ ＿＿＿＿＿　　よまない　▣ ＿＿＿＿＿

⑥ のむ　▣ ＿＿＿＿＿　　のまない　▣ ＿＿＿＿＿

⑦ たべる　▣ ＿＿＿＿＿　　たべない　▣ ＿＿＿＿＿

⑧ みる　▣ ＿＿＿＿＿　　みない　▣ ＿＿＿＿＿

⑨ ねる　▣ ＿＿＿＿＿　　ねない　▣ ＿＿＿＿＿

정 답

① かう　→　かっていく　　かわない　→　かわないでいく
② はなす　→　はなしていく　　はなさない　→　はなさないでいく
③ まつ　→　まっていく　　またない　→　またないでいく
④ あそぶ　→　あそんでいく　　あそばない　→　あそばないでいく
⑤ よむ　→　よんでいく　　よまない　→　よまないでいく
⑥ のむ　→　のんでいく　　のまない　→　のまないでいく
⑦ たべる　→　たべていく　　たべない　→　たべないでいく
⑧ みる　→　みていく　　みない　→　みないでいく
⑨ ねる　→　ねていく　　ねない　→　ねないでいく

연습2

する ▸ してくる	しない ▸ しないでくる

① かう　▸ ＿＿＿＿＿＿　　かわない　▸ ＿＿＿＿＿＿
② はなす　▸ ＿＿＿＿＿＿　　はなさない　▸ ＿＿＿＿＿＿
③ きく　▸ ＿＿＿＿＿＿　　きかない　▸ ＿＿＿＿＿＿
④ あそぶ　▸ ＿＿＿＿＿＿　　あそばない　▸ ＿＿＿＿＿＿
⑤ よむ　▸ ＿＿＿＿＿＿　　よまない　▸ ＿＿＿＿＿＿
⑥ のむ　▸ ＿＿＿＿＿＿　　のまない　▸ ＿＿＿＿＿＿
⑦ たべる　▸ ＿＿＿＿＿＿　　たべない　▸ ＿＿＿＿＿＿
⑧ みる　▸ ＿＿＿＿＿＿　　みない　▸ ＿＿＿＿＿＿
⑨ ねる　▸ ＿＿＿＿＿＿　　ねない　▸ ＿＿＿＿＿＿

정 답

① かう　→　かってくる　　かわない　→　かわないでくる
② はなす　→　はなしてくる　はなさない　→　はなさないでくる

③ きく   →   きいてくる   きかない   →   きかないでくる
④ あそぶ →   あそんでくる あそばない →   あそばないでくる
⑤ よむ   →   よんでくる   よまない   →   よまないでくる
⑥ のむ   →   のんでくる   のまない   →   のまないでくる
⑦ たべる →   たべてくる   たべない   →   たべないでくる
⑧ みる   →   みてくる   みない   →   みないでくる
⑨ ねる   →   ねてくる   ねない   →   ねないでくる

---

2 공간적 이동

(4) **~ていきます** ~해가다, ~하고 가다

(4) **~てきます** ~해오다, ~하고 오다

▌동사 て형＋ていきます

1) 어떤 행위를 하고 나서 가는 것을 나타낸다.

① 夕食(ゆうしょく)は食(た)べ**ていきます**。 저녁은 먹고 가겠습니다.

② もう少(すこ)しやっ**ていきます**。 조금 더 하고 가겠습니다.

③ ケーキは私(わたし)が買(か)っ**ていきます**。

　케이크는 제가 사 가겠습니다.

④ 友達(ともだち)の家(いえ)にワインを買(か)っ**ていきました**。

　친구 집으로 와인을 사 갔습니다.

⑤ 息子(むすこ)は最近(さいきん)、宿題(しゅくだい)を**し**てい

　きません。 아들은 최근 숙제를 해 가지 않습니다.

⑥ もう少(すこ)しここで勉強(べんきょう)し**ていきます**。

조금 더 여기서 공부하고 가겠습니다.

⑦ お茶(ちゃ)を飲(の)ん**でいきます**。 차를 마시고 가겠습니다.

2) 멀어져가는 이동을 나타낸다.

① 船(ふね)はどんどん島(しま)から離(はな)れ**ていった**。

배는 계속 섬에서 멀어져갔다.

② 子供(こども)たちは家(いえ)に帰(かえ)っ**ていった**。

아이들은 집으로 돌아갔다.

③ 女(おんな)の子(こ)が泣(な)きながら帰(かえ)っ**ていった**。

여자 아이가 울면서 돌아갔다.

④ 手(て)を離(はな)した瞬間(しゅんかん)、ふうせんが飛(と)ん**でいって**しまった。 손을 뗀 순간, 풍선이 날아가 버렸다.

3) 이동 수단 혹은 이동할 때의 상태를 나타낸다.

① 田中(たなか)さんはさっき走(はし)っ**ていきました**。

다나카 씨는 방금 뛰어 갔습니다.

② 駅(えき)まで歩(ある)い**ていきます**。 역까지 걸어서 갑니다.

③ タクシーに乗(の)っ**ていきましょう**。 택시를 타고 갑시다.

④ 明日(あした)は、赤(あか)いドレスを着(き)**ていきます**。

내일은 빨간 드레스를 입고 가겠습니다.

┃ 동사 て형＋てきます

1) 어떤 행위를 하고 나서 오는 것을 나타낸다.

① パンを買(か)っ**てきます**。 빵을 사 오겠습니다.

② 夕食(ゆうしょく)は食(た)べ**てきました**。 저녁밥은 먹고 왔습니다.

③ おみやげを買(か)っ**てきた**。 선물을 사 왔다.

④ 田中(たなか)さんに会(あ)っ**てきました**。 다나카 씨를 만나고 왔습니다.

⑤ 単語(たんご)を全部(ぜんぶ)覚(おぼ)え**てきました**。

　　단어를 모두 외우고 왔습니다.

⑥ 田中(たなか)さんに聞(き)い**てきます**。

　　다나카 씨에게 물어보고 오겠습니다.

⑦ 宿題(しゅくだい)をし**てこない**生徒(せいと)が多(おお)いです。

　　숙제를 해 오지 않는 학생이 많습니다.

2) 가까워지는 이동을 나타낸다.

① となりの家(いえ)に老夫婦(ろうふうふ)がひっこし**てきました**。

　　옆 집에 노부부가 이사 왔습니다.

② 子供(こども)たちが公園(こうえん)へ集(あつ)まっ**てきた**。

　　아이들이 공원에 모여 왔다.(모여들었다)

③ 子供(こども)がけんかして、泣(な)きながら帰(かえ)っ**てきた**。

　　아이가 싸워서 울면서 돌아왔다.

④ かさを取(と)りに家(いえ)に戻(もど)っ**てきた**。

　　우산을 가지러 집으로 돌아왔다.

3) 이동 수단 혹은 이동할 때의 상태를 나타낸다

① 向(む)こうから田中(たなか)さんが歩(ある)いて**きます**。

　　건너편에서 다나카씨가 걸어 옵니다.

② タクシーに乗(の)って**きました**。 택시를 타고 왔습니다.

③ 今日(きょう)はコートを着(き)て**きました**。

　　오늘은 코트를 입고 왔습니다.

4) 이쪽으로 향한 사물의 접근을 나타낸다.

① 外(そと)から話(はな)し声(ごえ)が聞(き)こえて**きた**。

　　밖에서 이야기 소리가 들려 왔다.

② 台所(だいどころ)からいいにおいがして**きた**。

　　부엌에서 좋은 냄새가 났다.(냄새가 날아온다.)

③ 一週間(いっしゅうかん)前(まえ)に送(おく)った郵便物(ゆう
　　びんぶつ)が自分(じぶん)のところへ戻(もど)って**きた**。

　　1주일 전에 보낸 우편물이 나한테 되돌아왔다.

한국어와 다른 일본어 : 「てくる」

다음 한국어 문장은 일본어로 뭐라고 할까?

「고등학교 때 친구가 나에게 메일을 보냈습니다.」

그대로 일본어로 직역한 문장은 자연스럽지 못하다.

　?高校(こうこう)の友達(ともだち)が私にメールを送(おく)
　　りました。

일본어는 <u>상대방한테서 내가 행위를 받을 때는 「～てくる」가 필요하다</u>.

○ 高校(こうこう)の友達(ともだち)がメールを<u>送(おく)って</u>**きました**。 고등학교 때 친구가 메일을 보내 왔습니다.

① 知(し)らない人(ひと)が<u>話(はな)しかけ</u>**てきた**。(×話しかけました。) 모르는 사람이 말을 걸어 왔다.

② 部長(ぶちょう)が急(きゅう)な用事(ようじ)ができたと言(い)って、夜中(よなか)に<u>電話(でんわ)し</u>**てきた**。(×電話しました。) 부장님이 급한 일이 생겼다면서 밤중에 전화를 걸어 왔다.

③ 友達(ともだち)がわざわざ遠(とお)くから<u>訪(たず)ね</u>**てきた**。(×訪ねました。) 친구가 일부로 멀리서 찾아왔다.

5) 화제(話題)를 가지고 온다.

① 連休(れんきゅう)は日本(にほん)へ<u>行(い)っ</u>**てきました**。おいしいものをたくさん<u>食(た)べ</u>**てきました**。

연휴 때 일본에 갔다 왔습니다. 맛있는 것을 많이 먹고 왔습니다.

② 今年(ことし)の夏(なつ)はキャンプに<u>行(い)っ</u>**てきました**。

올 여름에는 캠프에 갔다 왔습니다.

③ この間(あいだ)、出張(しゅっちょう)で大阪(おおさか)に<u>行(い)っ</u>**てきました**。 지난 번에 출장으로 오사카에 갔다 왔습니다.

6) 「持(も)っていく/持(も)ってくる」(가지고 가다 /가지고 오다)

① 明日(あした)はおにぎりを作(つく)って**持(も)っていきます**。

내일은 주먹밥을 만들어서 가지고 가겠습니다.

② 家族写真(かぞくしゃしん)を**持(も)ってきました**。

가족 사진을 가지고 왔습니다.

③ お弁当(べんとう)を**持(も)ってきました**。

도시락을 가지고 왔습니다.

④ A : 明日(あした)のパーティに何(なに)か飲(の)み物(もの)を **持(も)ってきて**ください。 내일 파티에 뭔가 마실 것을 가지고 와주세요.

B : じゃあ、ワインを**持(も)っていきます**ね。

그럼 와인을 가지고 가겠습니다.

7) 「連(つ)れていく/連(つ)れてくる」 (데리고 가다/ 데리고 오다)

① 毎朝(あいあさ)息子(むすこ)が妹(いもうと)を幼稚園(ようちえん)に**連(つ)れていきます**。

매일 아침 아들이 여동생을 유치원에 데리고 갑니다.

② 学生(がくせい)が教室(きょうしつ)に猫(ねこ)を**連(つ)れてきました**。 학생이 교실에 고양이를 데리고 왔습니다.

③ 子供(こども)を**連(つ)れていきました**。 아이를 데리고 갔습니다.

④ A : 子供(こども)も**連(つ)れていって**もいいですか？

아이도 데리고 가도 될 까요?

B : もちろん。**連(つ)れてきて**いいですよ。

물론이죠. 데리고 와도 됩니다.

>>> **문장연습 1**

정답 376쪽

① 아버지가 케이크를 사 왔습니다.　　　　　　　ケーキ 케이크

➡ _____

② 신분증명서를 가지고 와 주세요.

　　　　　　　　　　　　　身分証明書(みぶんしょうめいしょ) 신분증명서

　　💠 _____

③ 점심은 먹고 가겠습니다.　　　　　　　　　　　**お昼**(ひる) 점심

　　💠 _____

④ 내일은 도시락을 가지고 오세요.　　　　**お弁当**(べんとう) 도시락

　　💠 _____

⑤ 일요일에 여동생을 유원지로 데리고 갔습니다. **遊園地**(ゆうえんち) 유원지

　　💠 _____

3 시간에 의한 변화

🔊④ **～ていきます**

🔊④ **～てきます**

1) 행위가 계속 되는 것을 나타낸다.

▌동사 て형＋ていきます　～해 가겠습니다.

「これから(앞으로, 이제부터)」 등의 표현과 함께 사용한다.

① これから二人(ふたり)で幸(しあわ)せに暮(くら)し**ていきます**。

　　앞으로 둘이서 행복하게 살아가겠습니다.

② 卒業後(そつぎょうご)も日本語(にほんご)の勉強(べんきょう)を続(つづ)け**ていきます**。

　　졸업　후에도 일본어 공부를 계속해 가겠습니다.

③ これからもいっしょにがんばっ**ていこう**。

　　앞으로도 같이 열심히 해 가자.

▌ 동사 て형＋てきました　~해 왔습니다.

「今(いま)まで(지금까지)」「ずっと(쭉)」등의 표현과 함께 사용한다.

① ずっと写真(しゃしん)の仕事(しごと)を<u>し</u>**てきました**。

　　쭉 사진 일을 해 왔습니다.

② 今(いま)までがまんし**てきました**。 지금까지 참아 왔습니다.

③ 水泳(すいえい)は学生(がくせい)のころから<u>続(つづ)</u>け**てき**
ました。 수영은 학생 때부터 계속해 왔습니다.

2) 변화를 나타낸다.

▌ 동사 て형＋てきました ~하기 시작했습니다.

① 雨(あめ)が<u>降(ふ)っ</u>**てきました**。

　　비가 내리기 시작했습니다.

② 風(かぜ)が<u>強(つよ)く</u>なっ**てきました**ね。

　　바람이 강해지기 시작했네요.

③ 人口(じんこう)が<u>増(ふ)え</u>**てきました**。

　　인구가 늘어나기 시작했습니다.

④ 仕事(しごと)が<u>増(ふ)え</u>**てきました**。

　　일이 많아지기 시작했습니다.

⑤ 少(すこ)しずつ日本の生活に<u>慣(な)れ</u>**てきました**。

　　조금씩 일본 생활에 익숙해지기 시작했습니다.

* 형용사가 앞에 올 경우, 「なる(~해지다)」를 접속하여 「~なって
  きた」의 형태가 된다.

  (なる(~해지다)에 대한 자세한 내용은 3과 참조.)

▌い형용사 い+くなる

熱(あつ)い → 熱(あつ)くなる
뜨겁다   뜨거워지다

冷(つめ)たい → 冷(つめ)たくなる
차갑다   차가워지다

▌な형용사+になる

元気(げんき) → 元気(げんき)になる
건강하다   건강해지다

きれい → きれいになる
아름답다.   아름다워지다.
예쁘다.   예뻐지다.
깨끗하다   깨끗해지다

① なんだかおもしろくなってきました。

　　왠지 재미있어지기 시작했습니다.

② 急(きゅう)におなかが痛(いた)くなってきた。

　　갑자기 배가 아파지기 시작했다.

③ ねむくなってきた。

　　졸리기 시작했다.

④ なんだか心配(しんぱい)になって**きました。**

　왠지 걱정되기 시작했습니다.

▌ 동사 て형＋ていきます ~해 갑니다.

① 色(いろ)が見(み)る見(み)るうちに変(か)わって**いった。**

　색이 금세 변해 갔다.

② 水(みず)がどんどん減(へ)って**いく。**

　물이 자꾸 줄어간다.

③ 客(きゃく)が少(すこ)しずつ増(ふ)え**ていく。**

　손님이 조금씩 늘어간다.

④ 彼女(かのじょ)はどんどんやせ**ていく。**

　그녀는 자꾸 살 빠져 간다.

＊「どんどん 자꾸, 갈수록」「だんだん 점점」「少しずつ 조금씩」
　「見る見るうちに 금세」「ますます 더욱더」등 변화를 나타내는
　부사(副詞)와 함께 사용되는 경우가 많다.

>>> 문장연습 2 ─────────────────────
　　　　　　　　　　　　　　　　　　　　정답 376쪽

「てくる」를 써서 일작하시오.

① 지금까지 도시에서 생활해 왔습니다.　　　　　　**都市(とし)** 도시

　➡ _____

② 스무살 때부터 계속 이 가게에서 일을 해 왔습니다.
　　　　　　　　　　二十歳(はたち) 스무살, **ずっと** 계속

　➡ _____

③ 갑자기 추워지기 시작했습니다.　　　　　　　　急(きゅう)に 갑자기

➡ _____

もう一歩 step up

1. 「～てきました」와 「～ていきました」

「～てきました」는 과거에서 현재까지 계속 변하고 있음을 나타낸다.

「～ていきました」는 과거의 어느 시점에서 과거의 어느 시점까지의 변화를 나타낸다.

「～ていきました」는 最近(요즘)과 같이 현재를 나타내는 단어와 같이 쓸 수 없다.

예)　○　最近(さいきん)太(ふと)っ**てきました**。

　　　요즘 살이 쪘습니다. (살이 찌는 과정에 있다.)

　　×　最近(さいきん)太(ふと)っていきました。

예)　○　最近(さいきん)日本語(にほんご)を学(まな)ぶ
　　　　人(ひと)が増(ふ)え**てきました**。

　　　요즘 일본어를 배우는 사람이 늘어났습니다. (늘어나는 과정에 있다.)

　　×　最近(さいきん)日本語(にほんご)を学(まな)ぶ
　　　　人(ひと)が増(ふ)えていきました。

「～ていきました」는 <u>과거의 변화를 객관적으로 표현</u>하여 <u>옛날을 회상</u>하는 표현이다.

예) 当時(とうじ)、私(わたし)は過度(かど)のストレスで、
どんどん<u>太(ふと)**っていきました**</u>。

당시 나는 과도한 스트레스로 점점 살이 쪄 갔습니다.

예) 日本(にほん)のアニメが放映(ほうえい)され始(はじ)め
ると、<u>日本語(にほんご)を学(まな)ぶ人(ひと)が増(ふ)え
ていきました</u>。

일본 애니메이션이 방영하기 시작하자 일본어를 배우는 사람이 늘어갔습니다.

2. 「~てくる」와 「~ている」
「~てくる」는 변화가 생기는 것을 나타낸다.
「~ている」는 상태를 나타낸다.

예) 最近(さいきん)日本語(にほんご)を学(まな)ぶ人(ひと)が
増(ふ)え**てきました**。

요즘 일본어를 배우는 사람이 늘어났습니다. (늘어나는 과정에 있다.)

예) 最近(さいきん)日本語(にほんご)を学(まな)ぶ人(ひと)が
増(ふ)え**ています**。

요즘 일본어를 배우는 사람이 늘어납니다.(늘어난 상태에 있다.)

「増(ふ)えてきました。」는 점점 늘어나고 있는 변화를 나타내는 반면,
「増(ふ)えています。」는 늘어난 상태를 나타낸다.

예) もみじが赤(あか)くなっ**てきました**。

단풍이 빨개졌습니다. (빨개지는 과정에 있다.)

예) もみじが赤(あか)くなっ**ていました**。

단풍이 빨개져있었습니다.(단풍이 빨갛게 물들어 있는 상태이다.)

やってみよう!

다음 한국어 문장을 일본어로 바꾸시오.

① 역까지 걸어서 갑니다.

➡ _____

② 작은 아이도 데려 가겠습니다.

➡ _____

③ 점심은 준비해서 오세요.

➡ _____

④ 친구가 동창회 안내서를 보내 왔습니다.

➡ _____

⑤ 눈이 내리기 시작했습니다.

➡ _____

문제 정답

① 駅(えき)まで歩(ある)いていきます。
② 下(した)の子(こ)も連(つ)れていきます。
③ お昼(ひる)は準備(じゅんび)してきてください。
④ 友人(ゆうじん)が同窓会(どうそうかい)の案内状(あんないじょう)を
　送(おく)ってきました。
⑤ 雪(ゆき)が降(ふ)ってきました。

정답 376쪽

おさらい問題 복습 문제

1. 다음 한국어 문장을 일본어로 바꾸시오.

④

① 학생증을 가지고 와 주세요.　　　　　　　　学生証(がくせいしょう) 학생증

　　➡ _____

② 주스를 사 가겠습니다.　　　　　　　　　　　ジュース 주스

　　➡ _____

③ 남동생이 사과를 보내 왔습니다.　　　　　　　りんご 사과

　　➡ _____

④ 앞으로도 일본어 공부를 계속해 가겠습니다.　続(つづ)ける 계속하다

　　➡ _____

2. 다음 (　　　)안에 「~ていく」「~てくる」 형태로 변형하여 쓰시오.

① 持(も)ち物(もの)に名前(なまえ)を(書(か)く)てください。
소지품에 이름을 써서 와 주세요.

　　➡ _____

② 明日(あした)は地下鉄(ちかてつ)に(乗(の)る)。
내일은 지하철을 타고 가겠습니다.

　　➡ _____

③ 息子(むすこ)が走(はし)って(帰(かえ)る)。
아들이 뛰어 돌아왔습니다.

　　➡ _____

④ 運動(うんどう)ぐつを(はく)てください。

운동화를 신고 와 주세요.

▷ _____

⑤ 友達(ともだち)が年賀状(ねんがじょう)を(送(おく)る)。

친구가 연하장을 보내 왔습니다.

▷ _____

⑥ 人(ひと)が(多(おお)くなる)。

사람이 많아지기 시작했다.

▷ _____

어떻게 다를까요?

① 日本語(にほんご)がおもしろくなって**きました**。

② 日本語(にほんご)がおもしろくなって**いきました**。

③ 日本語(にほんご)がおもしろくなり**ました**。

④ 日本語(にほんご)がおもしろくなって**います**。

해설 :

① 日本語(にほんご)がおもしろくなって**きました**。

일본어가 재미있어졌습니다.

: 점점 재미있어진 변화를 나타내고 있다.

예) 漢字(かんじ)が分(わ)かりはじめて、日本語(にほんご)がお
もしろくなって**きました**。

한자를 알기 시작하면서 일본어가 재미있어졌습니다.

② 日本語(にほんご)がおもしろくなって**いきました**。

일본어가 재미있어졌습니다.

: 과거 회상. 과거에 일본어가 재미있어졌었다.

예) 中学生(ちゅうがくせい)の時(とき)、日本(にほん)のアニメ
を見始(みはじ)めて、どんどん日本語(にほんご)がおもし
ろくなって**いきました**。

중학생 때 일본 애니메이션을 보기 시작해서 갈수록 일본어가 재미있어졌습니다.

③ 日本語(にほんご)がおもしろくなり**ました**。

일본어가 재미있어졌습니다.

:지금 일본어가 재미있어진 결과만 나타내고 있다.

예) 日本(にほん)のドラマのおかげで日本語(にほんご)がおも

しろくなり**ました**。

일본 드라마 덕분에 일본어가 재미있어졌습니다.

④ 日本語(にほんご)がおもしろくなっ**ています**。(＝日本語が

おもしろいです。)

일본어가 재미있어져 있습니다.(= 일본어가 재미있습니다.)

:지금 일본어가 재미있는 상태에 있다.

예) 今(いま)、ちょうど日本語(にほんご)がおもしろくなって

います。

지금 막 일본어가 재미있어져 있습니다.

일본어문법
- 중급 -

1. ホテルを予約(よやく)してあります。

2. ホテルを予約(よやく)しておきます。

일본어문법
- 중급 -

동사의 상태 표현인 「~てある ~(되어) 있다」와 「~ておく ~해 두
다」에 대해서 학습하자.

1 ~てある

다음 ①,②는 어떻게 다를까?

①ドアが閉(し)まっ<u>ている</u>。문이 닫혀 있다.
②ドアが閉(し)め<u>てある</u>。문이 닫혀 있다.

초급에서 동작이나 사건이 순간적으로 완료되는 순간동사가 「~て
いる」형태가 되면 동작이나 사건이 완료되어 그 결과가 남아 있는 상
태를 나타낸다고 학습했다.(초급 10과 「~ている」참조.)

예) ① ソウルに住(す)んでいます。

　　　서울에 살고 있습니다.

② 結婚(けっこん)しています。

　　　결혼했습니다.

③ お店(みせ)が閉(し)まっていました。

　　　가게가 닫혀 있었습니다. (닫혔었습니다.)

④ 家(いえ)の前(まえ)に車(くるま)が止(と)まっていました。

　　　집 앞에 차가 세워져 있었습니다.

⑤ さいふが落(お)ちていました。

　　　지갑이 떨어져 있었습니다.

이와 똑같이 <상태의 지속>을 나타내는 형식에 「~てある」가 있다. 일반적으로 '결과상태'를 나타내는 「~ている」 앞에는 <u>순간적으로 동작이 성립되는</u> 자동사가 오며, 「~てある」 앞에는 반드시 타동사가 와야 한다.

 * 타동사＋てある : <상태의 지속>을 나타낸다.

②ドアが閉(し)めてある。(閉(し)める:타동사)

閉まる—閉める와 같이 쌍을 이루는 자동사와 타동사(일본어＋PLUS 自動詞(자동사)와他動詞(타동사) 참조.) 인 경우, 자동사＋ている와 타동사＋てある는 비슷한 의미를 가진다. ①의 자동사＋ている 는 단순히 상태만 나타낸다. 반면, ②의 「~てある」에는 누군가의 의도(意図)가 포함되어 있다. ① ドアが閉(し)まっている。는 닫혀 있는 상태를 단순히 묘사한 것이고, 반면 ② ドアが閉(し)めてある。는 누군가가 의도적으로 문을 잠갔다와 같은 동작을 한 사람의 의도가 포함되어 있다.

아래 표는 초급단계에서 꼭 일아아할 '쌍을 이루는 자동사와 타동사'이다. 그 외 단어는 일본어＋PLUS自動詞(자동사)와他動詞(타동사) 참조.

쌍을 이루는 자동사와 타동사

자동사(自動詞)		타동사(他動詞)	
유형: -aru/-eru			
終(お)わる	끝나다	終(お)える	끝내다
閉(し)まる	닫히다	閉(し)める	닫다
止(と)まる	그치다	止(と)める	멈추다, (차를)세우다
始(はじ)まる	시작되다	始(はじ)める	시작하다
見(み)つかる	발견되다	見(み)つける	발견하다
かかる	잠기다, 채워지다, 걸리다	かける	잠그다, 채우다, 걸다
-reru/-su			
壊(こわ)れる	부서지다	壊(こわ)す	부수다
倒(たお)れる	넘어지다	倒(たお)す	넘어뜨리다
-reru/-ru			
割(わ)れる	부서지다	割(わ)る	부수다
-ru/-su			
出(で)る	나가다	出(だ)す	내보내다
-eru/-asu			
冷(ひ)える	차가워지다	冷(ひ)やす	차게 하다
消(き)える	꺼지다	(예외) 消(け)す	끄다
-iru/-osu			
起(お)きる	일어나다	起(お)こす	일으키다, 일어나게 하다
落(お)ちる	떨어지다	落(お)とす	떨어뜨리다
-u/-eru			
開(あ)く	열리다	開(あ)ける	열다
立(た)つ	서다	立(た)てる	세우다
つく	붙다, 켜지다	つける	붙이다, 키다
並(なら)ぶ	나란히 서다	並(なら)べる	나란히 세우다
入(はい)る	들어가다 들어오다	入(い)れる	집어넣다
-u/-asu			
沸(わ)く	끓다	沸(わ)かす	끓이다

④ **~てあります** ~(되어)있습니다. ~해 놓았습니다. ~해 두었습니다.

■ 동사(타동사)의 て형+てあります

1) 어떤 사람이 의도적으로 어떤 행위를 한 결과 발생한 상태가 남아 있는 것을 나타낸다.

① 窓(まど)は開(あ)け**てあります**。

　　창문은 열려있습니다.

② 部屋(へや)はきれいにそうじし**てあります**。

　　방은 깨끗하게 청소되어 있습니다.

③ へやの電気(でんき)は消(け)し**てあります**。

　　방의 불은 꺼져 있습니다.

④ ハンカチはひきだしの中にしまっ**てあります**。

　　손수건은 서랍 안에 넣어져 있습니다. (넣어 놓았습니다.)

*しまう : 넣다, 간수하다, 치우다, 정리하다

「~にしまいます。」

・ひきだし　서랍　　　　　　ひきだしにしまいます。
・つくえの中(なか)　책상 안　つくえの中(なか)にしまいます。
・はこの中(なか)　상자 안　　はこの中(なか)にしまいます。
・おしいれ　일본식 벽장　　　おしいれにしまいます。
・タンス　옷장　　　　　　　タンスにしまいます。
・金庫(きんこ)　금고　　　　金庫(きんこ)にしまいます。

연습1

> かべに鏡(かがみ)をかけた　벽에 거울을 걸었다.
> ▶ かべに鏡(かがみ)<u>が</u>かけてあります。
> 　벽에 거울이 걸려 있습니다.

① テーブルの上(うえ)に花(はな)をかざった　테이블 위에 꽃을 장식했다.

　▶ _____

② ひきだしの中(なか)にホッチキスを入(い)れた　서랍 속에 스탬플러를 넣었다.

　▶ _____

③ タンスにコートをしまった　옷장에 코트를 넣었다.

　▶ _____

정 답

① テーブルの上(うえ)に花(はな)<u>が</u>かざってあります。

　테이블 위에 꽃이 장식이 되어있습니다.

② ひきだしの中(なか)にホッチキス<u>が</u>入(い)れてあります。

　서랍 속에 스탬플러가 넣어져 있습니다.

③ タンスにコート<u>が</u>しまってあります。

　옷장에 코트가 넣어져 있습니다.

연습2

> はさみは机(つくえ)のひきだしにしまった
> 가위는 책상 서랍에 넣었다.
> ▶ はさみは机(つくえ)のひきだしにしまってあります。
> 　가위는 책상 서랍에 넣어져 있습니다.

① おさらはテーブルにならべた 접시는 테이블에 가지런히 놓다.

　　➡ _____

② お金(かね)は母(はは)に預(あず)けた 돈은 엄마에게 맡겼다.

　　➡ _____

③ くわしい説明(せつめい)は教科書(きょうかしょ)に書(か)いた
　　자세한 설명은 교과서에 썼다

　　➡ _____

정 답

① おさらはテーブルにならべてあります。
　 접시는 테이블에 가지런히 놓여져 있습니다.
② お金(かね)は母(はは)に預(あず)けてあります。
　 돈은 엄마에게 맡겨 놓았습니다.
③ くわしい説明(せつめい)は教科書(きょうかしょ)に書(か)いて
　 あります。　 자세한 설명은 교과서에 써져 있습니다.

---

2) 준비가 완료돼 있다는 사실도 표현한다.

① 会議(かいぎ)の日程(にってい)は社員(しゃいん)に知(し)らせ
てあります。 회의 일정은 사원들에게 알려 두었습니다.

②その件(けん)については、すでに調(しら)べ**てあります**。

　 그 건에 대해서는, 이미 조사해놓았습니다.

③場所(ばしょ)はたなかさんに伝(つた)え**てあります**。

　 장소는 다나카씨에게 전해 두었습니다.

연습 3

> ホテルはもう(予約(よやく)する)あります。
> ➡ ホテルはもう(予約(よやく)して)あります。
>> 호텔은 이미 예약해 두었습니다.

① パスポートはもう(とる)あります。 여권은 이미 받았습니다.

　➡ _____

② チケットはもう(買(か)う)あります。 차표는 이미 사 두었습니다.

　➡ _____

③ 荷物(にもつ)はもう(準備(じゅんび)する)あります。
　짐은 이미 준비해 두었습니다.

　➡ _____

정 답

① とって　　② 買(か)って　　③ 準備(じゅんび)して

한국어와 다른 일본어 : 「～てある」와 「～ている」

창문이 열려있다.

a 窓(まど)が開(あ)け**てある**。　　(開(あ)ける : 열다)

b 窓(まど)が開(あ)い**ている**。　　(開(あ)く : 열리다)

てある : 사건의 결과뿐만 아니라 동작을 한 주체의 의도가 함축
되어 있다. (의도에 초점)

ている : 자연적으로 일어난 사건의 결과에만 초점을 맞추고 있
다. (상태에 초점)

a 窓(まど)が開(あ)け**てあります**。 창문이 열려있습니다.

　→ 공기를 깨끗하게 하기 위해서와 같은 동작의 주체의 의도가
　　 함축되어 있다.

b 窓(まど)が開(あ)い**ています**。 창문이 열려있습니다.

　→ 열려 있다고 하는 상황을 묘사하는 것뿐.

>>> 문장연습 1

정답 377쪽

「てある」를 써서 일작하시오.

① 맥주는 냉장고에 차갑게 해 놓았습니다.
　　　　　　　　ビール 맥주, れいぞうこ 냉장고, 冷(ひ)やす 차갑게 하다

　➡ _____

② 시간은 전해　두었습니다.　　　　時間(じかん) 시간, 伝(つた)え 전하다

　➡ _____

③ 서류는 복사해 두었습니다.　　서類(しょるい) 서류, コピーする 복사하다

　➡ _____

2　～ておく

어떤 목적을 위해 어떤 행위를 하고, 그 결과가 남아 있는 것이 「てある」라고 배웠다. 이와 비슷한 표현에 「～ておく」가 있다.

서류는 책상 위에 놓았습니다.

① 書類(しょるい)はつくえの上(うえ)において**あります**。
② 書類(しょるい)はつくえの上(うえ)において**おきました**。

（4） **～ておきます** ～해 놓겠습니다.

（4） **ないでおきます** ～하지 않은 상태로 두겠습니다.

┃ 동사의 て형＋ておきます
┃ 동사의 ない형＋ないでおきます

「～ておく」에는 <준비> <조치> <방치>와 같은 의미가 있다.

1) 〈준비〉: 어떤 목적을 위해서 미리 어떤 행위를 한다.

① ホテルを予約(よやく)し**ておきます**。 호텔 예약을 해 놓겠습니다.
② 授業(じゅぎょう)の前(まえ)に黒板(こくばん)を消(け)し**ておきました**。 수업 전에 칠판을 지워두었습니다.
③ 教科書(きょうかしょ)を読(よ)ん**でおいて**ください。
　　교과서를 읽어 두세요

* 회화에서는 「～ておく」를 「～とく」라고 한다.

④ つくえはこのままにし**ておいて**ください。
　　책상은 이대로 놓아 두세요
　　＝つくえはこのままにし**といて**ください。

「~した」는 사건의 결과만을 나타내지만, 「~ておいた」는 어떤 목적을 위해 미리 해놓은 것을 나타낸다.

② 授業(じゅぎょう)の前(まえ)に、黒板(こくばん)を消(け)し**て おきました**。

　　수업 전에 칠판을 지워 두었습니다. ← 수업 준비를 위해 미리 칠판을 지웠다.

②′ 授業(じゅぎょう)の前(まえ)に、黒板(こくばん)を消(け)し<u>ました</u>。 수업 전에 칠판을 지웠습니다. ← 칠판을 지운 사실만을 전한다.

2) 〈조치〉

「~たら、~ておきます」 ~하면 ~해 놓겠습니다.

(「~たら」: 동사た형+たら (~하면) 10과 참조.)

① 食事(しょくじ)が終(お)わったら、お皿(さら)を洗(あら)っ**ておきます**。

　　식사가 마치면 그릇을 씻어놓겠습니다.

② 家(いえ)に帰(かえ)ったら、そうじし**ておきます**。

　　집에 돌아가면 청소해놓겠습니다.

③ 本(ほん)を読(よ)んだら、しまっ**ておきます**。

　　책을 읽으면 정리해놓겠습니다.

④ 授業(じゅぎょう)が終(お)わったら、復習(ふくしゅう)し**ておいてください**。

　　수업이 끝나면 복습해 놓으세요.

3) 〈방치〉: 그대로 두다.

① そのままにして**おきました**。

그대로 두었습니다.

② つくえはこのままにして**おいて**ください。

책상은 이대로 놓아 두세요.

③ 窓(まど)は開(あ)け**ておいて**ください。

창문은 열어 놓으세요.

④ まだチケットは買(か)わ**ないでおきます**。

아직 표는 사지 않겠습니다. (買わない 상태로 두겠습니다.)

⑤たなかさんには言(い)わ**ないでおいて**ください。

다나카 씨에게는 말하지 마세요. (言わない 상태로 두세요.)

>>> **문장연습 2**

정답 378쪽

「ておく」를 써서 일작하시오.

① 식사를 준비해 두었습니다.

食事(しょくじ) 식사, **準備(じゅんび)する** 준비하다

➡ _____

② 내일 다나카씨에게 연락해 놓겠습니다.   **連絡(れんらく)する** 연락하다

➡ _____

③ 모르는 부분은 공백으로 비워 놓으세요. 分(わ)からないところ 모르는 부분,
空白(くうはく)のまま 공백인 채, **空(あ)ける** 비우다

➡ _____

3 「~てある」와「~ておく」

1) 「~ておきます」는 지금부터 실행할 것을 의미하며, 「~てあります」은 이미 실행한 후의 일을 나타낸다.

① ホテルを予約(よやく)しておきます。

　　호텔을 예약해 놓겠습니다 .←아직 예약하지 않았다.

①′ ホテルを予約(よやく)してあります。

　　호텔을 예약해 두었습니다. ←이미 예약했다.

2) 「~ておきました」는 동작, 행위에 초점이 맞춰져 있고, 「~てあります」는 결과의 상태에 초점이 맞춰져 있다.

② スープは温(あたた)めておきました。

　　스프는 데워 놓았습니다. ← 미리 스프를 데워 둔 행위에 초점이 맞춰져 있다.

②′ スープは温(あたた)めてあります。

　　스프는 데워져 있습니다. ← 데워 둔 스프가 따뜻한 상태로 있다는 것에 초점이 맞춰져 있다.

3) 「てある」는 미래의 일에는 쓰지 않는다.

③ 明日(あした)、ホテルを予約(よやく)しておきます。

　　내일, 호텔을 예약해 놓겠습니다.

③′ × 明日(あした)、ホテルを予約(よやく)してあります。

한국어와 다른 일본어 : 「～てある」와「～ておく」

チケットは買(か)いましたか。

① はい、買(か)ってあります。
② はい、買(か)っておきました。

①②는 어떻게 다를까?

둘 다 "티켓은 이미 샀다." 라는 뜻입니다. ①買ってあります。는 구매한 결과 티켓이 존재하고 있는 상황을 나타내는 반면, ②買っておきました。는 미리 티켓을 준비해 놓았다라는 뜻입니다. 즉, 「～てある」는 그 행위를 한 결과가 존재하는 상태를 말하는 것이고, 「～ておく」는 「買(か)う」라는 행위에 초점이 있습니다. 그래서「～ておく」는 미래에 일에 대해서도 쓸 수 있지만,「～てある」는 미래에 대해서 쓸 수 없습니다.

③　明日(あした)、チケットを買(か)って**おきます**。

　　내일, 호텔을 예약해 놓겠습니다.

③´ ×明日(あした)、チケットを買(か)ってあります。

やってみよう!

다음 한국어 문장을 일본어로 바꾸시오.

① 시험 전에 확실히 복습해 두겠습니다.

　➡ _____

② 결혼하기 전에 돈을 모아 두겠습니다.

　➡ _____

③ 여행 전에 여권을 받아 놔 주세요.

　➡ _____

④ 벌써 자리는 잡아 놓았습니다.

　➡ _____

⑤ 부모님께 연락드려 놓았습니다.

　➡ _____

문제 정답

① テストの前(まえ)にしっかり復習(ふくしゅう)しておきます。
② 結婚(けっこん)する前(まえ)にお金(かね)をためておきます。
③ 旅行(りょこう)の前(まえ)にパスポートをとっておいてください。
④ もう席(せき)はとってあります。
⑤ 親(おや)に連絡(れんらく)してあります。

おさらい問題 복습 문제

정답 378쪽

1. 다음 한국어 문장을 일본어로 바꾸시오.

④

① 상자에 설명이 써 있습니다.   はこ 상자, 説明(せつめい) 설명

▶ _____

② 짐은 이미 준비해 놓았습니다.   荷物(にもつ) 짐

▶ _____

③ 회의 전에 서류를 읽어 두십시오.   会議(かいぎ) 회의,
前(まえ)に 전에, 書類(しょるい) 서류

▶ _____

④ 다나카씨에게 회의 시간을 알려 두세요.   教(おし)える 알리다

▶ _____

⑤ 책을 책상 위에 놓아 두었습니다. 本(ほん) 책, つくえの上(うえ) 책상 위

▶ _____

2. 다음 ( )안 에 「書(か)く(쓰다)」를 적당한 형태로 변형하여 쓰시오.

① 今(いま)、手紙(てがみ)を(_____)
지금 편지를 쓰고 있습니다.

② はこに説明(せつめい)が(_____)
상자에 설명이 적혀 있습니다.

③ 本(ほん)に名前(なまえ)を(_____)
책에 이름을 써 놓겠습니다.

3. 다음 중, 표를 아직 예약하지 않은 것은 어느 것 입니까?

① チケットを予約(よやく)してあります。
② チケットを予約(よやく)しておきます。

自動詞(자동사)와 他動詞(타동사)

自動詞(자동사)와 他動詞(타동사)

일본어 동사는 자동사(自動詞)와 타동사(他動詞) 두 가지로 나눌 수 있다.

1 자동사(自動詞)와 타동사(他動詞)란?

자동사 : を+동사 형태가 되지 않은 동사

타동사 : を+동사 형태가 되는 동사

「ごはんを食(た)べる」와 같이 **を+동사** 형태가 되는 동사를 타동사라고 한다. 반면, 「行(い)く」, 「寝(ね)る」와 같이 **を+동사** 형태가 되지 않은 동사를 자동사라고 한다.

자동사: 学校(がっこう)**に**行(い)く。 학교에 가다.

友達(ともだち)**と**遊(あそ)ぶ。 친구와 놀다.

いす**に**座(すわ)る。 의자에 앉다.

타동사: コーヒー**を**飲(の)む。 커피를 마시다.

友達(ともだち)**を**待(ま)つ。 친구를 기다리다.

本(ほん)**を**読(よ)む。 책을 읽다.

<명사+を+동사> 의 <명사+を> 는 타동사가 나타내는 동작 대상이다.

飲む(동작) → (대상)コーヒー

하지만, <를+동사> 형태를 갖추어도 <명사+를> 가 **장소**를 나타내
는 것은 타동사가 아니다.

자동사 :　　　大学(だいがく)を卒業(そつぎょう)する。
　　　　　　　대학을 졸업하다.

　　　　　　　部屋(へや)を出(で)る。
　　　　　　　방을 나가다.

　　　　　　　道(みち)を曲(ま)がる。
　　　　　　　길을 돌다.(꺾다)

　　　　　　　運動場(うんどうじょう)を走(はし)る。
　　　　　　　운동장을 뛰다.

　　　　　　　公園(こうえん)を歩(ある)く。
　　　　　　　공원을 걷다.

　　　　　　　空(そら)を飛(と)ぶ。
　　　　　　　하늘을 날다.

　　　　　　　電車(でんしゃ)を降(お)りる。
　　　　　　　전철을 내리다.

　　　　　　　横断歩道(おうだんほどう)をわたる。
　　　　　　　횡단보도를 건너다.

　　　　　　　駐車場(ちゅうしゃじょう)を通(とお)る。
　　　　　　　주차장을 지나가다.

타동사 : 를+동사 형태가 되는 동사

예) コーヒー**を飲(の)む**。 **커피를 마시다.**

食(た)べる 먹다	飲(の)む 마시다	待(ま)つ 기다리다
話(はな)す 이야기하다	言(い)う 말하다	聞(き)く 듣다
見(み)る 보다	書(か)く 쓰다	読(よ)む 읽다
あげる 주다	勉強(べんきょう)する 공부하다	
そうじする 청소하다		

자동사 : 를+동사 형태가 되지 않은 동사

예) さいふ**が落(お)ちる**。 지갑이 떨어지다.

行(い)く 가다	来(く)る 오다	出(で)る 나가다
入(はい)る 들어오다	座(すわ)る 앉다	立(た)つ 서다
乗(の)る 타다	寝(ね)る 자다	笑(わら)う 웃다
走(はし)る 달리다	泳(およ)ぐ 수영하다	歩(ある)く 걷다

2 쌍을 이루는 자동사와 타동사(自他の対応がある動詞)

자동사와 타동사 둘 다 갖는 동사가 많이 있다.

자동사와 타동사는 틀리기 쉽기 때문에 주의해야 한다.

[틀리기 쉬운 표현]

타동사 × パソコンがこわしています。
    (こわす：○弟がわたしのパソコンをこわしました。)
자동사 ○ パソコンがこわれています。(こわれる)
    PC가 부서져 있습니다.

타동사 × 電気(でんき)が消(け)しています。
    (消(け)す：○電気(でんき)を消(け)してください。)
자동사 ○ 電気(でんき)が消(き)えています。(消(き)える)
    전기가 꺼져 있습니다.

타동사 × かぎがなくしてしまいました。
    (なくす：○かぎをなくしてしまいました。)
자동사 ○ かぎがなくなってしまいました。(なくなる)
    열쇠가 없어져버렸습니다.

타동사 × もうテストが始(はじ)めています。
    (始(はじ)める：○テストを始(はじ)めます。)
자동사 ○ もうテストが始(はじ)まっています。(始(はじ)まる)
    벌써 시험이 시작되었습니다.

타동사 ○ ドアを閉(し)めてください。(閉(し)める)
    문을 닫아 주세요.
자동사 × ドアを閉(し)まってください。
    (閉(し)まる：○ドアが閉まっています。)

타동사 ○ 趣味(しゅみ)でお皿(さら)を集(あつ)めています。

(集(あつ)める)

취미로 그릇을 모으고 있습니다.

자동사 × 趣味(しゅみ)でお皿(さら)が集(あつ)まっています。

(集(あつ)まる：○広場に人が集まっています。)

연 습

> ドアを(開(あ)けます/開(あ)きます)。
> ◘ドアを(開(あ)けます/開(あ)きます)。

① 電気(でんき)を(つけて/ついて)ください。
전기를 켜 주세요.

② 家(いえ)の前(まえ)に車(くるま)が(とめて/とまって)います。
집 앞에 차가 세워져 있습니다.

③ 冷蔵庫(れいぞうこ)にジュースを(入(い)れて/入(はい)って)ください。
냉장고에 주스를 넣어 주세요.

④ 店(みせ)の前(まえ)に人(ひと)が(並(なら)べて/並(なら)んで)います。
가게 앞에 사람이 줄 서 있습니다.

⑤ かぎが(かけて/かかって)います。
열쇠가 잠겨져있습니다.

정 답

① 電気(でんき)を(つけて/~~ついて~~)ください。
② 家(いえ)の前(まえ)に車(くるま)が(~~とめて~~/とまって)います。
③ 冷蔵庫(れいぞうこ)にジュースを(入(い)れて/~~入(はい)って~~)
ください。
④ 店(みせ)の前(まえ)に人(ひと)が(~~並(なら)べて~~/並(なら)んで)
います。
⑤ かぎが(~~かけて~~/かかって)います。

쌍自他動詞表

자동사(自動詞)		타동사(他動詞)	
유형 : -aru/-eru			
上(あ)がる	오르다	上(あ)げる	올리다
集(あつ)まる	모이다	集(あつ)める	모으다
捕(つか)まる	붙잡히다	捕(つか)まえる	붙잡다
伝(つた)わる	전해지다	伝(つた)える	전하다
終(お)わる	끝나다	終(お)える	끝내다
変(か)わる	변하다	変(か)える	바꾸다
決(き)まる	정해지다	決(き)める	정하다
下(さ)がる	내리다, 배려가다	下(さ)げる	내리다
閉(し)まる	닫히다	閉(し)める	닫다
止(と)まる	멈추다, 그치다	止(と)める	멈추다, 세우다
始(はじ)まる	시작되다	始(はじ)める	시작하다
曲(ま)がる	구부러지다	曲(ま)げる	구부리다
見(み)つかる	발견되다	見(み)つける	발견하다
-reru/-su			
壊(こわ)れる	부서지다	壊(こわ)す	부수다
倒(たお)れる	넘어지다	倒(たお)す	넘어뜨리다
汚(よご)れる	더러워지다	汚(よご)す	더럽히다
-reru/-ru			
売(う)れる	팔리다	売(う)る	팔다
折(お)れる	접히다	折(お)る	접다
切(き)れる	잘리다	切(き)る	자르다
取(と)れる	떨어지다, 빠지다	取(と)る	잡다, 취하다
割(わ)れる	부서지다	割(わ)る	부수다
-ru/-su			
写(うつ)る	비쳐 보이다, 찍하다	写(うつ)す	그리다, 찍다
返(かえ)る	되돌아가다	返(かえ)す	되돌리다
帰(かえ)る	돌아오(가)다	帰(かえ)す	돌려보내다
出(で)る	나가다	出(だ)す	내보내다
直(なお)る	고쳐지다	直(なお)す	고치다
治(なお)る	낫다	治(なお)す	낫게 하다
残(のこ)る	남다	残(のこ)す	남기다

回(まわ)る	돌다	回(まわ)す	돌리다
戻(もど)る	되돌아오(가)다	戻(もど)す	되돌리다
なくなる	없어지다	なくす	잃다

-eru/-asu

遅(おく)れる	늦다	遅(おく)らす	늦추다
逃(に)げる	도망치다	逃(に)がす	놓치다
ぬれる	젖다	ぬらす	적시다
冷(ひ)える	차가워지다	冷(ひ)やす	차게 하다
増(ふ)える	늘다	増(ふ)やす	늘리다
ゆれる	흔들리다	ゆらす	흔들다
消(き)える	꺼지다	(예외) 消(け)す	끄다

-iru/-osu

起(お)きる	일어나다	起(お)こす	일으키다
落(お)ちる	떨어지다	落(お)とす	떨어뜨리다
降(お)りる	내리다	降(お)ろす	내리다
下(お)りる	내려오다	下(お)ろす	내리다

-u/-eru

開(あ)く	열리다	開(あ)ける	열다
育(そだ)つ	자라다	育(そだ)てる	기르다
立(た)つ	서다	立(た)てる	세우다
建(た)つ	서다, 세워지다	建(た)てる	세우다, 짓다
つく	붙다, 켜지다	つける	붙이다, 키다
続(つづ)く	계속되다	続(つづ)ける	계속하다
届(とど)く	(짐이) 도착하다, 닿다	届(とど)ける	(짐을) 보내다.

-u/-asu

動(うご)く	움직이다	動(うご)かす	움직이게 하다
乾(かわ)く	마르다	乾(かわ)かす	말리다
飛(と)ぶ	날다	飛(と)ばす	날리다
泣(な)く	울다	泣(な)かす	울리다
沸(わ)く	끓다	沸(わ)かす	끓이다

1. 最近(さいきん)、寒(さむ)くなりました。
2. 部屋(へや)をあたたかくします。

일본어문법
- 중급 -

변화표현(変化表現) 「なる 되다」와 「する 하다」에 대해서 학습하자. 특히 「なる」와 「する」 앞에 「ことに」와 「ように」가 오는 표현 「ことになる ~하게 되다」와 「ことにする ~하기로 하다」, 「ようになる ~하게 되다」와 「ようにする ~하도록 하다」는 의미가 달라지므로 주의가 필요한 표현이다.

最近(さいきん)、寒(さむ)く**なりました**。

요즘 추워졌습니다.

部屋(へや)をあたたかく**します**。

방을 따뜻하게 합니다.

---

1 「**なる 되다**」와 「**する 하다**」

AがBなる   (A가 B되다)   : 자연적인 변화.

X<u>が</u>AをBする   (X가 A를 B하다)   : 누군가(X)가 의식적으로 변화 시키다.

☆ 「**なる 되다**」와 「**する 하다**」의 예문 ☆

い형용사 – 軽(かる)い 가볍다

気持(きも)ちが軽(かる)く**なった**。 기분이 가벼워졌다.

彼(かれ)の一言(ひとこと)が私(わたし)の気持(きも)ちを軽(か
る)くした。그의 한마디가 나의 기분을 가볍게 했다.

な형용사 - 豊(ゆた)か 풍족하다

生活(せいかつ)が豊(ゆた)かになった。생활이 풍족해졌다.

経済発展(けいざいはってん)が国民(こくみん)の生活(せいか
つ)を豊(ゆた)かにした。경제발전이 국민 생활을 풍족하게 했다.

명사 - 本(ほん) 책

母(はは)の体験(たいけん)が本(ほん)になった。

엄마의 체험이 책이 되었다.

母(はは)は自分の体験(たいけん)を本(ほん)にした。

엄마는 자신의 체험을 책으로 냈다.

동사 - 行(い)く 가다

동사는 앞에 「ことに」나 「ように」가 와야 한다.

出張(しゅっちょう)で東京(とうきょう)へ行(い)くことになっ
た。출장으로 도쿄에 가게 되었다.

冬休(ふゆやす)みは東京(とうきょう)へ行(い)くことにした。
겨울 방학에는 도쿄에 가기로 했다.

동사 - 話(はな)す 말하다, 이야기하다

日本語(にほんご)で話(はな)せるようになった。

일본어로 말할 수 있게 되었다.

これからはできるだけ日本語(にほんご)で話(はな)すように
する。앞으로는 되도록 일본어로 말하도록 하겠다.

1.1 형용사, 명사 +なる

1) い형용사+なる

💡⑤ ~くなります ~해집니다.

▌ い형용사い+くなる/くなります/くなった/くなりました
　　　くならない/くなりません/くならなかった
　　　/くなりませんでした

水(みず)が熱(あつ)くなる。	물이 뜨거워지다.
水(みず)が熱(あつ)くなります。	물이 뜨거워집니다.
水(みず)が熱(あつ)くなった。	물이 뜨거워졌다.
水(みず)が熱(あつ)くなりました。	물이 뜨거워졌습니다.
水(みず)が熱(あつ)くならない。	물이 뜨거워지지 않는다.
水(みず)が熱(あつ)くなりません。	물이 뜨거워지지 않습니다.
水(みず)が熱(あつ)くならなかった。	물이 뜨거워지지 않았다.
水(みず)が熱(あつ)くなりませんでした。	물이 뜨거워지지 않았습니다.

활용 연습

大(おお)きい	➡	大(おお)きくなる
크다		커지다
小(ちい)さい	➡	小(ちい)さくなる
작다		작아지다

暑(あつ)い   ➡   暑(あつ)くなる

덥다   더워지다

難(むずか)しい   ➡   難(むずか)しくなる

어렵다   어려워지다

＊いい   ➡   <u>よ</u>くなる

좋다   좋아지다

① 長(なが)い   ➡   _____

길다   길어지다

② おもしろい   ➡   _____

재미있다   재미있어지다

③ 広(ひろ)い   ➡   _____

넓다   넓어지다

④ 近(ちか)い   ➡   _____

가깝다   가까워지다

정답   ① 長(なが)くなる   ② おもしろくなる
     ③ 広(ひろ)くなる   ④ 近(ちか)くなる

---

① 最近(さいきん)、<u>忙(いそが)し**くなりました**</u>。

최근 바빠졌습니다.

② 朝晩(あさばん)ずいぶん<u>涼(すず)し**くなりました**</u>ね。

아침저녁 꽤 선선해졌네요.

③ 薬(くすり)を飲(の)んで調子(ちょうし)が<u>良(よ)**くなりまし**</u>
<u>た</u>。약을 먹고 상태가 좋아졌습니다.

④ 午後(ごご)になって風(かぜ)が強(つよ)**くなりました**。

오후가 되어 바람이 강해졌습니다.

⑤ 今日(きょう)はねむ**くなりませんでした**。

오늘은 졸리게 되지 않았습니다. (졸립지 않았습니다.)

>>> 문장연습 1

정답 379쪽

① 시험이 어려워졌습니다.　　　　**試驗(しけん)** 시험, **難(むずか)しい** 어렵다

　➡ _____

② 회사가 멀어졌습니다.　　　　**会社(かいしゃ)** 회사, **遠(とお)い** 멀다

　➡ _____

③ 요즘 시원해졌습니다.　　　**最近(さいきん)** 최근, **すずしい** 시원하다, 선선하다

　➡ _____

2) な형용사+なる

5 ～になります ～해집니다

┃ な형용사 ＋ になる/になります/になった/になりました

　　　　になくない/になりません/にならなかった

　　　　/になりませんでした

部屋(へや)がきれい**になる**。　　　　방이 깨끗해지다.

部屋(へや)がきれい**になります**。　　　방이 깨끗해집니다.

部屋(へや)がきれい**になった**。　　　　방이 깨끗해졌다.

部屋(へや)がきれい**になりました**。　　　방이 깨끗해졌습니다.

部屋(へや)がきれい**にならない**。　　　　방이 깨끗해지지 않는다.

部屋(へや)がきれい**になりません**。　　　방이 깨끗해지지 않습니다.

部屋(へや)がきれい**にならなかった**。　　방이 깨끗해지지 않았다.

部屋(へや)がきれい**になりませんでした**。　방이 깨끗해지지 않았습니다.

활용 연습

きれい　　　➡　　きれい**になる**

아름답다.　　　　　　아름다워지다.
예쁘다.　　　　　　예뻐지다.
깨끗하다　　　　　　깨끗해지다

しずか　　　➡　　しずか**になる**

조용하다　　　　　　조용해지다

にぎやか　　➡　　にぎやか**になる**

번화하다　　　　　　번화해지다

有名(ゆうめい)　➡　　有名(ゆうめい)**になる**

유명하다　　　　　　유명해지다

① 元気(げんき)　➡　　_____

　　건강하다　　　　　　건강해지다

② ひま　　　➡　　_____

　　한가하다　　　　　　한가해지다

③ 便利(べんり)　➡　　_____

　　편리하다　　　　　　편리해지다

④ 楽(らく)　　　　　▶　　_____

편하다　　　　　　　　　　　　　　　편해지다

정 답	① 元気(げんき)になる　　② ひまになる
	③ 便利(べんり)になる　　④ 楽(らく)になる

---

① キムさんはずいぶん日本語(にほんご)が<u>上手(じょうず)</u>に**な
りました**。

김씨는 꽤 일본어가 능숙해졌습니다.

② 苦労(くろう)が<u>むだ</u>に**なりました**。

고생이 소용없게 되었습니다.

③ 交通(こうつう)が<u>不便(ふべん)</u>**になりました**。

교통이 불편해졌습니다.

④ どうか幸(しあわ)せ**になってください**。

부디 행복해지세요.

⑤ 勤務時間(きんむじかん)は短(みじか)くなりましたが、仕事
(しごと)は<u>楽(らく)</u>**になりませんでした**。

근무시간은 짧아졌습니다만, 일은 편해지지 않았습니다.

>>> **문장연습 2**

정답 379쪽

① 빨리 건강해지세요.　　　　　　　早(はや)く 빨리, 元気(げんき) 건강하다

▶ _____

② 요즘 예뻐졌어요.　　　　　　　最近(さいきん) 요즘, きれい 예쁘다

　　□ _____

③ 일본을 좋아하게 되었습니다.　　日本(にほん) 일본, 好(す)き 좋아하다

　　□ _____

3) 명사＋なる

⑤ **~になります** ~가 됩니다. ~하게 됩니다.

┃ 명사 + なる/になります/になった/になりました
　　　　にならない/になりません/にならなかった
　　　　/になりませんでした

スチュワーデス**になる**。　　　　　스튜어디스가 되다.

スチュワーデス**になります**。　　　스튜어디스가 됩니다.

スチュワーデス**になった**。　　　　스튜어디스가 되었다.

スチュワーデス**になりました**。　　스튜어디스가 되었습니다.

スチュワーデス**にならない**。　　　스튜어디스가 되지 않는다.

スチュワーデス**になりません**。　　스튜어디스가 되지 않습니다.

スチュワーデス**にならなかった**。　스튜어디스가 되지 않았다.

スチュワーデス**になりませんでした**。스튜어디스가 되지 않았습니다.

スチュワーデス**になりたいです**。　스튜어디스가 되고 싶습니다.

① 息子(むすこ)が大学生(だいがくせい)**になりました**。

　　아들이 대학생이 되었습니다.

② 歌手(かしゅ)**になりたいです**。

　　가수가 되고 싶습니다.

③ 兄(あに)は教師(きょうし)**になりませんでした**。

　　형은 교사가 되지 않았습니다.

④ 初級が終わって中級**になりました**。

　　초급이 끝나고 중급이 되었습니다.

⑤ 試合(しあい)は中止(ちゅうし)**になりました**。

　　시합은 중지 되었습니다.

⑥ 明日(あした)は仕事(しごと)が休(やす)み**になりました**。

　　내일은 일을 쉬는 날이 되었습니다.

⑦ 会議は午後から**になりました**。

　　회의는 오후부터입니다.(오후부터가 되었습니다.)

　　④ ⑤ ⑥ ⑦와 같이 「~になります」는 어떤 일이 다른 사람의 의지나 어떤 조건에 의해 결정되었다고 말할 때 쓴다.

　　「~になります」는 「~にします」에 비해 말하는 사람의 적극적인 자세는 표면에 드러나지 않는다.

　　⑦´ 会議は午後から**にします**。

　　회의는 오후부터로 하겠습니다.

정답 379쪽

>>> 문장연습 3

① 봄이 되었습니다.   春(はる) 봄

➡ _____

② 여행지는 삿뽀로가 되었습니다.

旅行先(りょこうさき) 여행지, 札幌(さっぽろ) 삿뽀로

➡ _____

③ 개시 시간이 되었습니다.   開始時間(かいしじかん) 개시 시간

➡ _____

1.2 형용사, 명사 +する

1) い형용사+する

5 ~くします~하게 합니다

┃ い형용사い + くする/くします/くした/くしました
　　　　　　　　くしない/くしません/くしなかった
　　　　　　　　/くしませんでした

こい   진하다

味(あじ)を<u>**くする**</u>。   맛을 진하게 하다.

味(あじ)を<u>**くします**</u>。   맛을 진하게 합니다.

味(あじ)を<u>**くした**</u>。   맛을 진하게 했다.

味(あじ)を<u>**くしました**</u>。   맛을 진하게 했습니다.

味(あじ)を<u>**くしない**</u>。   맛을 진하게 하지 않는다.

味(あじ)を<u>**こくしません**</u>。 　　　맛을 진하게 하지 않습니다.

味(あじ)を<u>**こくしなかった**</u>。 　　　맛을 진하게 하지 않았다.

味(あじ)を<u>**こくしませんでした**</u>。 　　맛을 진하게 하지 않았습니다.

① 水(みず)を<u>熱(あつ)**くします**</u>。 물을 뜨겁게 합니다.

② 音(おと)を<u>大(おお)**きくする**</u>。 소리를 크게 하다.

③ <u>早(はや)**くしてください**</u>。 빨리 해 주세요.

④ 荷物(にもつ)は<u>軽(かる)**くしてください**</u>。 짐은 가볍게 해주세요.

⑤ 生徒(せいと)に<u>きびし**くしませんでした**</u>。

　　학생에게 엄격하게 하지 않았습니다.

2) な형용사＋する

🔅⑤ **～にします** ～하게 합니다. ～로 합니다.

❙ な형용사 + にする/にします/にした/にしました
　　　　　 にしない/にしません/にしなかった
　　　　　 /にしませんでした

部屋(へや)を<u>きれい**にする**</u>。 　　　　　방을 깨끗하게 하다.

部屋(へや)を<u>きれい**にします**</u>。 　　　　방을 깨끗하게 합니다.

部屋(へや)を<u>きれい**にした**</u>。 　　　　　방을 깨끗하게 했다.

部屋(へや)を<u>きれい**にしました**</u>。 　　　　방을 깨끗하게 했습니다.

部屋(へや)をきれい**にしない**。 　　　　방을 깨끗하게 하지 않는다.

部屋(へや)をきれい**にしません**。 　　　방을 깨끗하게 하지 않습니다.

部屋(へや)をきれい**にしなかった**。 　　방을 깨끗하게 하지 않았다.

部屋(へや)をきれい**にしませんでした**。 방을 깨끗하게 하지 않았습니다.

① 彼女(かのじょ)を幸(しあわ)せ**にする**。 그녀를 행복하게 하다.

② 物(もの)を大切(たいせつ)にする。 물건을 소중히 하다.

③ 少(すこ)し静(しず)か**にしてください**。 조금 조용히 해주세요.

3) 명사＋する

⑤ **～にします** ～로 합니다.

| 명사 ＋ にする/にします/にした/にしました
　　　　にしない/にしません/にしなかった/にしませんでした

設定(せってい)をオン**にする**。 　　　　설정을 on으로 하다.

設定(せってい)をオン**にします**。 　　　설정을 on으로 합니다.

設定(せってい)をオン**にした**。 　　　　설정을 on으로 했다.

設定(せってい)をオン**にしました**。 　　설정을 on으로 했습니다.

設定(せってい)をオン**にしない**。 　　　설정을 on으로 하지 않는다.

設定(せってい)をオン**にしません**。 　　설정을 on으로 하지 않습니다.

設定(せってい)をオン**にしなかった**。 　설정을 on으로 하지 않았다.

設定(せってい)をオンにしませんでした。 설정을 on으로 하지 않았습니다.

① 古(ふる)いタオルを<u>ぞうきんにする</u>。

　　낡은 수건을 걸레로 하다.

② 待(ま)ち合(あ)わせ場所(ばしょ)を<u>明洞(ミョンドン)にしまし</u>

　　<u>た</u>。 약속 장소를 명동으로 했습니다.

③ 美容院(びよういん)で髪(かみ)を<u>ストレートにしました</u>。

　　미용실에서 머리카락을 폈습니다.

④ **～にします** ～로 하겠습니다

어떤 사건을 의식적으로 결정하는 것을 나타낸다.

①(커피숍에서)

　A：何(なに)**にします**か。

　　　무엇으로 하겠습니까?

　B：私(わたし)はアイスコーヒー**にします**。

　　　저는 아이스커피로 하겠습니다.

▌관용 표현

気になる신경 쓰이다/気にする신경 쓰다

① これからのことが**気(き)になります**。

　　앞으로의 일이 신경 쓰입니다.

② 彼女(かのじょ)のことが**気(き)になります**。

　　그녀가 신경 쓰입니다.

③ だいじょうぶです。**気(き)にしない**でください。

　　괜찮습니다. 신경 쓰지 마세요.

④ **気(き)にし**すぎて胃(い)が痛(いた)い。

　　너무 신경 써서 속 쓰리다.

>>> **문장연습 4**

정답 380쪽

① 조금 약하게 해주세요.　　　　　　　　　　　**弱(よわ)い** 약하다

　　➡ _____

② 사진 고마워요. 소중히 하겠습니다.

　　　　　　　写真(しゃしん) 사진, **大切(たいせつ)** 소중하다

　　➡ _____

③ 여행지는 오사카로 정했습니다.　　　　**大阪(おおさか)** 오사카

　　➡ _____

2　「**ことになる ~하게 되다**」와「**ことにする ~하기로 하다**」

　장래의 행위에 대해 결정이나 합의가 이루어지거나, 그에 따른 결과가 되는 것을 나타낸다.

　• **ことになる** ~하게 되다

　내 의지와 상관없이 외적요인에 의해 어떤 사건이 결정된 것을 나타낸다. 결정을 내린 주체가 명료하지 않고, 자연적으로 (어쩌다보니, 저절로) 그런 결론이나 결과가 되는 것을 나타낸다. 완곡적인 표현.

・ **ことにする** ～하기로 하다

내가 주체적으로 결정한 것을 나타낸다. 결정을 내린 주체가 확실하다.

예) 社内旅行(しゃないりょこう)は京都(きょうと)に行(い)く**こ
とになりました**。 사내여행은 교토로 가게 되었습니다. → 회의에서 정했다.

예) 社内旅行(しゃないりょこう)は京都(きょうと)に行(い)く**こ
とにしました**。

사내여행은 교토에 가기로 했습니다. → 내가 주체적으로 정했다.

① 田中(たなか)さんと3時(じ)に会(あ)う**ことになりました**。

다나카씨와 3시에 만나기로 되었습니다. (다나카씨와 상의해서 3시에 만나는 것으로 되었다.)

② 田中(たなか)さんと3時(じ)に会(あ)う**ことにしました**。

다나카씨와 3시에 만나기로 했습니다. (3시에 만나는 것을 내가 주체적으로 정했다.)

2.1 ことになる

④ **～ることになります** ～하게 됩니다.

④ **～ないことになります** ～하지 않게 됩니다.

┃ 동사 보통형+ことになる
┃ 동사 ない형+ないことになる

내 의지와 상관없이 외적요인에 의해 사건이 결정된 것을 나타낸다.

① プサン支社(ししゃ)へ転勤(てんきん)する**ことになりまし た**。 부산 지사로 전근 가게 되었습니다.

② 今回の試験は、教科書を見(み)てもいい**ことになりました**。

이번 시험은 교과서를 봐도 좋은 것으로 되었습니다.

③ 昨日(きのう)の会議(かいぎ)で、今年(ことし)は修学旅行 (しゅうがくりょこう)に行(い)かない**ことになりました**。

어제 회의에서 올해는 수학여행에 가지 않게 되었습니다.

④ 歓送会(かんそうかい)は３日(みっか)に行(おこな)われる**こ とになりました**。

환송회는 3일에 실시하게 되었습니다. *行(おこな)われる(실시되다)

⑤ 今回(こんかい)の事故(じこ)による負傷者(ふしょうしゃ)は 男性(だんせい)５人(にん)、女性(じょせい)4人(にん)の合(あ) わせて9人(にん)という**ことになる**。

이번 사고로 의한 부상자는 남성 5명, 여성 4명으로 모두 9명이다.

한국어와 다른 일본어 :「ことになりました」

결혼한다고 이야기할 때 a, b어느 쪽이 일본어다운 표현일까요?

a 結婚(けっこん)する**ことになりました**。
b 結婚(けっこん)する**ことにしました**。

정답은 a.
누군가에게 이야기하는 장면에서는「ことになりました」를 쓴다.
「ことになりました」에는 "여러분들 덕분에 이런 결과가 되었습 니다."와 같은 의미가 포함되어 있어, 특히 경사나 성공 보고인 경 우, 겸손함과 감사의 마음도 전할 수 있어서 좋은 인상을 줄 수 있다.

⑥ 今年(ことし)の秋(あき)に結婚(けっこん)する**ことになりました。** 올 가을에 결혼하게 되었습니다.

⑦ おかげさまで、名古屋(なごや)にも支店(してん)を出(だ)す **ことになりました。**

덕분에 나고야에도 지점을 내게 되었습니다.

⑧ 来年(らいねん)、アメリカの大学院(だいがくいん)に留学 (りゅうがく)する**ことになりました。**

내년에 미국 대학원으로 유학하게 되었습니다.

⑨ 今度(こんど)、本(ほん)を出版(しゅっぱん)する**ことになり ました。** 이번에 책을 출판하게 되었습니다.

▌「～ことになっている」　～하게 되어 있다.

약속, 예정, 규칙, 사회적 관례 등을 나타낸다.

① 今日(きょう)、すずきさんと1時(じ)に新宿(しんじゅく)で 会(あ)う**ことになっています。**

오늘 스즈키 씨와 1시에 신주쿠에서 만나기로 되어 있습니다.

② このアパートではごみを夜(よる)出(だ)す**ことになっていま す。** 이 아파트에서는 쓰레기를 밤에 내놓게 되어 있습니다.

③ 駅構内(えきこうない)では、たばこは吸(す)えない**ことに なっています。** 역구내에서는 담배를 피울 수 없게 되어 있습니다.

④ 留学生(りゅうがくせい)は仕事(しごと)をしてはいけない**こ とになっています。** 유학생은 일을 하면 안 되는 것으로 되어 있습니다.

⑤ 今日(きょう)から沖縄(おきなわ)へ社内旅行(しゃないりょこ

う)へ行(い)く**ことになっていましたが、台風(たいふう)の影**
響(えいきょう)で中止(ちゅうし)になりました。

오늘부터 오키나와로 사내여행을 가게 되어 있었습니다만, 태풍의 영향으로 중지되었
습니다.

정답 380쪽

① 다음 달 도쿄로 이사하게 되었습니다.

東京(とうきょう) 도쿄, **引(ひ)っこす** 이사하다

➡ _____

② 출장은 가지 않게 되었습니다.　　　　　**出張(しゅっちょう)** 출장

➡ _____

③ 8시50분까지 출근하게 되어 있습니다.

~までに ~까지, **出勤(しゅっきん)する** 출근하다

➡ _____

2.2 ことにする ～하기로 하다

N4 ～ることにします ~하기로 합니다.

N4 ～ないことにします ~하지 않기로 합니다.

▌동사 보통형+ことにする
▌동사 ない형+ないことにする

본인의 결정, 결의를 나타낸다.

① 明日(あした)から<u>ダイエットする</u>**ことにします**。

　　내일부터 다이어트하기로 합니다.

② 友達(ともだち)と明日(あした)<u>会(あ)う</u>**ことにしました**。

　　친구와 내일 만나기로 했습니다.

③ 健康のために、たばこを<u>やめる</u>**ことにしました**。

　　건강을 위해 담배를 끊기로 했습니다.

④ 今日はどこにも行かないで家で<u>勉強する</u>**ことにした**よ。

　　오늘은 아무 데도 안 가고 집에서 공부하기로 했어.

⑤ 留学(りゅうがく)は<u>しない</u>**ことにしました**。

　　유학은 하지 않기로 했습니다.

もう一歩 step up

「ことにしている」 하기로 하고 있다

：과거에 결정한 것을 지금도 지키고 있다. 또한 지금도 그 마음을
가지고 있다.

① 毎日(まいにち)かならず日記(にっき)を<u>書(か)く</u>**ことにし
ている**。

매일 꼭 일기를 쓰기로 하고 있다.

(書(か)くと決(き)めている。 쓰기로 정한 것을 지키고 있다.)

② 毎朝(まいあさ)運動(うんどう)を<u>する</u>**ことにしている**。

매일 아침 운동을 하기로 하고 있다.

(運動(うんどう)すると決(き)めている。 운동하기로 정한 것을 지
키고 있다.)

③ 今年(ことし)の春(はる)から日本(にほん)へ留学(りゅうが く)することにしています。

올 봄부터 일본에 유학하기로 (계획)하고 있습니다.

(留学(りゅうがく)すると決(き)めている。 유학하기로 정한 것을 지금도 그 마음을 가지고 있다.)

④ テレビは一日に一時間だけ見(み)ることにしています。

TV는 하루에 한 시간만 보기로 하고 있습니다.

(見(み)ると決(き)めている。 보기로 정한 것을 지키고 있다.)

⑤ 夜(よる)は、コーヒーを飲(の)まないことにしている。

밤에는 커피를 마시지 않기로 하고 있다.

(飲(の)まないと決(き)めている。 마시지 않기로 정한 것을 지키고 있다.)

>>> 문장연습 6

정답 380쪽

① 다음 달부터 아르바이트를 하기로 했습니다.　アルバイト 아르바이트

➡ _____

② 올해는 친정에 돌아가지 않기로 했습니다.　実家(じっか) 친정

➡ _____

③ 앞으로 단 것은 많이 먹지 않기로 하겠습니다.　あまい物(もの) 단 것

➡ _____

3 「ようになる ~하게 되다」와 「ようにする ~하도록 하다」

・**ようになる** ~하게 되다
장기간 걸쳐서 객관적으로 변화해 가는 과정을 나타낸다.

・**ようにする** ~하도록 하다
언제나 신경 쓰고 있는 것을 나타낸다.

3.1 「ようになる ~하게 되다」

④ **~るようになります** ~하게 됩니다

▌동사의 가능형＋ようになる   ~할 수 있게 되다
  불가능했던 일이 가능하게 되었다.

コーヒーが飲(の)める**ようになった**。

커피를 마실 수 있게 되었다. (불가능 → 가능)

① 泳(およ)げる**ようになった**。 헤엄칠 수 있게 되었다.

② 朝(あさ)早(はや)く起(お)きられる**ようになった**。

  아침 일찍 일어날 수 있게 되었다.

③ 日本語(にほんご)が分(わ)かる**ようになった**。

  일본어를 알게 되었다.

④ だんだんできる**ようになりました**。

  점점 할 수 있게 되었습니다.

⑤ 日本語(にほんご)が話(はな)せる**ようになりたい**。

일본어를 말할 수 있게 되고 싶다.

⑥ 料理(りょうり)をもっとおいしく作(つく)れる**ようになりたい**。

요리를 더 맛있게 만들 수 있게 되고 싶다.

▌동사의 사전형＋ようになる ~하게 되다

　　행동의 변화 또는 '습관화되었다', '이전에는 없었던 습관이 생겼
　　다'와 같은 습관의 변화를 나타낸다.

コーヒーを飲(の)む**ようになった**。

커피를 마시게 되었다. (습관의 변화)

① 子供(こども)が野菜(やさい)を食(た)べる**ようになった**。

아이가 채소를 먹게 되었다.

② 前(まえ)より子供(こども)たちが活発(かっぱつ)に動(うご)く
ようになりました。 전 보다 아이들이 활발하게 움직이게 되었습니다.

③ となりの子供(こども)は最近(さいきん)きちんとあいさつす
るようになった。 이웃집 아이는 최근 제대로 인사하게 되었다.

④ 最近(さいきん)、新聞(しんぶん)を読(よ)ま**ないようになった**。

최근, 신문을 읽지 않게 되었다.

　　＝最近(さいきん)、新聞(しんぶん)を読(よ)ま**なくなった**。

＊「~ないようになった」는「~なくなった」로 바꿔 쓸 수 있다.

④ ~なくなります ~하지 않게 됩니다.

▎동사의 ない형＋なくなる ~하지 않게 되다
　상태 혹은 습관의 변화를 나타낸다.

コーヒーを飲(の)まなくなった。
커피를 마시지 않게 되었다. (습관의 변화)

① 日本人(にほんじん)は着物(きもの)を着(き)なくなった。
　일본인은 기모노를 입지 않게 되었다.

② 最近(さいきん)は手紙(てがみ)を送(おく)らなくなった。
　최근에는 편지를 보내지 않게 되었다.

③ 彼(かれ)は文句(もんく)を言(い)わなくなった。
　그는 불만을 말하지 않게 되었다.

④ このごろ運動(うんどう)をぜんぜんしなくなりました。(やらなくなりました。)　최근 운동을 전혀 하지 않게 되었습니다.

⑤ 歯(は)が痛(いた)くなくなった。이가 아프지 않게 되었다.

▎동사의 가능부정형＋なくなる ~ 할 수 없게 되다
　가능했던 것이 불가능하게 된 것을 나타낸다.

コーヒーが飲(の)めなくなった。
　커피를 마실 수 없게 되었다. (가능→불가능)

① 仕事(しごと)が増(ふ)えて早(はや)く帰(かえ)れなくなった。
　일이 많아져서 일찍 귀가할 수 없게 되었다.

② 胃(い)をこわして辛(から)いものが<u>食(た)べられ</u>**なくなっ た**。위에 탈이 나서 매운 것을 먹을 수 없게 되었다.

③ 用事(ようじ)ができて明日(あした)は<u>行(い)け</u>**なくなりまし た**。일이 생겨서 내일은 갈 수 없게 되었습니다.

연습1

> パソコンが使(つか)える
> 컴퓨터를 사용할 수 있다.
>
> ➡ パソコンが使(つか)える**ようになりました**。
> 컴퓨터를 사용할 수 있게 되었습니다.

① 日本語(にほんご)が少(すこ)し話(はな)せる　일본어를 조금 말 할 수 있다.
　➡ _____

② このごろよく寝(ね)られる　요즘 잘 잘 수 있다.
　➡ _____

③ 漢字(かんじ)が読(よ)める　한자를 읽을 수 있다.
　➡ _____

정답

① 日本語(にほんご)が少(すこ)し話(はな)せるようになりました。
　일본어를 조금 말 할 수 있게 되었습니다.

② このごろよく寝(ね)られるようになりました。
　요즘 잘 잘 수 있게 되었습니다.

③ 漢字(かんじ)が読(よ)めるようになりました。
　한자를 읽을 수 있게 되었습니다.

> 日本語(にほんご)の新聞(しんぶん)が読(よ)める
> 일본어 신문을 읽을 수 있다
>
> ➡ 日本語(にほんご)の新聞(しんぶん)が読(よ)めるようになりたいです。
> 일본어 신문을 읽을 수 있게 되고 싶습니다.

① ピアノがひける 피아노를 칠 수 있다.
   ➡ _____

② 漢字(かんじ)が書(か)ける 한자를 쓸 수 있다.
   ➡ _____

③ 自転車(じてんしゃ)に乗(の)れる 자전거를 탈 수 있다.
   ➡ _____

정 답

① ピアノがひけるようになりたいです。
   피아노를 칠 수 있게 되고 싶습니다.
② 漢字(かんじ)が書(か)けるようになりたいです。
   한자를 쓸 수 있게 되고 싶습니다.
③ 自転車(じてんしゃ)に乗(の)れるようになりたいです。
   자전거를 탈 수 있게 되고 싶습니다.

연습 3

> 台風(たいふう)がきた・旅行(りょこう)に行(い)けない
> 태풍이 왔다 / 여행을 갈 수 없다.
>
> ➡ 台風(たいふう)がきて、旅行(りょこう)に行(い)けなくなりました。
> 태풍이 와서, 여행을 갈 수 없게 되었습니다.

① 胃(い)をこわした・辛(から)いものが食(た)べられない
   위에 탈이 났다 / 매운 것을 먹을 수 없다.
   ➡ _____

② **用事(ようじ)ができた・集(あつ)まりに参加(さんか)できない**

일이 생겼다. / 모임에 참가 할 수 없다.

➡ _____

③ **ひっこした・田中(たなか)さんと連絡(れんらく)がとれない**

이사 갔다 / 다나카 씨와 연락이 되지 않는다.

➡ _____

┌─────────┐
│ 정 답 │
└─────────┘

① 胃(い)をこわして、辛(から)いものが食(た)べられなくなりました。

위에 탈이 나서, 매운 것을 먹을 수 없게 되었습니다.

② 用事(ようじ)ができて、集(あつ)まりに参加(さんか)できなくなり

ました。 일이 생겨서 모임에 참가 할 수 없게 되었습니다.

③ ひっこして、田中(たなか)さんと連絡(れんらく)がとれなくなりま

した。 이사 가서, 다나카씨와 연락이 되지 않게 되었습니다.

>>> **문장연습 7**

정답 380쪽

① 아이는 초등학교에 들어가고 나서 자주 책을 읽게 되었습니다.

　　　　　　　　　　　子供(こども) 아이, 小学校(しょうがっこう) 초등학교

➡ _____

② 아이가 밖에서 놀지 않게 되었습니다.　　　　　　　外(そと) 밖

➡ _____

③ 요리를 맛있게 만들 수 있게 되었습니다.

　　　　　　　　　　　料理(りょうり) 요리, おいしく 맛있게

➡ _____

④ 일을 계속할 수 없게 되었습니다.　　　　　　仕事(しごと) 일

➡ _____

3.2 ようにする ~하도록 하다

어떤 일을 성립 시키기 위해 노력하거나 신경 쓰는 것을 나타낸다.

🏆 **~ようにします**

🏆 **~ないようにします**

▎동사 사전형＋ようにする ~하도록 하다
▎동사 ない형＋ようにする ~하지 않도록 하다
▎동사 가능형＋ようにする ~할 수 있도록 하다

① これからはできるだけ日本語(にほんご)で話(はな)す**ように
   します**。앞으로는 되도록 일본어로 말하도록 하겠습니다.

② 健康(けんこう)を考(かんが)えて、なるべく野菜(やさい)を
   食(た)べる**ようにしました**。
   건강을 생각해서 되도록 야채를 먹도록 했습니다.

③ 毎日(まいにち)１万歩(まんぽ)歩(ある)く**ようにして**、健康
   (けんこう)をいじしています。
   매일 1만보 걷도록 하여 건강을 유지하고 있습니다.

④ 囲(かこ)いを作(つく)って、しばふに入(はい)れない**ように
   した**。울타리를 만들어서 잔디밭에 들어가지 못하도록 했다.

⑤ ベッドにさくをつけて、赤(あか)ちゃんが落(お)ちない**よう
   にしました**。침대에 가드를 설치해서 아기가 떨어지지 않도록 했습니다.

⑥ 井戸水(いどみず)を消毒(しょうどく)して飲(の)める**ように
   した**。우물 물을 소독해서 마실 수 있도록 했다.

⑦ 野菜(やさい)を細(こま)かく切(き)って子供(こども)にも<u>食(た)べられる</u>**ようにした**。

야채를 잘게 썰어서 아이에게도 먹을 수 있도록 했다.

・ **ようにしている** ~하도록 하고 있다

습관적으로 신경 쓰고 있는 것을 나타낸다.
「なるべく」「できるだけ」와 같이 쓰이는 경우가 많다.

① 毎朝(まいあさ)6時(じ)までには<u>起(お)きる</u>**ようにしている**。

매일 아침 6시까지는 일어나도록 하고 있다.

② 日本語(にほんご)の本(ほん)をたくさん<u>読(よ)む</u>**ようにしている**。 일본어 책을 많이 읽도록 하고 있다.

③ 買(か)い物(もの)はできるだけ<u>歩(ある)いて行(い)く</u>**ようにしている**。 장 보러 갈 때는 될 수 있으면 걸어서 가도록 하고 있다.

④ なるべくおかしは<u>食(た)べない</u>**ようにしています**。

될 수 있으면 과자는 먹지 않도록 하고 있습니다.

⑤ お酒(さけ)はあまり<u>飲(の)まない</u>**ようにしています**。

술은 지나치게 마시지 않도록 하고 있습니다.

연습 4

無理(むり)をしない 무리를 하지 않다

▷ **無理(むり)をしないようにしています**。
무리를 하지 않도록 하고 있습니다.

① **いらない物(もの)は買(か)わない** 필요없는 물건은 사지 않다.

　➡ _____

② **くだものを食(た)べる** 과일을 먹다

　➡ _____

③ **毎朝(まいあさ)ジョギングをする** 매일 아침 조깅을 하다

　➡ _____

[정 답]

①いらない物(もの)は買(か)わないようにしています。
　필요 없는 물건은 사지 않도록 하고 있습니다.

②くだものを食(た)べるようにしています。
　과일을 먹도록 하고 있습니다.

③毎朝(まいあさ)ジョギングをするようにしています。
　매일 아침 조깅을 하도록 하고 있습니다.

· ようにしてください ~하도록 하세요

　ようにしましょう ~하도록 합시다

상대에게 노력을 기울이도록 조언 하는 표현.

① 水(みず)をたくさん飲(の)むようにしてください。

　물을 많이 마시도록 하세요.

② ミスがないようにしてください。 실수가 없도록 해 주세요.

③ 今度(こんど)から学校(がっこう)を休(やす)む時(とき)は必
　(かなら)ず連絡(れんらく)するようにしてください。

　다음부터 학교를 쉴 때는 꼭 연락하도록 하세요.

④ 明日(あした)はおくれないようにしてください。

　내일은 늦지 않도록 하세요.

⑤ 小学校(しょうがっこう)に入(はい)る前(まえ)に自分(じぶん)
の名前(なまえ)が書(か)ける**ようにしましょう。**

초등학교에 들어가기 전에 본인의 이름을 쓸 수 있도록 합시다.

⑥ 時間(じかん)はきちんと守(まも)る**ようにしましょう。**

시간은 정확히 지키도록 합시다.

연습5

> **時間(じかん)を守(まも)る**   시간을 지키다
>
> ➡ **時間(じかん)を守(まも)るようにしてください。**
> 시간을 지키도록 하세요.

① **必(かなら)ず電話(でんわ)する**   반드시 전화하다.

➡ _____

② **書類(しょるい)をなくさない**   서류를 잃어버리지 않다.

➡ _____

③ **毎日(まいにち)本(ほん)を読(よ)む**   매일 책을 읽다.

➡ _____

정답

① 必(かなら)ず電話(でんわ)するようにしてください。
반드시 전화하도록 하세요.

② 書類(しょるい)をなくさないようにしてください。
서류를 잃어버리지 않도록 하세요.

③ 毎日(まいにち)本(ほん)を読(よ)むようにしてください。
매일 책을 읽도록 하세요.

>>> **문장연습 8**

정답 381쪽

① 되도록 일본 드라마를 보도록 하고 있습니다.

できるだけ 되도록, ドラマ 드라마

▷ _____

② 내일은 아침 8시까지 오도록 하세요.　　　　　~までに ~까지

▷ _____

③ 커피는 너무 마시지 않도록 합시다.　　　飲(の)みすぎる 너무 마시다

▷ _____

한국어와 다른 일본어 : 「ことになる」와「ようになる」

1. 다음은 ことになった와 ようになった 어느 쪽이 들어갈까요?

① ひっこす(ことに/ように)なりました。
② 来月(らいげつ)、東京(とうきょう)に行(い)く(ことに/ように)なりました。

정답:
① ひっこすことになりました。 이사하게 되었습니다.
② 来月(らいげつ)、東京(とうきょう)に行(い)くことになりました。 다음 달 도쿄에 가게 되었습니다.

해설:
ようになる는 그런 결과, 사태, 습관이 된 것을 나타낸다.

③ このごろ夫婦(ふうふ)でよく話(はな)すようになりまし

た。요즘 부부끼리 자주 이야기하게 되었습니다.

④ 子供(こども)がなんでも食(た)べる<u>ように</u>なりました。

아이가 무엇이든 먹게 되었습니다.

2. 다음은 ことになった와 ようになった 어느 쪽이 들어갈까요?

だんだん日本(にほん)に興味(きょうみ)を持(も)つ{ことに
なった/ようになった}。

정답:

× だんだん日本(にほん)に興味(きょうみ)を持(も)つ**ことに
なった**。

○ だんだん日本(にほん)に興味(きょうみ)を持(も)つ**ように
なった**。 점점 일본에 흥미를 갖게 되었다.

해설:

앞에 "だんだん"이 있어서 시간을 들여 일본에 흥미를 갖게 되었
다 라는 뜻이기 때문에 "ようになる"가 적합하다.

Tip 「ことになる」와 「ようになる」의 차이

· **ことになる** : 그 사태의 결과에만 초점을 맞춘다.

· **ようになる** : 시간을 들여 '그런 결과, 사태, 습관이 되었다'라고
하는 과정도 포함한 결과에 초점을 맞춘다.

もう一歩 step up

「ようにしている」와 「ことにしている」의 차이

「ようにしている」는 습관적인 것에 대해 "노력하고 있다", "신경 쓰고 있다"라는 표현인 반면, 「ことにしている」는 "어떤 것을 한다/ 안 한다"를 결정하여 그것을 지키고 있다라는 표현이다.

夜(よる)は、コーヒーを飲(の)まない<u>ようにしている</u>。

밤에는 커피를 마시지 않도록 하고 있다. (마시지 않도록 노력하고 있다./신경 쓰고 있다.)

夜(よる)は、コーヒーを飲(の)まない<u>ことにしている</u>。

밤에는 커피를 마시지 않기로 하고 있다. (마시지 않겠다고 정한 것을 지키고 있다.)

やってみよう!

다음 한국어 문장을 일본어로 바꾸시오.

① 내일은 회사를 쉬기로 했습니다.

　　▶ _____

② 회의는 2시부터로 되었습니다.

　　▶ _____

③ 내일은 늦지 않도록 해 주세요.

　　▶ _____

④ 매월 3만엔씩 저금하도록 하고 있습니다.

　　▶ _____

⑤ 다리를 다쳐서 여행에 못 가게 되었습니다.

　　▶ _____

문제 정답

① 明日(あした)は会社(かいしゃ)を休(やす)むことにしました。
② 会議(かいぎ)は2時(じ)からになりました。
③ 明日(あした)は遅(おく)れないようにしてください。
④ 毎月(まいつき)3万円(まんえん)ずつ貯金(ちょきん)するようにしています。
⑤ 足(あし)をけがして、旅行(りょこう)に行(い)けなくなりました。

おさらい**問題** 복습 문제　　　정답 381쪽

1. 다음 (　　　) 안 에 「ようになりました」와 「ことになりました」 중
어느 것이 들어갈까요?

① 今日(きょう)の 討論会(とうろんかい)に 急(きゅう)に 参加(さんか)する
（　　　　　　）
오늘 토론회에 급히 참가하게 되었습니다.

② 学校(がっこう)の 行事(ぎょうじ)に 学生(がくせい)たちが だんだん 参加
(さんか)する(　　　　　　　)
학교 행사에 학생들이 점점 참가하게 되었습니다.

2. 보기와 같이 바꾸시오.

> 예) クーラーをつけて 部屋(へや)を(すずしい ▣ <u>すずしく</u>)しました。

① (しずか ▣ ＿＿＿＿＿＿)してください。
조용히 해 주세요.

② 朝(あさ)早(はや)く 起(お)きられる ▣ ＿＿＿＿＿)するには、どうした
らいいですか。
아침 일찍 일어날 수 있도록 하기 위해서는 어떻게 하면 됩니까?

③ 部屋(へや)を(明(あか)るい ▣ ＿＿＿＿＿)するために 花(はな)をか
ざります。
방을 밝게 하기 위해서 꽃을 장식합니다.

④ 次(つぎ)の 授業(じゅぎょう)は(休(やす)み ▣ ＿＿＿＿＿)します。
各自(かくじ)、自習(じしゅう)してください。
다음 수업은 쉬는 것으로 하겠습니다. 각자 자습해 주세요.

⑤ パソコンにカバーをして、ほこりが(入(はい)らない ▣ ＿＿＿＿＿)
しました。
컴퓨터에 커버를 하고 먼지가 들어가지 않게 했습니다.

⑥ 娘(むすめ)が幼稚園(ようちえん)に(通(かよ)う ▣ _____)なりました。

딸이 유치원에 다니게 되었습니다.

⑦ 漢字(かんじ)が(書(か)ける ▣ _____)なりました。

한자를 쓸 수 있게 되었습니다.

⑧ 自転車(じてんしゃ)に(乗(の)れる ▣ _____)なりました。

자전거를 탈 수 있게 되었습니다.

⑨ 古(ふる)いスカートをなおして(はける ▣ _____)しました。

낡은 치마를 고쳐서 입을 수 있게 했습니다.

⑩ もっと部屋(へや)を(きれい ▣ _____)したほうがいいですよ。

좀 더 방을 깨끗하게 하는 편이 좋을 거에요.

3. 적당한 것을 고르시오.

① テレビを見(み)すぎて、目(め)が悪(わる)く(なりました/しました)。

텔레비전을 너무 봐서 눈이 나빠졌습니다.

② ずいぶんかみが長(なが)く(なりました/しました)。

꽤 머리가 길어졌습니다.

③ へやをもっとあたたたかく(なりましょう/しましょう)か。

방을 더 따뜻하게 할까요?

④ もっとかんたんに(なって/して)ください。

더 쉽게 해 주세요.

⑤ わたしも今年(ことし)の春(はる)から社会人(しゃかいじん)に(なりました/しました)。

저도 올해 봄부터 사회인이 되었습니다.

⑥ 弟(おとうと)のことが気(き)に(なります/します)。

남동생의 일이 신경 쓰입니다.

⑦ わたしのことは気(き)に**(ならないで/しないで)**ください。

저는 신경 쓰지 마세요.

4. 다음 한국어 문장을 일본어로 고치시오.

⑤

① 최근 더워졌네요.   暑(あつ)い 덥다

➡ _____

② 조금 조용히 해주세요.   静(しず)か 조용하다

➡ _____

③ 양파는 잘게 자릅니다.   たまねぎ 양파, 細(こま)かい 잘다

➡ _____

④ 이 주변에는 백화점이 생겨서 전보다 번화해졌습니다.

この辺(へん) 이 주변, デパート 백화점, にぎやか 번화하다

➡ _____

④

① 일본어를 말할 수 있게 되고 싶습니다.   話(はな)せる 말할 수 있다

➡ _____

② 일본어 공부를 위해서 차 안에서 일본 노래를 들으려고 하고 있다.

のために ~을 위해서

➡ _____

③ 1학년 때보다 일본어로 문장을 쓸 수 있게 되었습니다.

1年生(ねんせい) 1학년

➡ _____

④ 이번 연휴에 친구와 오키나와에 가기로 했습니다.

連休(れんきゅう) 연휴, 沖縄(おきなわ) 오키나와

▶ _____

⑤ 도쿄에 1년간 출장가게 되었습니다.   出張(しゅっちょう)する 출장가다

▶ _____

일본어문법
- 중급 -

제 4 과

1. きむらさんがおみやげをくれました。
2. きむらさんが日本語(にほんご)を
   教(おし)えてくれました。

일본어문법
- 중급 -

수수표현(授受表現)「あげる」,「くれる」,「もらう」,「~てあげる」,
「~てくれる」,「~てもらう」에 대해서 학습하자.

수수표현(授受表現)이란 教(おし)える(가르치다)와 習(なら)う(배
우다), 売(う)る(팔다)와 買(か)う(사다), 貸(か)す(빌려주다)와 借(か)
りる(빌리다)와 같이 '주는 쪽'과 '받는 쪽'의 시점의 차이를 나타낸 것이
다. 일본어 수수표현에는「あげる, くれる, もらう」가 있는데, 이들
은 다음과 같이 한국어와 다른 특징을 가지고 있다.

あげる	주다
くれる	(상대가 나에게) 주다
もらう	받다

한국어와 다른 일본어 : 일본어 수수표현의 특징

1.「あげる(주다)」와「くれる'(상대가 나에게)주다'」를 구별한다.

: 주어가 제3자이고 물건이나 동작을 받는 대상이 '나'이거나 '나
의 가족·동료인 경우는「くれる」라는 표현을 쓴다. (「くれる 주
다」「てくれる ~해 주다」「くださる 주시다」「てくださる ~해 주
시다」도 마찬가지.)

2. 일본어의 수수표현에는 물건의 이동(명사＋を＋あげる/くれる
/もらう)와, 동작·행위에 의한 은혜, 이익의 이동(동사＋てあ
げる/てくれる/てもらう)이 있다.

이것은 오용(誤用)이나 비용(非用)도 자주 보인다.

비용(非用)례>　×たなかさんが　わたしに　おしえた。

다나카씨가 나에게 가르쳤다.

　　　　　　　○ たなかさんが　(わたしに)　おしえてくれた。

다나카씨가 (나에게) 가르쳐 주었다.

　　　　　　　○ たなかさんが　(わたしに)　おしえてくだ
　　　　　　　　さった。

다나카씨가 (나에게) 가르쳐 주셨다.

＊「非用」(비용)이란 어떤 상황에서 일본인이라면 자연스럽게 사용할 표현을 일본어 학습자가 중급이 되어서도 사용하지 못하는 또는 사용하지 않는 현상을 가리키는 말로, '오용(誤用)'과 같이 표면에 드러난 것보다도 이와 같이 드러나지 않는 것에 보다 깊은 문제 의식을 느낀 水谷信子(1984)에 의해 대조언어학적 입장으로부터 제창된 표현이다.

1　**～をあげます / ～をもらいます / ～をくれます**

⑤ **～をあげます** ～를 줍니다.

⑤ **～をもらいます** ～를 받습니다.

⑤ **～をくれます** ～를 (상대방이 나에게)줍니다.

┃ [주는 사람] 는/가 [받는 사람(제3자)] に [N] **をあげます。**

┃ [받는 사람] 는/가 [주는 사람] に/から [N] **をもらいます。**

AさんはBさんにプレゼント**をあげました**。

A씨는 B씨에게 선물을 주었습니다.

BさんはAさんにプレゼント**をもらいました**。

B씨는 A씨에게 선물을 받았습니다.

- 「あげる(주다)」는 받는 사람(B)이 말하는 사람(나)나, 말하는 사람(나) 가까운 사람(가족, 동료 등)일 경우에는 쓸 수 없다. 대신에 「くれる」를 쓴다.

| [주는 사람] は/が [받는 사람(나, 식구)] に [N] **をくれます**。

× Aさんはわたしにプレゼント**をあげました**。

○ Aさんはわたしにプレゼント**をくれました**。

A씨는 나에게 선물을 주었습니다.

× Aさんは妹(いもうと)にプレゼント**をあげました**。

○ Aさんは妹(いもうと)にプレゼント**をくれました**。

A씨는 여동생에게 선물을 주었습니다.

① 田中(たなか)さんは妹(いもうと)にかばんを**くれました。**

다나카씨는 여동생에게 가방을 주었습니다.

② 近所(きんじょ)の人(ひと)がうちの子供(こども)におかしを
くれました。 이웃사람이 우리집 아이에게 과자를 줬습니다.

* 내가 받을 때는「わたしに(나에게)」를 생략할 수 있다.

③ 入学祝(にゅうがくいわ)いにおじが(わたしに)パソコンを**く
れました。** 입학 축하로 삼촌이 (나에게) 컴퓨터 줬습니다.

④ この時計(とけい)は友達(ともだち)が私(わたし)の誕生日(た
んじょうび)に(わたしに)**くれた**ものです。

이 시계는 친구가 내 생일에 (나에게) 준 것입니다.

⑤ A : そのネクタイ、すてきですね。

그 넥타이 멋지네요.

B : 妻(つま)が(わたしに)**くれました。**

아내가 (나에게) 주었습니다.

연습1

> (わたしは)すずきさんにクリスマスカードをもらいました。
> (나는) 스즈키씨에게 크리스마스 카드를 받았습니다.
>
> ▶ **すずきさんが(わたしに)クリスマスカードをくれました。**
> 스즈키씨가 (나에게) 크리스마스 카드를 주었습니다.

① やまださんにチョコレートをもらいました。 야마다씨에게 초콜릿을 받았습니다.

　▶ _____

② **きむらさんにおみやげをもらいました。** 기무라씨에게 기념선물을 받았습니다.

   ■▶ _____

③ **たかはしさんに映画(えいが)のチケットをもらいました。**

   다카하시씨에게 영화 티켓을 받았습니다.

   ■▶ _____

정 답

① **やまださんがチョコレートをくれました。**

   야마다씨가 초콜릿을 주었습니다.

② **きむらさんがおみやげをくれました。**

   기무라씨가 기념선물을 주었습니다.

③ **たかはしさんが映画(えいが)のチケットをくれました。**

   다카하시 씨가 영화 티켓을 주었습니다.

한국어와 다른 일본어 : 「あげる」와 「くれる」

「あげる　주다」와 「くれる　(나, 식구에게)주다」는 화자가 <u>받은</u>
<u>사람에게 '좋을 것'이라고 생각하는 것</u>에만 사용한다.

① × **先生(せんせい)にレポートを<u>あげました</u>。**

   선생님께 리포트를 주었습니다.

  ○ **先生(せんせい)にレポートを出(だ)しました。(提出(て
いしゅつ)しました／わたしました。)**

   선생님께 리포트를 냈습니다.(제출했습니다. / 건네주었습니다.)

② × **先生(せんせい)が(わたしに)レポートを<u>くれました</u>。**

   선생님께서 (나에게) 리포트를 주었습니다.

  ○ **先生(せんせい)が(わたしに)レポートを出(だ)しまし
た。(出題(しゅつだい)しました。)**

   선생님께서 (나에게) 리포트를 냈습니다. (출제했습니다.)

>>> 문장연습 1 ————————————————————————————— 정답 384쪽

① 다나카 씨가 나에게 케이크를 줬습니다.　　　　　　ケーキ 케이크

　　➡ _____

② 나는 다나카 씨한테 케이크를 받았습니다.

　　➡ _____

③ 나는 다나카 씨에게 꽃을 줬습니다.　　　　　　　　花(はな) 꽃

　　➡ _____

2 ～をさしあげます、～をいただきます、～をくださいます

대우(待遇)형식

N5 **～をさしあげます** ～를 해드리다.

N5 **～をいただきます** ～를 받다.

N5 **～をくださいます** ～를 주시다.

あげる	➡	**さしあげる**
주다		주시다
くれる	➡	**くださる**
(나, 식구에게)주다		주시다.
もらう	➡	**いただく**
받다		받다.(겸양 표현)

▌[주는 사람] 는/가 [받는 사람(제3자)] に [N] を**さしあげます。**
▌[주는 사람] 는/가 [받는 사람(나, 식구)] に [N] を**くださいます。**
▌[받는 사람] 는/가 [주는 사람] に/から [N] を**いただきます。**

① 先生(せんせい)にお土産(みやげ)を**さしあげた。**

　선생님께 기념선물을 드렸다.

② お聞(き)きしたいことがありメールを**さしあげました。**

　여쭐 것이 있어 메일을 드렸습니다.

　(「お聞きしたい 여쭙고 싶다」는 「聞きたい 묻고 싶다」의 겸양어. 14과 참조)

③ 先生(せんせい)が本(ほん)を**くださいました。**

　선생님께서 책을 주셨습니다.

④ 先生(せんせい)に本(ほん)を**いただきました。**

　선생님께 책을 받았습니다.

한국어와 다른 일본어 : 나와 가족 간의 주고 받음

나와 가족 간의 주고 받음을 표현할 때는 존경형이나 겸양형은 쓰지 않는다.

① 母(はは)にプレゼントを**あげました。**(×さしあげました。)

　엄마에게 선물을 주었습니다.　(×드렸습니다.)

② 母(はは)がネックレスを**くれました。**(×くださいました)

　엄마가 목걸이를 줬습니다.　(×주셨습니다.)

③ 母(はは)にネックレスを**もらいました。**(×いただきました。)

　엄마에게 목걸이를 받았습니다.　(×받았습니다.(겸양))

연습 2

> **社長が(わたしに)おみやげをくださいました。**
> 사장님께서 (나에게) 기념선물을 주셨습니다.
>
> ▷ **(わたしは)社長におみやげをいただきました。**
> (나는) 사장님께 기념선물을 받았습니다.

① **林先生(はやしせんせい)が手紙(てがみ)をくださいました。**
하야시 선생님께서 편지를 주셨습니다.

  ▷ _____

② **祖父(そふ)が万年筆(まんねんひつ)をくれました。**
할아버지가 만년필을 주셨습니다.

  ▷ _____

③ **パクさんが花束(はなたば)をくださいました。**
박 씨가 꽃다발을 주셨습니다.

  ▷ _____

정 답

① 林先生(はやしせんせい)に手紙(てがみ)をいただきました。
하야시 선생님께 편지를 받았습니다.

② 祖父(そふ)に万年筆(まんねんひつ)をもらいました。
할아버지께 만년필을 받았습니다.

③ パクさんに花束(はなたば)をいただきました。
박 씨에게 꽃다발을 받았습니다.

>>> 문장연습 2

정답 384쪽

① 선생님이 나에게 책을 주셨습니다.   本(ほん) 책

  ▷ _____

② 나는 선생님한테 책을 받았습니다.

   ➡ _____

③ 나는 선생님께 여행 선물을 드렸습니다.   おみやげ 여행 선물

   ➡ _____

④ 아버지가 나에게 옷을 주셨습니다.   服(ふく) 옷

   ➡ _____

⑤ 나는 아버지에게 옷을 받았습니다.

   ➡ _____

⑥ 나는 아버지에게 생일 선물을 드렸습니다.
                          誕生日(たんじょうび)プレゼント 생일 선물

   ➡ _____

3 「～てあげる」와 「～てくれる」

1. 「～てあげる」

「[N]をあげる」는 [물건]을 주다,
「～てあげる」는 [좋은 것, 친절한 서비스]를 주다.

▌[은혜를 베푸는 사람] は/が [은혜를 받는 사람(제3자)] に～**てあ
げます**

▌[은혜를 베푸는 사람] は/が [은혜를 받는 사람(제3자)] に～**てさ
しあげます**

わたし
나

たなかくん
다나카 군

私(わたし)は田中(たなか)くんに日本語(にほんご)を教(おし)え**てあげました**。 나는 다나카 군에게 일본어를 가르쳐 주었습니다.

④ **〜てあげます** 〜해 줍니다.

④ **〜てさしあげます** 〜해 드립니다.

① 私(わたし)はすずきさんに辞書(じしょ)を貸(か)し**てあげました**。 나는 스즈키씨에게 사전을 빌려 주었습니다.

② 私(わたし)は小学生(しょうがくせい)たちに本(ほん)を読(よ)**んであげました**。 나는 초등학생들에게 책을 읽어 주었습니다.

③ 友達(ともだち)のひっこしを手伝(てつだ)っ**てあげました**。 친구의 이사를 도와 주었습니다.

· 손윗사람이나 친하지 않은 사람에게 무엇인가 해 드릴 때 또는 해 드렸을 때에 「**〜てさしあげます**」(〜해 드립니다)를 쓴다. 하지만, 직접 손윗사람한테 말할 때는 쓰지 않는다.

× 荷物(にもつ)を持(も)ってさしあげましょうか。

　　짐을 들어드릴까요?

○ 荷物(にもつ)をお持(も)ちしましょうか。(11과 겸양어)

④ 駅(えき)でおばあさんの荷物(にもつ)を持(も)って**さしあげました**。 역에서 할머니의 짐을 들어 드렸습니다.

⑤ 昨晩(さくばん)は山田(やまだ)部長(ぶちょう)を車(くるま)で送(おく)って**さしあげました**。

　　어젯밤에는 야마다부장님을 차로 데려다 드렸습니다.

연습 3

> 友達(ともだち)にかさを貸(か)す
> 친구에게 우산을 빌려 주다
>
> ▷ 友達(ともだち)にかさを貸(か)してあげました。
> 친구에게 우산을 빌려 주었습니다.

① えりかちゃんにケーキを作(つく)る　에리카 양에게 케이크를 만들다

　▷ _____

② なかむらさんにキムさんを紹介(しょうかい)する
　나카무라 씨에게 김 씨를 소개하다

　▷ _____

③ 観光客(かんこうきゃく)に道(みち)を教(おし)える
　관광객에게 길을 가르치다.

　▷ _____

① えりかちゃんにケーキを作(つく)ってあげました。

에리카에게 케이크를 만들어 주었습니다.

② なかむらさんにキムさんを紹介(しょうかい)してあげました。

나카무라씨에게 김씨를 소개해 주었습니다.

③ 観光客(かんこうきゃく)に道(みち)を教(おし)えてあげました。

관광객에게 길을 가르쳐 주었습니다.

한국어와 다른 일본어 : 「~해 드리다」와 「てさしあげる」

「てあげます~해 줍니다」와 「てさしあげます~해 드립니다」

주의 할 점

손윗사람한테 직접 말할 때는 「てあげます~해 줍니다」와 「てさしあげます ~해 드립니다」를 쓰지 않는다. (자못 생색을 내려는 듯 느껴져 실례가 된다.) 그럴 때는 겸양어(11과)를 사용한다.

① × 先生(せんせい)、後(あと)でメールを送(おく)ってさしあげます。

○ 先生(せんせい)、後(あと)でメールをお送(おく)りします。

선생님, 나중에 메일을 보내드리겠습니다. (お~する : 겸양표현. 11과 참조)

② × 部長(ぶちょう)、案内(あんない)してさしあげます。

○ 部長(ぶちょう)、ご案内(あんない)します。

부장님, 안내해드리겠습니다.(ご~する : 겸양표현. 11과 참조)

2. 「~てくれる」

- 「~てあげる」는 ［은혜를 받는 사람］ 이 말하는 사람(나)이나, 말하는 사람(나)과 가까운 사람(가족, 동료 등)일 경우에는 쓸 수 없다. 대신에 「~てくれる」를 쓴다.

▌ [은혜를 베푸는 사람] は/が [은혜를 받는 사람(나, 식구)] に~ **てくれます**

きむらさん　　わたし
기무라씨　　나

木村(きむら)さんはぼくに日本語(にほんご)を教(おし)え**てくれました**。 기무라씨는 나에게 일본어를 가르쳐 주었습니다.

🔎4 ~**てくれます** (나, 식구에게)~해 줍니다.

🔎4 ~**てくださいます** (나, 식구에게)~해 주십니다.

① たなかさんは弟(おとうと)に時計(とけい)を買(か)っ**てくれました**。 다나카씨는 남동생에게 시계를 사 주었습니다.

② きむらさんは兄(あに)にきれいな女(おんな)の人(ひと)を紹介(しょうかい)し**てくれました**。
기무라씨는 형에게 예쁜 여자를 소개시켜 주었습니다.

* 내가 받을 때는 「わたしに(나에게)」를 생략할 수 있다.

③ このくつは木村(きむら)さんがプレゼントして**くれた**ものです。
이 구두는 기무라씨가 선물로 준 것입니다.

④ これは友達(ともだち)のお母(かあ)さんが作(つく)って**くれ
た**クッキーです。 이것은 친구 어머니가 만들어 준 쿠키입니다.

⑤ キムさんがソウルを案内(あんない)して**くれる**ことになって
います。 김씨가 서울을 안내해 주기로 되어있습니다.

· 손윗사람이 나, 가족에게 무언가 해 줄때에는 「~てくださいま
す~해 주십니다」를 쓴다.

⑥ 先生(せんせい)が写真(しゃしん)を見(み)せ**てくださいまし
た**。 선생님께서 사진을 보여 주셨습니다.

⑦ 社長(しゃちょう)がわざわざうちまで来(き)**てくださる**こと
になった。 사장님이 일부러 집까지 와 주시게 되었다.

> 友達(ともだち)が家(いえ)まで車(くる)で送(おく)る
> 친구가 집까지 차로 데려다 주다
> ▣ 友達(ともだち)が家(いえ)まで車(くる)で送(おく)って**くれました**。
> 친구가 집까지 차로 데려다 주었습니다.

① やまださんがきっぷを買(か)いに行(い)く 야마다 씨가 차표를 사러 가다
　　▣ _____

② パクさんがホテルを予約(よやく)する　박씨가 호텔을 예약하다

➡ _____

③ お店(みせ)の人(ひと)が写真(しゃしん)をとる　점원이 사진을 찍다

➡ _____

정 답

① やまださんがきっぷを買(か)いに行(い)ってくれました。
　야마다씨가 차표를 사러 가 주었습니다.
② パクさんがホテルを予約(よやく)してくれました。
　박씨가 호텔을 예약 해 주었습니다.
③ お店(みせ)の人(ひと)が写真(しゃしん)をとってくれました。
　점원이 사진을 찍어 주었습니다.

한국어와 다른 일본어 : 은혜를 받는 사람의 격조사(格助詞)

1) 「~てあげる」와「~てもらう」는 기본 동사가 어떤 조사(助詞)
　를 쓰는지에 따라 달라진다.

2) 「~てもらう~해 받다」는 항상 조사「に」를 쓴다.

**Ⅰ. 원래 동사의「を」、「に」、「と」등으로 표현된 경우, 그 격 그
대로 쓴다.**

1) キムさんはたなかさんを南大門(なんだいもん)市場(いち
　ば)へ連(つ)れて行(い)った。
　김씨는 다나카씨를 남대문시장에 데려 갔다.

① キムさんはたなかさんを南大門(なんだいもん)市場(いち
　ば)へ連(つ)れて行(い)ってあげた。
　김씨는 다나카씨를 남대문시장에 데려가 주었다.

② たなかさんはキムさんに南大門(なんだいもん)市場(いちば)へ連(つ)れて行(い)ってもらった。

김씨는 다나카씨를 남대문시장에 데려가 주었다.

③ キムさんが私(わたし)を南大門(なんだいもん)市場(いちば)へ連(つ)れて行(い)ってくれた。

김씨가 나를 남대문시장에 데려가 주었다.

2) キムさんはたなかさんに家族写真(かぞくしゃしん)を見(み)せた。김씨는 다나카씨에게 가족사진을 보였다.

① キムさんは田中さんに家族写真(かぞくしゃしん)を見(み)せてあげた。김씨는 다나카씨에게 가족사진을 보여 주었다.

② たなかさんはキムさんに家族写真(かぞくしゃしん)を見(み)せてもらった。김씨는 다나카씨에게 가족사진을 보여 주었다.

③ キムさんが私(わたし)に家族写真(かぞくしゃしん)を見(み)せてくれた。김씨가 나에게 가족사진을 보여 주었다.

3) キムさんは子供(こども)と遊(あそ)びました。

김씨는 아이들과 놀았습니다.

① キムさんは子供(こども)と遊(あそ)んであげた。

김씨는 아이들과 놀아주었다.

② 子供(こども)はキムさんに遊(あそ)んでもらった。

김씨는 아이들과 놀아주었다.

③ キムさんはうちの子供(こども)と遊(あそ)んでくれた。

김씨는 우리 아이들과 놀아 주었다.

Ⅱ. 「무엇인가 만들다」의 의미가 있는 경우, 생산물을 받는 사람을 「に」(＝のために ～를 위해서)으로 나타낸다.

キムさんはたなかさんに(のために)韓国料理(かんこくりょうり)を作(つく)った。 김씨는 다나카씨에게(를 위해서) 한국 요리를 만들었다.

① キムさんはたなかさん<u>に</u>(のために)韓国料理(かんこくりょうり)を作(つく)<u>って</u>あげた。

　김씨는 다나카씨에게(를 위해서) 한국 요리를 만들어 주었다.

② たなかさんはキムさん<u>に</u>韓国料理(かんこくりょうり)を作(つく)<u>って</u>もらった。

　김씨는 다나카씨에게 한국 요리를 만들어 주었다.

③ キムさんがわたし<u>に</u>(のために)韓国料理(かんこくりょうり)を作(つく)<u>って</u>くれた。

　김씨가 나에게(를 위해서) 한국 요리를 만들어 주었다.

Ⅲ. 은혜를 입은 사람의 소유물이 목적어인 경우 「～の」로 나타낸다.

キムさんはたなかさんの宿題(しゅくだい)を手伝(てつだ)った。 김씨는 다나카씨의 숙제를 도왔다.

① キムさんはたなかさんの宿題(しゅくだい)を手伝(てつだ)ってあげた。 김씨는 다나카씨의 숙제를 도와주었다.

② たなかさんはキムさん<u>に</u>宿題(しゅくだい)を手伝(てつだ)<u>って</u>もらった。 김씨는 다나카씨의 숙제를 도와주었다.

③ キムさんが私の宿題(しゅくだい)を手伝(てつだ)ってくれた。 김씨는 나의 숙제를 도와주었다.

Ⅳ. Ⅰ~Ⅲ이외의 경우, 「~のために ~를 위해서」 또는 「~に代(か)わって ~를 대신해서」로 나타낸다.

① たなかさんは私(わたし)のためにお茶(ちゃ)を温(あたた)めてくれました。 다나카씨는 나를 위해서 차를 데워주었습니다.

② たなかさんは私(わたし)のためにコートを脱いでくれました。 다나카씨는 나를 위해서 코트를 벗겨주었습니다.

③ たなかさんは私(わたし)のためにお弁当を分けてくれました。 다나카씨는 나를 위해서 도시락을 나눠 주었습니다.

④ たなかさんは私(わたし)に代(か)わって焼酎を飲んでくれました。 다나카씨는 나를 대신해서 소주를 마셔 주었습니다.

>>> 문장연습 3

정답 384쪽

다음 문장을 「~てあげた」「~てくれた」로 바꾸시오.

① よくできた学生(がくせい)をほめました。
잘한 학생을 칭찬했습니다.

➡ _____

② きむらさんに本(ほん)を貸(か)しました。
기무라씨에게 책을 빌려주었습니다.

➡ _____

③ きむらさんがうちの娘(むすめ)と遊(あそ)びました。
기무라씨가 우리 딸과 놀았습니다.

➡ _____

④ 「〜てもらう」

　친절한 행위를 받을 때 사용한다. 행위를 받는 측을 주어로 하여 은혜를 표현한다.

きむらさん　　わたし
기무라씨　　　나

ぼくはきむらさんに日本語(にほんご)を教(おし)え**てもらいま**
した。기무라씨는 나에게 일본어를 가르쳐 주었습니다.

(직역 − 나는 기무라씨에게 일본어를 가르쳐 받았습니다.)

한국어와 다른 일본어 : 「〜てくれる/てくださる」「〜てもらう/ていただく」

다음 ①②는 어떻게 다를까?

1 어머니가 아침 일찍 깨워 줬습니다.

① 母(はは)が朝(あさ)早(はや)く起(お)こしてくれました。

② 母(はは)に朝(あさ)早(はや)く起(お)こしてもらいました。

2 다나카 씨가 집까지 데려다 주었습니다.
① 田中(たなか)さんが家(いえ)まで送(おく)ってくれました。
② 田中(たなか)さんに家(いえ)まで送(おく)ってもらいました。

3 선생님께서 작문을 고쳐 주셨습니다.
① 先生(せんせい)が作文(さくぶん)をなおしてくださいました。
② 先生(せんせい)に作文(さくぶん)をなおしていただきました。

상대방이 스스로 어떤 행위를 해 줄 경우, 그 사람을 주어로 하여
①「~てくれる/てくださる」를 사용하는 경우가 많은 반면, 상대
방에게 어떤 행위를 부탁해서 받았을 때 는 ②「~てもらう/てい
ただく」를 사용하는 경우가 많다.

4 ~てもらいます ~해 받습니다.

4 ~ていただきます ~해 받습니다.(겸양)

*「~てもらう ~해 받다」「~ていただく ~해 받다.(겸양)」는 항상
조사「に」를 쓴다.

▌[행위를 받는 사람] 는 [행위를 주는 사람] に~てもらいます

① 父(ちち)にかばんを買(か)ってもらいました。
아빠가 가방을 사 주었습니다.

② 会社(かいしゃ)の人(ひと)に浅草(あさくさ)へ連(つ)れていっ
てもらいました。 회사 사람이 아사쿠사에 데리고 가 주었습니다.

③ きむらさんに病院(びょういん)までついてき**てもらいまし**
た。기무라 씨가 병원까지 따라와 주었습니다.

④ 先生(せんせい)に本(ほん)を貸(か)**していただきました**。
선생님께서 책을 빌려 주셨습니다.

* 「もらう받다」는 무엇인가 이동하는 경우에 「<u>から</u>」를 쓸 때도 있
다. 지식이나 추상적인 이동도 포함한다.

⑤ このかさは田中(たなか)さんにもらいました。
이 우산은 다나카씨에게 받았습니다.

⑤′このかさは田中(たなか)さん<u>から</u>もらいました。
이 우산은 다나카씨로부터 받았습니다.

⑥ すずきさんの電話番号(でんわばんごう)を田中(たなか)さん
に教(おし)え**てもらいました**。
다나카씨가 스즈키씨의 전화번호를 가르쳐 주었습니다.

⑥′すずきさんの電話番号(でんわばんごう)を田中(たなか)さ
ん<u>から</u>教(おし)え**てもらいました**。
다나카씨가 스즈키씨의 전화번호를 가르쳐 주었습니다.

연습 5

> たなかさんが(わたしに)電話番号(でんわばんごう)を教(おし)
> えてくれました。다나카씨가 (나에게) 전화번호를 가르쳐 주었습니다.
>
> ▣ (わたしは)たなかさんに電話番号(でんわばんごう)を
> 教(おし)えてもらいました。
> (나는) 다나카씨에게 전화번호를 (가르쳐) 받았습니다.

① さとうさんがミスがないかチェックしてくれました。

사토씨가 실수가 없는지 체크해 주었습니다.

➡ _____

② まつもとさんがひっこしを手伝(てつだ)ってくれました。

마츠모토씨가 이사를 도와주었습니다.

➡ _____

③ きむらさんが京都(きょうと)を案内(あんない)してくれました。

기무라씨가 교토를 안내 해주었습니다.

➡ _____

[정 답]

① さとうさんにミスがないかチェックしてもらいました。

사토씨에게 실수가 없는지 체크 받았습니다.

② まつもとさんにひっこしを手伝(てつだ)ってもらいました。

마츠모토씨에게 이사를 도움 받았습니다.

③ きむらさんに京都(きょうと)を案内(あんない)してもらいました。

기무라씨에게 교토를 안내 받았습니다.

〉〉〉 문장연습 4

정답 385쪽

「～てもらう」를 쓰시오

① 친구가 공책을 복사해 주었습니다.   ノート 공책, コピーする 복사하다

➡ _____

② 점원이 정장을 골라 주었습니다.

お店(みせ)の人(ひと) 점원, スーツ 정장, 選(えら)ぶ 고르다

➡ _____

5 의뢰표현

⑤ ～てくれませんか/～ないでくれませんか

~해 주시지 않겠습니까? / 하지 말아 주시지 않겠습니까?

④ ～てもらえませんか/～ないでもらえませんか

~해 주시지 않겠습니까? / 하지 말아 주시지 않겠습니까?

④ ～ていただけませんか/～ないでいただけませんか

~해 주시지 않겠습니까? / 하지 말아 주시지 않겠습니까?

＊「～てください～해 주세요」→「～てくれませんか/～てもらえませんか~해 주시지 않겠습니까?」→「～ていただけませんか ～해 주시지 않겠습니까?」의 순으로 정중한 표현을 나타낸다.

① 駅(えき)から会社(かいしゃ)までの道(みち)を教(おし)えて**くれませんか**。 역에서 회사까지의 길을 가르쳐주시지 않겠습니까?

② 空港(くうこう)まで迎(むか)えに来(き)**てもらえませんか**。 공항까지 마중 와 주시지 않겠습니까?

③ もう少(すこ)し詳(くわ)しく説明(せつめい)し**ていただけませんか**。 조금 더 자세히 설명해 주시지 않겠습니까?

④ 田中(たなか)さんには言(い)わない**でくれませんか**。 다나카씨에게는 말하지 말아 주시겠습니까?

정답 385쪽

>>> 문장연습 5

① 이사를 도와주시지 않겠습니까?(「~てくれませんか」를 쓰시오.)

ひっこし 이사, 手伝(てつだ)う 돕다

➡ _____

② 가방을 들어 주시지 않겠습니까?(「~てくれませんか」를 쓰시오.)

かばん 가방, 持(も)つ 들다

➡ _____

③ 택시를 불러주시지 않겠습니까?(「~てもらえませんか」를 쓰시오.)

タクシー 택시, 呼(よ)ぶ 부르다

➡ _____

다음 한국어 문장을 일본어로 바꾸시오.

① 스즈키씨에게 열쇠고리를 주었습니다.

⟹ _____

② 이 열쇠고리는 다나카씨에게 받았습니다.

⟹ _____

③ 이 열쇠고리는 다나카씨가 준 것입니다.

⟹ _____

④ 공항까지 김씨가 데려다 주었습니다.

⟹ _____

⑤ 일본에서 친구가 와서 서울을 안내해 주었습니다.

⟹ _____

문제 정답

①すずきさんにキーホルダーをあげました。
②このキーホルダーは田中(たなか)さんにもらいました。
③このキーホルダーは田中(たなか)さんがくれたものです。
④空港(くうこう)までキムさんが送(おく)ってくれました。
⑤日本(にほん)から友達(ともだち)が来(き)て、ソウルを案内(あんない)
　してあげました。

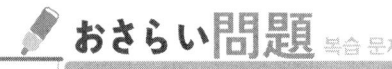

정답 385쪽

1. 다음 한국어 문장을 일본어로 바꾸시오.

5

① 발렌타인 데이는 여자 아이가 남자 아이에게 초콜릿을 주는 날입니다.

> バレンタインデー 발렌타인데이, 女(おんな)の子(こ) 여자 아이,
> 男(おとこ)の子(こ) 남자 아이, チョコレート 초콜릿

▶ _____

② 발렌타인 데이는 남자 아이가 여자 아이에게 초콜릿을 받는 날입니다.

▶ _____

③ 화이트 데이에 다나카군이 나에게 사탕을 주었습니다.

> ホワイトデー 화이트데이, あめ 사탕

▶ _____

④ 스즈키씨에게 여행 기념 선물을 받았습니다.(겸양 「いただく」를 쓰시오.)

▶ _____

4

① 스즈키씨에게 회사 안을 안내해 드렸습니다.

> 社内(しゃない) 회사 안, 案内(あんない)する 안내하다

▶ _____

② 다나카씨가 짐을 들어 주었습니다.　　　　　　　　荷物(にもつ) 짐

▶ _____

③ 다나카씨가 집까지 데려다 주셨습니다.　　　　　　家(いえ) 집

(겸양 「ていただく」를 쓰시오. 직역-다나카씨에게 집까지 데려다 받았습니다.)

▶ _____

④ 일정표를 바로 보내주시겠습니까?

　　⏩ _____

2. 다음 문장을 「〜てあげる」「〜てくれる」를 써서 바꾸시오.

① えりかさんは恋人(こいびと)にマフラーを<u>あんだ</u>。

　　에리카씨는 애인을 위해 목도리를 짰다.

　　⏩ _____

② 妹(いもうと)の宿題(しゅくだい)を<u>みた</u>。

　　여동생의 숙제를 보았다.

　　⏩ _____

③ 山本(やまもと)さんが弟(おとうと)の自転車(じてんしゃ)を<u>直(なお)した</u>。

　　야마모토씨가 남동생의 자전거를 고쳤다.

　　⏩ _____

④ 先生(せんせい)は学生(がくせい)たちに本(ほん)を<u>読(よ)んだ</u>。

　　선생님은 학생들에게 책을 읽었다.

　　⏩ _____

3. (　　) 안에 들어갈 조사를 고르시오.

① 私(わたし)はキムさん(が/に)パクさんの住所(じゅうしょ)を調(しら)べ
　てもらいました。

　　나는 김 씨에게 박 씨의 주소를 받았습니다.(김 씨가 박 씨의 주소를 알아봐주었습니다.)

② やまだ部長(ぶちょう)(が/に)駅(えき)まで送(おく)っていただきました。

　　야마다 부장님께서 역까지 데려다 주셨습니다.

③ たなかさん(が/に)私(わたし)(が/に)アルバムを見(み)せてくれました。 다나카 씨가 나에게 앨범을 보여주었습니다.

④ なかむらさん(が/に)パクさんの仕事(しごと)を手伝(てつだ)ってあげました。 나카무라 씨가 박 씨의 일을 도와주었습니다.

일본어문법
- 중급 -

1. 弟(おとうと)が姉(あね)に呼(よ)ばれる。
2. 赤(あか)ちゃんに泣(な)かれた。

일본어문법
- 중급 -

　어떤 일에 대해 <행위를 행하는 사람>과 <행위를 받는 사람> 중 어느 쪽 입장으로 취하는 가에 따라 표현이 달라진다. 이러한 표현의 대응을 「수동태(受動態)」라고 부른다.

　일본어의 수동태에는 「수동(受け身)」과 「사역(使役)」이 있다. 먼저 5과에서는 수동표현을, 6과에서 사역표현과 사역수동표현에 대해서 학습한다.

　姉(あね)が弟(おとうと)を呼(よ)ぶ。

　누나가 남동생을 부른다. 능동문(能動文 원래 문장)

　弟(おとうと)が姉(あね)に**呼(よ)ばれる**。

　남동생이 누나에게 불리다. (수동)　　　<행위를 받는 사람>=弟(おとうと)

　母(はは)が姉(あね)に弟(おとうと)を**呼(よ)ばせる**。

　엄마가 누나에게 남동생을 부르게 하다. (사역)

　　　　　　　　　　　　　<행위를 시키는 사람>=母(はは)

　姉(あね)が母(はは)に弟(おとうと)を**呼(よ)ばされる**。

　엄마가 시켜서 누나가 어쩔 수 없이 남동생을 불렀다. (사역수동)

　　　　　　　　　　　<행위를 행하는 사람>=姉(あね)

　일본어 수동태는 한국어에서 거의 쓰지 않는 표현들이 많기 때문에 직역하면 대부분 어색한 표현이 된다. 그러기 때문에 한국어 해석에서 어떤 차이가 있는지 찾으려고 하지 말고, 일본어의 용법으로 그 차이를 찾기 바란다.

❋ 언제 수동태를 사용하는가? ❋

1. 일본어는 나 (또는 나와 가까운 사람)를 주어(主語)로 하는 편이 자연스럽게 느껴진다.

「親(おや)が私(わたし)をしかった。 부모님께서 나를 혼냈다.)」 보다는 「私(わたし)は親(おや)にしかられた。 나는 부모님께 혼났다.)」가 더 자연스럽다.

2. 복문(複文, 주어-서술어 관계가 두 번 이상 나타나는 문장)에서는 주어(主語)를 통일해야 자연스럽다.

[だれかが]家(いえ)の前(まえ)に車(くるま)を置(お)いた。

[누군가가]집 앞에 차를 두었다.

+

[わたしは]　困(こま)った。　　　　　[나는] 곤란했다.

→? [だれかが]家(いえ)の前(まえ)に車(くるま)を置(お)いて、
[わたしは]困(こま)った。 (누군가가)집 앞에 차를 두어서 (나는)곤란했나.

○ [わたしは]家(いえ)の前(まえ)に車(くるま)を置(お)かれて、困(こま)った。 집 앞에 차를 두어서(둠을 당해서) 곤란했다.

3. 불쾌한 기분을 표현하고 싶은 경우에 수동문을 쓴다. (간접 수동)

友達(ともだち)が家(いえ)に来(き)た。 친구가 집에 왔다.

[わたしは] 友達(ともだち)に家(いえ)に**来(こ)られた。**

친구가 집에 온 것이 불편하다.

4. 동작 주체를 감추고 싶을 때나 동작 주체가 불특정한 경우, 또한
공적으로 알려져 있는 내용 등을 객관적으로 서술하는 경우에 수
동문을 쓴다. (무생물 수동)

예)　ワインはブドウから**作(つく)られる。**

와인은 포도로 만들어진다.

예)　入学式(にゅうがくしき)は毎年(まいとし)2月(がつ)末(まつ)
の土曜日(どようび)に**行(おこな)われます。**

입학식은 매년 2월말 토요일에 행해진다.

1　동사의 수동형

1그룹 동사는 어미를 あ단으로 바꾸고, れる를 붙인다.
2그룹 동사는 어미る를 떼고, られる를 붙인다.
3그룹은 する→される、来(く)る→来(こ)られる

동사	사전형	수동형	
1그룹	-u 書(か)く 쓰다 ほめる 칭찬하다	-a-reru 書(か)<u>か</u>れる ほめ<u>ら</u>れる	-u →-a-reru kak-u→kak-a-reru homer-u→ homer-a-reru
2그룹	-ru 見(み)る 보다 食(た)べる 먹다	-rareru 見(み)<u>られる</u> 食(た)べ<u>られる</u>	-ru → -rareru mi-ru→mi-rareru tabe-ru→tabe-rareru
3그룹	する 하다 来(く)る 오다	される 来(こ)られる	

수동형 동사는 2그룹 동사와 같은 활용을 한다.

「書(か)かれる」

ます형 : 書(か)かれます

ない형 : 書(か)かれない

て형　 : 書(か)かれて

연습1

> 降(ふ)る
> ▣　降られる/降られます/降られない/降られて

① 聞(き)く　　　▣　_____

② 死(し)ぬ　　　▣　_____

③ 休(やす)む   ▶ _____

④ 呼(よ)ぶ   ▶ _____

⑤ 吸(す)う   ▶ _____

⑥ 待(ま)つ   ▶ _____

⑦ 切(き)る   ▶ _____

⑧ 消(け)す   ▶ _____

⑨ とる   ▶ _____

[정 답]

① 聞(き)く → 聞かれる/聞かれます/聞かれない/聞かれて

② 死(し)ぬ → 死なれる/死なれます/死なれない/死なれて

③ 休(やす)む → 休まれる/休まれます/休まれない/休まれて

④ 呼(よ)ぶ → 呼ばれる/呼ばれます/呼ばれない/呼ばれて

⑤ 吸(す)う → 吸われる/吸われます/吸われない/吸われて

⑥ 待(ま)つ → 待たれる/待たれます/待たれない/待たれて

⑦ 切(き)る → 切(き)られる/切(き)られます/切(き)られない/切(き)られて

⑧ 消(け)す → 消(け)される/消(け)されます/消(け)されない/消(け)されて

⑨ とる → とられる/とられます/とられない/とられて

연습2

① 食(た)べる   ▶ _____

② 寝(ね)る   ▶ _____

③ 見(み)る   ▶ _____

④ 止(と)める   ▶ _____

⑤ 開(あ)ける   ▶ _____

⑥ 閉(し)める   ▶ _____

정 답

① 食(た)べる → 食(た)べられる/食(た)べられます/食(た)べられない/
食(た)べられて

② 寝(ね)る → 寝(ね)られる/寝(ね)られます/寝(ね)られない/寝(ね)ら
れて

③ 見(み)る → 見(み)られる/見(み)られます/見(み)られない/見(み)ら
れて

④ 止(と)める → 止(と)められる/止(と)められます/止(と)められない/
止(と)められて

⑤ 開(あ)ける → 開(あ)けられる/開(あ)けられます/開(あ)けられない/
開(あ)けられて

⑥ 閉(し)める → 閉(し)められる/閉(し)められます/閉(し)められない/
閉(し)められて

연 습 3

① 来(く)る　　　　　⇨ _____

② 心配(しんぱい)する　⇨ _____

③ 招待(しょうたい)する ⇨ _____

④ 質問(しつもん)する　⇨ _____

정 답

① 来(く)る → 来(こ)られる/来(こ)られます/来(こ)られない/来(こ)ら
れて

② 心配(しんぱい)する → 心配(しんぱい)される/心配(しんぱい)され
ない/心配(しんぱい)されます/心配(しんぱい)されて

③ 招待(しょうたい)する → 招待(しょうたい)される/招待(しょうた
い)されない/招待(しょうたい)されます/招待(しょうたい)されて

④ 質問(しつもん)する → 質問(しつもん)される/質問(しつもん)され
ます/質問(しつもん)されない/質問(しつもん)されて

2 　**직접 수동 直接受身**

~(ら)れます (직접 수동)

두 사람 사이에서 일어난 일에 대해서 [동작을 받는 사람]에 입장에서 표현한 수동문.

1) [동작을 하는 사람]과 [동작을 받는 사람] 양쪽 다 필요한 동사의 수동형을 쓴다.

　頼(たの)む 부탁하다, 断(ことわ)る 거절하다, 聞(き)く 듣다, 呼(よ)ぶ 부르다, わたす 건네다, しかる 혼내다, さそう 권하다, 連(つ)れていく 데려가다, 育(そだ)つ 자라다, 起(お)こす 깨우다 등.

2) 능동문(能動文、원래 문장)에 있는 [동작을 받는 사람]을 수동문의 주어로 한다.

　능동문(能動文) : 先生(せんせい)は　私(わたし)を　ほめた。
　　　　　　　선생님은 나를 칭찬했다.

　수동문(受動文) : 私(わたし)は 先生(せんせい)に ほめられた。
　　　　　　　나는 선생님에게 칭찬받았다.

3) [동작을 하는 사람]에는 조사 「に」가 붙는다.

▌[동작을 받는 사람]は [동작을 하는 사람] に　~(ら)れる

① 父(ちち)に**しかられました**。아버지에게 혼났습니다.

② 上司(じょうし)に**呼ばれました**。 상사에게 불렸습니다.

③ パーティに**招待(しょうたい)されました**。

파티에 초대 받았습니다.

④ 妹(いもうと)はたなかさんに**プロポーズされました**。

여동생은 다나카 씨에게 프로포즈 받았습니다.

⑤ 兄(あに)はみんなに**信頼(しんらい)されています**。

형은 모두에게 신뢰 받고 있습니다.

▌[동작을 받는 사람]는 [동작을 하는 사람] に [명사] を~(ら)れる

① 母(はは)に買(か)い物(もの)を**頼(たの)まれた**。

엄마에게 장보기를 부탁받았다.

② 外国人(がいこくじん)に道(みち)を**聞(き)かれた**。

외국인이 길을 물어보았다.

③ 先生(せんせい)に日本語(にほんご)の作文(さくぶん)を**ほめ
られた**。 선생님께 일본어 작문을 칭찬받았다.

한국어와 다른 일본어 : 어떨 때 직접 수동을 쓰는가?

1. 나 (또는 나와 가까운 사람)이 관련될 경우, 나 (또는 나와 가까
운 사람)의 입장에서 표현하기 때문에 직접 수동문을 쓰는 경우
가 많다.

① (わたしは)知(し)らない人(ひと)に道(みち)を**聞(き)かれた**。

모르는 사람이 (나에게) 길을 물었다. (직역: (나는) 모르는 사람에게 길에 대한 질
문을 받았다.)

② 姉(あね)が先生(せんせい)に**ほめられた**。

언니가 선생님에게 칭찬받았다.

2. 복문(複文, 주어-서술어 관계가 두 번 이상 나타나는 문장)에서
는 주어(主語)를 통일해야 자연스럽다. 이때도 나 (또는 나와 가
까운 사람)를 주어로 하는 편이 자연스럽게 느껴진다.

① 友達(ともだち)が誘(さそ)いました。친구가 권했습니다.

   ＋

わたしは参加(さんか)しました。나는 참가했습니다.

→? 友達(ともだち)が誘(さそ)って、わたしは参加(さんか)し
   ました。

  ○友達(ともだち)に**誘(さそ)われて**、参加(さんか)しまし
   た。친구가 권해서 참가했습니다.

② わたしは田中(たなか)さんを映画(えいが)に誘(さそ)いま
   した。나는 다나카 씨를 영화에 초대했습니다.

   ＋

田中(たなか)さんは断(ことわ)りました。

다나카씨는 거절했습니다.

→? 田中(たなか)さんを映画(えいが)に誘(さそ)ったら、田中
   (たなか)さんは断(ことわ)りました。

  ○田中(たなか)さんを映画(えいが)に誘(さそ)ったら、**断(こ
   とわ)られました**。다나카씨를 영화에 초대했는데 거절 당했습니다.

연습 4

> 部長(ぶちょう)はわたしを呼(よ)びました。
> 부장님은 저를 불렀습니다.
>
> ▣ (わたしは)部長に呼ばれました。
>   부장님께 부름 받았습니다.

① 部長(ぶちょう)はわたしをほめました。 부장님은 저를 칭찬했습니다.

　▣ _____

② 父(ちち)はわたしをしかりました。 아버지는 나를 혼냈습니다.

　▣ _____

③ 母(はは)はわたしを毎朝(まいあさ)早(はや)く起(お)こします。
　어머니는 나를 매일 아침 일찍 깨웁니다.

　▣ _____

④ 彼女(かのじょ)はぼくをふりました。 그녀는 나를 찼습니다.

　▣ _____

⑤ 警官(けいかん)はわたしを注意(ちゅうい)しました。
　경찰은 나를 주의시켰습니다.

　▣ _____

⑥ すずきさんはわたしを披露宴(ひろうえん)に招待(しょうたい)しました。
　스즈키씨는 나를 피로연에 초대 했습니다.

　▣ _____

정답

① (わたしは)部長に**ほめられました**。
　(나는) 부장님에게 칭찬을 받았습니다.

② (わたしは)父に**しかられました**。
　(나는) 아버지에게 혼났습니다.

③ (わたしは)母に毎朝早く**起こされます**。
　(나는) 어머니에게 매일 아침 일찍 깨워집니다.

④ (わたしは)彼女に**ふられました**。

(나는) 그녀에게 차였습니다.

⑤ (わたしは)警官に**注意されました**。

(나는) 경찰에게 주의를 당했습니다.

⑥ (わたしは)すずきさんに披露宴に**招待されました**。

스즈키씨에게 피로연에 초대 되어졌습니다.

연습5

> 部長(ぶちょう)はわたしに仕事(しごと)を頼(たの)みました。
> 부장님은 나에게 일을 부탁했습니다.
>
> ⏩ (わたしは)部長(ぶちょう)に仕事(しごと)を**頼(たの)まれました**。
> (나는) 부장님에게 일을 부탁 받았습니다.

① やまだくんはわたしをデートに誘(さそ)いました。

야마다 군은 나에게 데이트를 신청했습니다.

⏩ _____

② 兄(あに)はわたしに友達(ともだち)を紹介(しょうかい)しました。

형은 나에게 친구를 소개했습니다.

⏩ _____

③ 先生(せんせい)は子供(こども)に友人関係(ゆうじんかんけい)について聞(き)きました。 선생님은 아이에게 친구 관계에 대해 물었습니다.

⏩ _____

④ ブライアンさんはわたしに日本(にほん)の温泉(おんせん)について質問(しつもん)しました。 브라이언 씨는 나에게 일본 온천에 대해 질문했습니다.

⏩ _____

⑤ バレエの先生(せんせい)は娘(むすめ)にレッスンを休(やす)んではいけないと言(い)いました。

발레 선생님은 딸에게 레슨을 쉬어서는 안 된다고 말했습니다.

⏩ _____

정 답

① (わたしは)やまだくんにデートにさそわれました。

(나는) 야마다 군에게 데이트 신청을 받았습니다

② (わたしは)兄(あに)に友達(ともだち)を紹介(しょうかい)されました。

(나는) 형에게 친구를 소개 받았습니다

③ 子供(こども)は先生(せんせい)に友人関係(ゆうじんかんけい)について聞(き)かれました。

아이는 선생님에게 친구 관계에 대해 질문 받았습니다.

④ (わたしは)ブライアンさんに日本(にほん)の温泉(おんせん)について質問(しつもん)されました。

(나는) 브라이언씨에게 일본 온천에 대해 질문 받았습니다

⑤ 娘(むすめ)はバレエの先生(せんせい)にレッスンを休(やす)んではいけないと言(い)われました。

딸은 발레 선생님에게 레슨을 쉬어서는 안 된다는 말을 들었습니다.

연습 6

女(おんな)の子(こ)はお母(かあ)さんに(しかる)て、泣(な)き出(だ)した。

⇨　女(おんな)の子(こ)はお母(かあ)さんに(しかられ)て、泣(な)き出(だ)した。

여자 아이는 어머니에게 혼나서 울기 시작했다.

---

① こどもが犬(いぬ)に(かむ)て、病院(びょういん)へ行(い)きました。

아이가 개에게 물려서 병원에 갔습니다.

⇨　_____

② 妹(いもうと)はみんなに(かわいがる)て、育(そだ)ちました。

여동생은 모두에게 귀여움을 받으며 자랐습니다.

⇨　_____

③ 警官(けいかん)に(とめる)て、びっくりしました。

경찰에게 저지당해서 놀랐습니다.

⇨　_____

① こどもが犬(いぬ)に(かまれ)て、病院(びょういん)へ行(い)きました。
　아이가 개에 물려서 병원에 갔습니다.

② 妹(いもうと)はみんなに(かわいがられ)て、育(そだ)ちました。
　여동생은 모두에게 귀여움을 받으며 자랐습니다.

③ 警官(けいかん)に(とめられ)て、びっくりしました。
　경찰에게 저지당해서 놀랐습니다.

---

3 간접 수동 間接受身

능동문에 없는 명사가 수동문의 주어가 되는 수동 표현이다.

사건이나 타인의 행위로 인한 직접적인 영향은 없지만, 그 사건이나 행위에 대해서 영향을 받는 사람의 입장에서 표현하는 수동문.

1) 능동문에 [영향을 받는 사람]이 없다.

　　　　　　　　赤(あか)ちゃんが泣(な)いた。　　능동문

→(わたしは)　赤(あか)ちゃんに**泣(な)かれた**。　수동문

2) [동작을 하는 사람]에는 조사 「に」만 붙는다.　(×から、×によって)

한국어와 다른 일본어 : 능동문에는 없는 불편함을 표현할 수 있는 "간접 수동"

간접 수동문을 이용하여 능동문에 없는 불편함을 표현할 수 있다.

능동문　　 : 友達(ともだち)が家(いえ)に来(き)た。
　　　　　　친구가 집에 왔다.

> 간접 수동　：(わたしは)友達(ともだち)に家(いえ)に来(こ)られた。나는 친구가 집에 와서 불편했다.
>
> 능동문　：だれかが電気(でんき)を消(け)した。
>
> 누군가가 불을 껐다.
>
> 간접 수동　：(わたしは)だれかに電気(でんき)を消(け)された。나는 누군가가 불을 꺼서 불편했다.
>
> 이렇게 간접 수동문을 씀으로서 능동문에 없는 불편함이나 당황한 마음과 같은 새로운 정보를 담을 수가 있다.

3.1 간접 수동1 (피해 수동 迷惑受身(めいわくうけみ))

직접적으로 당한 것은 아니지만 사건이나 타인의 행동에 의해 피해를 입거나 그 일에 대해서 불편함을 느꼈을 때 불편함을 느낀 사람을 주어로 하여 표현하는 수동문이다.

「迷惑(めいわく)」는 「迷惑(めいわく)をかける」(피해를 주다, 폐를 끼치다)라는 관용구에 나오는 말과 같이 피해나 손해라는 뜻이다.

④ ~(ら)れます (피해 수동)

▍[영향을 받는 사람] 는 [동작을 하는 사람] に 동사 수동형

① 　　　　　　　どろぼうが入(はい)った。 도둑이 들어왔다.

　→(わたしは) どろぼうに**入(はい)られた**。

② 　　　　　　　雨(あめ)が降(ふ)った。 비가 내렸다.

　→(わたしは) 雨(あめ)に**ふられた**。

③　　　　　　こどもがボールを投(な)げた。아이가 공을 던졌다.

　→(わたしは)こどもにボールを**投(な)げられた**。

④　　　　　　友達(ともだち)が来(き)て、勉強(べんきょう)

　　　　　　　できなかった。

　　　　　　　친구가 와서 공부할 수 없었다.

　→(わたしは) 友達(ともだち)に**来(こ)られて**、勉強(べん

　　きょう)できなかった。

⑤ ⑥와 같이[동작을 하는 사람]이 제시되지 않을 때도 있다.

⑤　　　　　　(だれかが) 家(いえ)の前(まえ)に車(くるま)を

　　　　　　　置(お)いた。

　　　　　　　(누군가가) 집 앞에 차를 두었다.

　→(わたしは) (だれかに) 家(いえ)の前(まえ)に車(くるま)を

　　置かれた。

⑥　　　　　　(だれかが) 壁に落書(らくが)きした。

　　　　　　　(누군가가) 벽에 낙서를 했다.

　→(わたしは) (だれかに)　壁に**落書(らくが)きされた**。

한국어와 다른 일본어 : 복문(複文)에서는 주어(主語)를 통일해야 자연스럽다.

① 忙(いそが)しいときに社員(しゃいん)に**休(やす)まれて**仕

事(しごと)が進(すす)まなかった。

바쁠 때 사원이 쉬어서 일이 진행되지 않았다.

② 昨日(きのう)雨(あめ)に**降(ふ)られて**、プールに行(い)け

なかった。 어제 비가 오는 바람에 수영장에 가지 못했다.

③ 隣(となり)の人(ひと)にたばこを**吸(す)われて**、席(せき)

を移動(いどう)した。

옆의 사람이 담배를 피우는 바람에 자리를 이동했다.(불쾌한 기분이 더 표현된다.)

④ 今朝(けさ)電車(でんしゃ)に乗(の)るときに後(うし)ろか

ら**押(お)されて**転(ころ)んだ。

오늘 아침 전철에 탈 때 뒤에서 밀려서 넘어졌다.

⑥ 朝(あさ)6時(じ)に来(こ)いと**言(い)われて**困(こま)った。

아침 6시에 오라고 해서 곤란했다.

한국어와 다른 일본어 : 기쁜 마음을 표현하고 싶을 때

기쁜 마음을 표현하고 싶을 때는「～てもらう」「～てくれる」를
쓴다.

피해 수동:

母(はは)に部屋(へや)をそうじ**された**。

엄마가 방을 청소한 것이 불편했다.

감사의 마음을 표현:

母(はは)に部屋(へや)をそうじして**もらった**。

母(はは)が部屋(へや)をそうじして**くれた**。

엄마가 방을 청소해 줬다.

연습 7

> となりの人(ひと)がたばこを吸(す)う。
> 옆 사람이 담배를 피우다.
>
> ⏩ **となりの人にたばこを吸われた。**
> 옆 사람이 담배를 폈다. (옆 사람이 담배를 펴서 불편했다)

① **となりの家(いえ)の人(ひと)がふとんを干(ほ)す。** 옆집 사람이 이불을 말린다.
⏩ _____

② **たなかさんが先(さき)に行(い)く。** 다나카 씨가 먼저 간다.
⏩ _____

③ **となりの人(ひと)がジュースをこぼす。** 옆 사람이 주스를 쏟다
⏩ _____

④ **通行人(つうこうにん)が警察(けいさつ)に通報(つうほう)する。**
통행인이 경찰에 통보하다
⏩ _____

⑤ **ガイドさんが道(みち)に迷(まよ)う。** 가이드가 길을 헤매다
⏩ _____

⑥ **家(いえ)の前(まえ)にビルを建(た)てる。** 집 앞에 빌딩을 세우다
⏩ _____

정 답

① となりの家(いえ)の人(ひと)にふとんを干(ほ)された。
옆집 사람이 이불을 말린다.

② たなかさんに先(さき)に行(い)かれた。 다나카씨가 먼저 간다.

③ となりの人(ひと)にジュースをこぼされた。 옆 사람이 주스를 쏟다.

④ 通行人(つうこうにん)に警察(けいさつ)に通報(つうほう)された。
통행인이 경찰에 통보하다

⑤ ガイドさんに道(みち)に迷(まよ)われた。 가이드가 길을 헤매다

⑥ 家(いえ)の前(まえ)にビルを建(た)てられた。 집 앞에 빌딩을 세우다

연습 8

> 雨(あめ)に(降(ふ)る)て、野球(やきゅう)ができなかった。
> ➡ 雨(あめ)に(降(ふ)られて)、野球(やきゅう)ができなかった。
> 비가 내려서, 야구를 할 수 없었다.

① 赤(あか)ちゃんに(泣(な)く)て、寝(ね)られなかった。
아이가 울어서, 잘 수 없었다.
➡ _____

② 友達(ともだち)にうそを(つく)て、困(こま)った。
친구가 거짓말을 해서 곤란했다.
➡ _____

③ 父(ちち)に(死(し)ぬ)て、悲嘆(ひたん)に暮(く)れた。
아버지가 돌아가셔서 비탄에 빠졌다.
➡ _____

④ 渋滞(じゅうたい)に(まきこむ)て、大変(たいへん)だった。
교통 체증에 빠져서 큰일이었다.
➡ _____

정 답

① 赤(あか)ちゃんに(泣(な)かれ)て、寝(ね)られなかった。
아이가 울어서, 잘 수 없었다.

② 友達(ともだち)にうそを(つかれ)て、困(こま)った。
친구가 거짓말을 해서 곤란했다.

③ 父(ちち)に(死(し)なれ)て、悲嘆(ひたん)に暮(く)れた。
아버지가 돌아가셔서 슬픔에 잠겼다.

④ 渋滞(じゅうたい)に(まきこまれ)て、大変(たいへん)だった。
교통 체증에 빠져서 힘들었다.

もう一歩 step up

간접 수동은 항상 피해라고 느끼는 것일까?

다음 ① ② ③은 간접 수동문이지만 피해라고는 할 수가 없는 것들이다.

① 彼女(かのじょ)に**ほほえまれて**、うれしかった。

그녀가 미소 지어서 기뻤다.

② 彼女(かのじょ)に**甘(あま)えられて**、うれしかった。

그녀가 어리광 부려서 기뻤다.

③ 子供(こども)たちに**あこがれられる**選手(せんしゅ)になりたい。 아이들한테 동경 받는 선수가 되고 싶다.

반면, 다음 ④ ⑤ ⑥은 같은 간접 수동문으로 불편함을 표현하고 있다.

⑥ 雨(あめ)に**降(ふ)られた**。 비가 내린 것이 불쾌하다.

⑦(だれかに)車(くるま)を**置(お)かれた**。

누군가가 차를 세운 것이 불쾌하다.

⑧ 社員(しゃいん)に**休(やす)まれた**。 사원이 휴가 낸 것이 불쾌하다.

① ② ③과 ④ ⑤ ⑥을 서로 비교해 보자.

① ② ③은 [동작을 하는 사람(彼女, 子供たち)]의 행위(ほほえむ, 甘える, あこがれる)가 [영향을 받는 사람(わたし)]에게 직접적으로 향하고 있다. 반면, ④ ⑤ ⑥은 [동작을 하는 雨, だれか, 社員]과 [영향을 받는 사람(わたし)] 사이에 직접적인 접촉이 없고, [동작을 하는 사람]의 행위(降る, 置く, 休む)에 대해서 [영향을

받는 사람]은 저항을 하거나 어떤 대처를 할 수가 없다. 그 결과 불편함을 느끼게 되는 것이다.

즉, 피해 수동의 필수 조건은 다음과 같다.

피해 수동 : [동작을 하는 사람]의 행위가 [영향을 받는 사람]에게 직접적으로 향하지 않을 것.

3.2 간접 수동2 (소유주 수동 持ち主の受身)

동작이나 작용을 받은 것, 몸의 일부분, 관련 있는 사물 등의 소유자를 주어로 하여 표현하는 수동문이다.

④ ~(ら)れます (소유주 수동)

犬(いぬ)がわたしのめがねをふんだ。

개가 나의 안경을 밟았다.

→ (わたしは) 犬(いぬ)にめがねを**ふまれた**。

나는 개에게 안경을 밟혔다.

* 소유물을 주어로 하면 부자연스럽게 느껴진다.

  × わたしのめがねは犬にふまれた。

  ○ わたしは犬にめがねをふまれた。 나는 개에게 안경을 밟혔다.

▎[소유자] は/が [동작을 하는 사람] に 소유물 を 동사 수동형

① 妹(いもうと)がわたしのパソコンをこわした。

여동생이 나의 컴퓨터를 고장 냈다.

→(わたしは)妹(いもうと)にパソコンを**こわされた**。

② 子供(こども)が家(いえ)のかぎをなくした。

　　아이가 집 키를 잃어버렸다.

→(わたしは)子供(こども)に家(いえ)のかぎを**なくされた**。

③ (わたしの)隠(かく)していた日記(にっき)を姉(あね)が読(よ)

　　んだ。숨기고 있던 일기를 언니가 읽었다.

→(わたしは)隠(かく)していた日記(にっき)を姉(あね)に**読(よ)まれた**。

④(だれかが)かさを持っていった。

　　누군가가 우산을 가져갔다.

→(わたしは)(だれかに)かさを**持っていかれた**。

⑤(だれかが)さいふをぬすんだ。

　　누군가가 지갑을 훔쳤다.

→(わたしは)(だれかに)さいふを**ぬすまれた**。

소유주 수동은 다음⑥ ⑦과 같이 피해의 의미를 가지지 않은 경우도 있다.

⑥ 先生(せんせい)はわたしの授業態度(じゅぎょうたいど)をほめた。선생님은 나의 수업 태도를 칭찬했다.

→(わたしは)先生(せんせい)に授業態度(じゅぎょうたいど)を**ほめられた**。

⑦ 社長(しゃちょう)はすずきさんの努力(どりょく)を評価(ひょうか)した。사장님은 스즈키 씨의 노력을 평가했다.

→ すずきさんは社長(しゃちょう)に努力(どりょく)を**評価(ひょうか)された**。

> 後(うし)ろの人(ひと)が背中(せなか)を押(お)した。
> ⇨　後(うし)ろの人(ひと)に背中(せなか)を押(お)**された**。
> 뒷사람이 등을 밀었다.

① 先生(せんせい)が学生(がくせい)のまんがをとりあげた。
선생님이 학생의 만화책을 빼앗았다.

⇨　_____

② 子供(こども)がわたしの服(ふく)を汚(よご)した。아이가 내 옷을 더럽혔다.

⇨　_____

③ たなかさんが話(はなし)を聞(き)いた。다나카 씨가 이야기를 들었다.

⇨　_____

정 답

① 学生(がくせい)は先生(せんせい)にまんがをとりあげられた。
선생님이 학생의 만화책을 빼앗았다.

② (わたしは)子供(こども)に服(ふく)を汚(よご)された。
아이가 내 옷을 더럽혔다.

③ たなかさんに話(はなし)を聞(き)かれた。
다나카씨가 이야기를 들었다.

> 姉(あね)に化粧品(けしょうひん)を(使(つか)う)て、困(こま)った。
> ▷ 姉(あね)に化粧品(けしょうひん)を(使(つか)われ)て、
> 困(こま)った。 언니가 화장품을 써서 곤란했다.

① 友達(ともだち)に勝手(かって)にくつを(はく)て、困(こま)った。
친구가 맘대로 신발을 신어서 곤란했다.
▷ _____

② 同僚(どうりょう)に書類(しょるい)を(なくす)て、困(こま)った。
동료가 서류를 잃어버려서 곤란했다.
▷ _____

③ 知(し)らない人(ひと)に名前(なまえ)を(呼ぶ)て、びっくりした。
모르는 사람에게 이름이 불려서 놀랐다.
▷ _____

정 답

① 友達(ともだち)に勝手(かって)にくつを(はかれ)て、困(こま)った。 친구가 맘대로 신발을 신어서 곤란했다.

② 同僚(どうりょう)に書類(しょるい)を(なくされ)て、困(こま)った。 동료가 서류를 잃어버려서 곤란했다.

③ 知(し)らない人(ひと)に名前(なまえ)を(呼(よ)ばれ)て、びっくりした。 모르는 사람에게 이름이 불려서 놀랐다.

4 무생물 수동

여기서 말하는 무생물(無生物)이란 감정이나 의지를 가지지 않는 것을 말한다. 無情物이라고도 함.

무생물 수동이란 동작을 받는 물건(무생물)에 대해서 말할 때 사용하는 수동문이다.

1. 행위자의 동작보다 피행위자(무생물)의 상태에 주목한 표현.

    このパンは今朝(けさ)**作(つく)られた**。

    → 빵의 상태(오늘 아침에 만들어진 빵)에 주목한 표현.

    (パン職人は)このパンを今朝(けさ)**作(つく)った**。

    → 제빵사의 행위(빵을 만들었다.)에 주목한 표현.

2. [동작을 하는 사람]이 모르는 <u>사람</u>이거나, <u>특정 할 수 없는 경우</u>에 사용하는 수동문이다.

    この雑誌(ざっし)は<u>多(おお)くの女性(じょせい)</u>に**読(よ)まれている**。

    이 잡지는 많은 여성들에게 읽힌다.

    × この雑誌(ざっし)は母(はは)に読(よ)まれている。

    이 잡지는 나의 어머니에게 읽힌다.

3. 사회적 사실이나 공적으로 알려져 있는 내용 등을 객관적으로 나타낸다.

ソウルの物価(ぶっか)は高(たか)いと**言(い)われて**います。

서울 물가는 비싸다고 합니다.

④ ~(ら)れます (무생물 수동)

1) 「[동작을 하는 사람] に」는 표시하지 않는 경우가 많다.

2) 곤란해 하거나 싫어하는 감정은 없다.

① 毎年(まいとし)学校(がっこう)の講堂(こうどう)で音楽会(おんがくかい)が**開(ひら)かれます**。

매년 학교 강당에서 음악회가 열립니다.

② 図書館(としょかん)は8時(じ)に**閉(し)められます**。

도서관은 8시에 닫힙니다.

③ この箱(はこ)は紙(かみ)で**作(つく)られて**います。

이 상자는 종이로 만들어져 있습니다.

④ この曲(きょく)は大会(たいかい)で優秀賞(ゆうしゅうしょう)に**選(えら)ばれました**。

이 곡은 대회에서 우수상으로 뽑혔습니다.

⑤ この辞書(じしょ)はむかしからよく**使(つか)われて**います。

이 사전은 옛날부터 자주 사용되어지고 있습니다

연습 11

福岡(ふくおか)でシンポジウムを開(ひら)きます。
후쿠오카에서 심포지움을 개최한다.

➡ 福岡(ふくおか)でシンポジウムが開(ひら)かれます。
후쿠오카에서 심포지엄이 열립니다.

① 今週(こんしゅう)の土曜日(どようび)に運動会(うんどうかい)を行います。
이번 주 토요일에 운동회를 합니다.

➡ _____

② 5時(じ)に門(もん)を閉(し)めます。 5시에 문을 닫습니다.

➡ _____

③ 江戸時代(えどじだい)にこのお寺(てら)を建(た)てました。
에도시대에 이 절을 세웠습니다.

➡ _____

정답

① 今週(こんしゅう)の土曜日(どようび)に運動会(うんどうかい)が
行(おこな)われます。 이번주 토요일에 운동회가 열립니다.

② 5時(じ)に門(もん)が閉(し)められます。 5시에 문이 닫힙니다.

③ 江戸時代(えどじだい)にこのお寺(てら)が建(た)てられました。
에도시대에 이 절이 세워졌습니다.

연습 12

この雑誌(ざっし)を若(わか)い女性(じょせい)がよく読(よ)む。
이 잡지를 젊은 여성이 잘 읽는다.

➡ この雑誌(ざっし)は若(わか)い女性(じょせい)によく読(よ)
まれている。 이 잡지는 젊은 여성에게 자주 읽혀지고 있다.

① 学校(がっこう)の前(まえ)のお店(みせ)を学生(がくせい)たちがよく利用(りよう)する。 학교 앞 가게를 학생들이 자주 이용한다.

　　➡ _____

② この小説(しょうせつ)をいろいろな国(くに)のことばで翻訳(ほんやく)する。 이 소설을 여러 나라의 말로 번역한다.

　　➡ _____

③ この歌(うた)を小学生(しょうがくせい)たちがよく歌(うた)う。
이 노래를 초등학생들이 자주 부른다.

　　➡ _____

④ 日本(にほん)のキャラクター商品(しょうひん)を世界中(せかいじゅう)に輸出(ゆしゅつ)する。 일본의 캐릭터 상품을 세계에 수출한다.

　　➡ _____

⑤ このお菓子(かし)を韓国(かんこく)でも売(う)る。
이 과자는 한국에서도 판다.

　　➡ _____

정 답

① 学校(がっこう)の前(まえ)のお店(みせ)は学生(がくせい)たちによく利用(りよう)されている。
학교 앞 가게는 학생들에게 자주 이용되어지고 있다.

② この小説(しょうせつ)はいろいろな国(くに)のことばに翻訳(ほんやく)されている。
이 소설은 여러 나라의 말로 번역 되어지고 있다.

③ この歌(うた)は小学生(しょうがくせい)たちによく歌(うた)われている。
이 노래는 초등학생에게 자주 불러지고 있다.

④ 日本(にほん)のキャラクター商品(しょうひん)は世界中(せかいじゅう)に輸出(ゆしゅつ)されまる。
일본의 캐릭터 상품은 세계로 수출된다.

⑤ このお菓子(かし)は韓国(かんこく)でも売(う)られていまる。
이 과자는 한국에서도 팔리고 있다.

>>> **문장연습** ————————————————————— 정답 387쪽

① 사장님의 집에 초대되었다. (직접수동)

社長(しゃちょう) 사장님, 招待(しょうたい)する 초대하다

➡ _____

② 미용실에서 앞머리를 짧게 자르고 말았다. (간접수동)

美容院(びよういん) 미용실, 前髪(まえがみ) 앞머리

➡ _____

③ 회장은 40석 준비되어있습니다. (무생물의 수동)

会場(かいじょう)회장, 40席(せき) 40석

➡ _____

もう一歩 step up

[동작을 하는 사람]에 「に」 이외의 조사(助詞)가 붙는 경우

1. [동작을 하는 사람]에서 물건을 받는 행위를 표현할 때는 「から」
   만 사용한다.

渡(わた)す건네다, 送(おく)る보내다, 与(あた)える 수여하다 등

① 園長(えんちょう){から/×に}子供(こども)たちに記念品(き
   ねんひん)が**渡(わた)**された。

원장으로부터 아이들에게 기념품이 건네졌다.

② 大学(だいがく){から/×に}博士号(はかせごう)を**与(あた)**
   えられた。

③ 社長(しゃちょう){から/×に}社員(しゃいん)全員(ぜんいん)にメールが送(おく)られた。

2. [동작을 하는 사람]에서 정보, 말, 감정 등을 받는 행위를 표현할 때는 「から」도 사용한다.

話(はな)しかける 말을 걸다, 招待(しょうたい)する 초대하다, 愛(あい)する 사랑하다

① 知(し)らない人(ひと){から/に}話(はな)しかけられた。

모르는 사람(으로부터/에게) 말을 걸어왔다.

② 田中(たなか)さん{から/に}パーティに招待(しょうたい)された。다나카씨(로부터/에게) 파티에 초대받았다.

③ この曲(きょく)は世界(せかい)の人々(ひとびと){から/に}とても愛(あい)されている。

이 곡은 세계 사람들(로부터/에게) 굉장히 사랑받고 있다.

3. 건축이나 발견 등 생산물이 발생하는 동사의 수동문은 [동작을 하는 사람]에게 조사「によって(에 의해)」를 사용한다.

:「書(か)く 쓰다」,「作(つく)る 만들다」,「発見(はっけん)する 발견하다」,「発明(はつめい)する 발명하다」,「設計(せっけい)する 설계하다」,「建(た)てる 세우다」,「編(あ)む 엮다」등.

① この建物(たてもの)は、日本人(にほんじん){によって/×に} 建(た)てられた。

이 건물은 일본인에 의해 세워졌다.

② 電話はベル{によって/×に} 発明された。

〈수동문의 동작 주체에 붙는 조사〉

직접 수동(直接受身):

· 「によって (에 의해)」: 창조적 행위

· 「から (로부터)」: [동작을 하는 사람]에게 출발성이 있는 동작

· 「に (에게)」: 창조적 행위 이외의 대부분 수동문에서 사용한다.

피해수동(迷惑受身)

반드시 「に」가 붙는다.

やってみよう！

다음 한국어 문장을 일본어로 바꾸시오.

① 면접에서 이것저것 질문 받았다.

➡ _____

② 집 앞에 차를 세워 놓아서 나갈 수 없었다.

➡ _____

③ 신관은 작년에 세워졌습니다.

➡ _____

문제 정답

①面接(めんせつ)でいろいろ質問(しつもん)された。
②家(いえ)の前(まえ)に車(くるま)を止(と)められて出(で)られなかった。
③新館(しんかん)は去年(きょねん)建(た)てられました。

✏️ おさらい問題 복습 문제

정답 387쪽

●●●●

1. 다음 문장을 수동표현(受身表現)으로 고치시오.

① この国(くに)ではスペイン語(ご)を使(つか)っている。

이 나라에서는 스페인어를 사용하고 있다.

　➡ _____

② 毎年(まいとし)、記念日(きねんび)にはパーティを開(ひら)く。

매년 기념일에는 파티를 연다.

　➡ _____

③ 子供(こども)がパソコンをこわした。

아이가 컴퓨터를 부쉈다.

　➡ _____

④ 田中(たなか)さんが夕食(ゆうしょく)にさそった。

다나카씨가 저녁 식사에 초대했다.

　➡ _____

⑤ この建物(たてもの)はいつごろ建(た)てましたか。

이 건물은 언제쯤 세웠습니까?

　➡ _____

2. 다음 문장을 피해 수동(迷惑受身)으로 바꾸시오.

① 電気(でんき)を消(け)した。 불을 껐다

　➡ _____

② 水(みず)を止(と)めた。 물을 잠궜다.

　➡ _____

③ ごみを捨(す)てる。 쓰레기를 버리다

    ➡ _____

④ となりでたばこを吸(す)う。 옆에서 담배를 피우다

    ➡ _____

⑤ 席(せき)に座(すわ)る。 자리에 앉다

    ➡ _____

1. 学生(がくせい)に作文(さくぶん)を
   書(か)かせました。
2. 先生(せんせい)に反省文(はんせい
   ぶん)を書(か)かされました。

「사역 使役」과 「사역수동 使役受身」에 대해서 학습하자. 「사역 使役」이란 남에게 무엇인가를 '시키다, 하게하다'라는 뜻이다. 5과에서 배운 「수동(受け身)」은 어떤 행위를 '당하다'라는 뜻이다. 이 두 용법을 결합시킨 「사역수동 使役受身」은 직역하면 '시킴을 당하다'라는 뜻이다. 즉, 「사역수동 使役受身」이란 어떤 행위, 동작을 본인이 원해서가 아니라 어떤 외부적 요인에 의해 어쩔 수 없이 했다는 뜻이다. 즉 본인은 원치 않고, 하고 싶지 않은, 그런 상태에서 어떤 행위, 동작이 발생하는 것이다.

「사역 使役」과 「사역수동 使役受身」이 언제 쓰이는가는 다음과 같다.

❋ 언제 사역수동을 사용하는가? ❋

1. 일본어는 <u>나 (또는 나와 가까운 사람)</u>를 주어(主語)로 하는 편이 자연스럽게 느껴진다.

「先生(せんせい)がわたしに反省文(はんせいぶん)を**書(か)かせた**。선생님이 나에게 반성문을 쓰게 했다.」보다는 「(わたしは)先生(せんせい)に反省文(はんせいぶん)を**書(か)かされた**。」가 더 자연스럽다.

2. 복문(複文, 주어-서술어 관계가 두 번 이상 나타나는 문장)에서는 주어(主語)를 통일해야 자연스럽다.

[たなかさんが]わたしを 1 時間(じかん)も 待(ま)たせた。
[다나카 씨가] 나를 1시간이나 기다리게 했다.

　　　　+

[わたしは]　困(こま)った。
[나는] 곤란했다.

→　?　[たなかさんが]わたしを１時間(じかん)も待(ま)たせ
　　　て、[わたしは]困(こま)った。

다나카 씨가 나를 1시간이나 기다리게 해서 나는 곤란했다.

○　[わたしは]たなかさんに１時間(じかん)も**待(ま)たされ**
　　て、困(こま)った。

[나는] 다나카 씨에게 1시간이나 기다림을 당해서 곤란했다.

3. 사역수동문으로 불쾌한 기분(원치 않는데 어쩔 수 없이, 억지로 했
　다)을 표현할 수 있다.

　先輩(せんぱい)がわたしに飲(の)ませた。

　선배가 나에게 마시게 했다.

→(わたしは)先輩(せんぱい)に**飲(の)まされた**。

　나는 마시고 싶은데 선배가 시켜서 억지로 마셨다.

Ⅰ

사역 使役

　사역문의 기본적인 의미는 어떤 사람이 시킨 것을 다름 사람이 하는
것이지만, 실제 사역문은 [강제(強制)・지시(指示)], [허가(許可)・은
혜(恩恵)], [유발(誘発)] 등 폭넓은 의미를 가진다.

1　동사의 사역형(使役形)

동사	사전형	사역형(使役形)	
1그룹	-u 書(か)く 쓰다 走る 달리다	-a- s eru 書(か)かせる 走(はし)らせる	-u → -a-seru kak-u→kak-a-seru hashir-u → hashir-a-seru
2그룹	-ru 見(み)る 보다 食(た)べる 먹다	-saseru 見(み)させる 食(た)べさせる	-ru → -saseru mi-ru→mi-saseru tabe-ru→tabe-saseru
3그룹	する 하다 来(く)る 오다	させる 来(こ)させる	

* 사역형 동사는 2그룹 동사와 같은 활용을 한다.

「書(か)かせる」

ます형　: 書(か)かせます
ない형　: 書(か)かせない
て형　　: 書(か)かせて

연습1

> 書(か)く
> ➡ 書(か)かせる/書(か)かせます/書(か)かせない/書(か)かせて

① 聞(き)く ➡ _____

② 死(し)ぬ ➡ _____

③ 休(やす)む ➡ _____

④ 呼(よ)ぶ ➡ _____

⑤ 吸(す)う ➡ _____

⑥ 待(ま)つ ➡ _____

⑦ 切(き)る ➡ _____

⑧ 消(け)す ➡ _____

⑨ とる ➡ _____

정답

① 聞(き)かせる　聞(き)かせます　聞(き)かせない　聞(き)かせて
② 死(し)なせる　死(し)なせます　死(し)なせない　死(し)なせて
③ 休(やす)ませる　休(やす)ませます　休(やす)ませない
　 休(やす)ませて
④ 呼(よ)ばせる　呼(よ)ばせます　呼(よ)ばせない　呼(よ)ばせて
⑤ 吸(す)わせる　吸(す)わせます　吸(す)わせない　吸(す)わせて
⑥ 待(ま)たせる　待(ま)たせます　待(ま)たせない　待(ま)たせて
⑦ 切(き)らせる　切(き)らせます　切(き)らせない　切(き)らせて
⑧ 消(け)させる　消(け)させます　消(け)させない　消(け)させて
⑨ とらせる　とらせます　とらせない　とらせて

연습 2

① 食(た)べる　　➡ _____

② 寝(ね)る　　　➡ _____

③ 見(み)る　　　➡ _____

④ 止(と)める　　➡ _____

⑤ 開(あ)ける　　➡ _____

⑥ 閉(し)める　　➡ _____

정 답

① 食(た)べさせる　食(た)べさせます　食(た)べさせない
　食(た)べさせて

② 寝(ね)させる　寝(ね)させます　寝(ね)させない　寝(ね)させて

③ 見(み)させる　見(み)させます　見(み)させない　見(み)させて

④ 止(と)めさせる　止(と)めさせます　止(と)めさせない
　止(と)めさせて

⑤ 開(あ)けさせる　開(あ)けさせます　開(あ)けさせない
　開(あ)けさせて

⑥ 閉(し)めさせる　閉(し)めさせます　閉(し)めさせない
　閉(し)めさせて

연습 3

① 来(く)る　　　　　　➡ _____

② 勉強(べんきょう)する ➡ _____

③ そうじする　　　　　➡ _____

④ 質問(しつもん)する　➡ _____

정 답

① 来(こ)させる　来(こ)させます　来(こ)させない　来(こ)させて
② 勉強(べんきょう)させる　勉強(べんきょう)させます
　　勉強(べんきょう)させない　勉強(べんきょう)させて
③ そうじさせる　そうじさせます　そうじさせない　そうじさせて
④ 質問(しつもん)させる　質問(しつもん)させます　質問(しつもん)
　　させない　質問(しつもん)させて

---

2 ～(さ)せます(1) 강제(強制)・지시(指示)

손윗사람이 손아랫사람에게 어떤 동작을 시킬 경우 사용한다.

④ ～(さ)せます　～시킵니다./～하게 합니다.(강제, 지시)

▌[동작을 하는 사람]　を～(さ)せます

学生(がくせい)が立(た)つ。

학생이 일어서다

→ 先生(せんせい)は学生(がくせい)を**立(た)たせました**。

선생님은 학생을 일어서게 했습니다.

▌[동작을 하는 사람]　に～を～(さ)せます

学生(がくせい)が作文(さくぶん)を書(か)く。

→ 先生(せんせい)は学生(がくせい)に作文(さくぶん)を**書(か)かせました**。 선생님은 학생에게 작문을 쓰게 했습니다.

選手(せんしゅ)が運動場(うんどうじょう)を走(はし)る。

→ コーチは選手(せんしゅ)に運動場(うんどうじょう)を**走(はし)らせました**。 코치는 선수에게 운동장을 달리게 했습니다.

① 部長(ぶちょう)は田中(たなか)さんにメールを**送(おく)らせました**。 부장님은 다나카씨에게 메일을 보내게 했습니다.

② 部長(ぶちょう)はたなかさんに運転(うんてん)を**させました**。 부장님은 다나카씨에게 운전을 시켰습니다.

③ 先生(せんせい)は学生(がくせい)に本(ほん)を読(よ)**ませました**。 선생님은 학생에게 책을 읽게 했습니다.

④ 警備員(けいびいん)に案内(あんない)を**させました**。 경비원에게 안내를 시켰습니다.

⑤ 子供(こども)を買(か)い物(もの)に**行(い)かせました**。 아이에게 물건을 사러 보냈습니다.

⑥ 田中(たなか)さんを部屋(へや)に**入(はい)らせました**。 다나카 씨를 방에 들어가게 했습니다.

⑦ 先生(せんせい)は母親(ははおや)を学校(がっこう)に**来(こ)させた**。 선생님은 어머니를 학교에 오게 했다.

연습4

> 子供(こども)が座(すわ)る。 아이가 앉다
> ▣ 子供(こども)を座(すわ)らせました。
>   아이를 앉게 했습니다.

① 子供(こども)が歩(ある)く。 아이가 걷다

   ▣ _____

② 子供(こども)が立(た)つ。 아이가 서다

   ▣ _____

③ 子供(こども)が車(くるま)に乗(の)る。 아이가 차에 타다

   ▣ _____

④ 子供(こども)が部屋(へや)に入(はい)る。 아이가 방에 들어가다.

   ▣ _____

정 답

① 子供(こども)を歩(ある)かせました。
   아이를 걷게 했습니다.
② 子供(こども)を立(た)たせました。
   아이를 서게 했습니다.
③ 子供(こども)を車(くるま)に乗(の)らせました。
   아이를 차에 태웠습니다.
④ 子供(こども)を部屋(へや)に入(はい)らせました。
   아이를 방에 들어가게 했습니다.

* ③은 타동사「乗(の)せる」를 써서「子供(こども)を車(くるま)に乗(の)
  せました。」라고 해도 됨.

> [!NOTE]
> 연습 5

> 子供(こども)が友達(ともだち)を待(ま)つ。
> 아이가 친구를 기다리다
>
> ▷　子供(こども)に友達(ともだち)を待(ま)たせました。
> 아이에게 친구를 기다리게 했습니다.

① 子供(こども)がごはんを食(た)べる。아이가 밥을 먹는다

　　▷ _____

② 子供(こども)があいさつをする。아이가 인사를 한다

　　▷ _____

③ 子供(こども)が話(はなし)を聞(き)く。아이가 이야기를 듣는다

　　▷ _____

④ 子供(こども)が部屋(へや)をそうじする。아이가 방을 청소한다

　　▷ _____

⑤ 子供(こども)がドアを閉(し)める。아이가 문을 닫는다

　　▷ _____

> [!NOTE]
> 정 답

① 子供(こども)にごはんを食(た)べさせました。
아이에게 밥을 먹였습니다.

② 子供(こども)にあいさつをさせました。
아이에게 인사를 시켰습니다.

③ 子供(こども)に話(はなし)を聞(き)かせました。
아이에게 이야기를 듣게 했습니다.

④ 子供(こども)に部屋(へや)をそうじさせました。
아이에게 방을 청소하게 했습니다.

⑤ 子供(こども)にドアを閉(し)めさせました。
아이에게 문을 닫게 했습니다.

동사 자동사(自動詞) 중 의지가 들어가는 자동사(意志的自動詞)는 [동작을 하는 사람]＋に/を 둘 다 가능하다. 이 경우, [동작을 하는 사람]＋には 자발적으로, [동작을 하는 사람]＋を 는 강제적으로 시키는 뉘앙스 차이가 있다.

学生(がくせい)に行(い)かせる。　자발적
学生(がくせい)を行(い)かせる。　강제적

学生(がくせい)に立(た)たせる。　자발적
学生(がくせい)を立(た)たせる。　강제적

3 ～(さ)せます(2) 허가(許可)・은혜(恩惠)

④ ～(さ)せます ～하게 합니다.(허가, 은혜)

　～(さ)せてあげる, ～(さ)せてくれる, ～(さ)せてもらう 등을 이용하여 허가나 은혜를 나타낼 때 사용하는 표현이다.

　　たなかさんが　聞(き)く。다나카씨가 듣다.
　　　　　↓
　　わたしが　たなかさんに　聞(き)かせる。
　　내가 다나카씨에게 들려주다.
　　　　　↓

わたしが　たなかさんに　聞(き)かせて**あげる**。

내가 다나카 씨에게 들려주다

わたしが　聞(き)く。내가 듣다

↓

たなかさんが　わたしに　聞(き)かせる。

다나카 씨가 나에게 들려주다.

↓

たなかさんが　わたしに　聞(き)かせて**くれる**。

＝たなかさんに　わたしが　聞(き)かせて**もらう**。

다나카 씨가 나에게 들려주다.

① もう少し**休(やす)ませてあげましょう**。(休む→休ませる)

좀 더 쉬게 해줍시다.

② 近所(きんじょ)のおじさんが昔(むかし)の話(はなし)を子供
(こども)たちに色々(いろいろ)**聞(き)かせてくれました**。(聞
く→聞かせる)

이웃집 아저씨가 옛날이야기를 아이들에게 여러 가지 들려주었습니다.

③ 警備員(けいびいん)が特別(とくべつ)に写真(しゃしん)を**撮
(と)らせてくれました**。(撮る→撮らせる)

경비원이 특별히 사진을 찍게 해주었습니다.

④ 会議(かいぎ)にわたしも**参加させてもらった**。(参加する→
参加させる)　회의에 나도 참가 시켜주었다.

⑤ 1週間**休ませてもらった**。(休む→休ませる)

1주일간 쉬게 해주었다.

⑥ ここで**待(ま)たせてもらいます。**(待つ→待たせる)

여기서 기다리겠습니다.

⑦ **先生(せんせい)の本(ほん)を読(よ)ませてもらいました。**

(読む→読ませる)　선생님의 책을 읽었습니다.

한국어와 다른 일본어 : ～させてもらう　～하게 허락 받다?

～させてもらう 는 한국어로 뭐라고 하면 될까?

休(やす)ませてもらう。

待(ま)たせてもらう。

聞(き)かせてもらう。

言(い)わせてもらう。

「休(やす)む」「待(ま)つ」「聞(き)く」「言(い)う」,,, ~하는 것을 상대방에게 허가를 받는 것을 의미합니다.

① (わたしは)一週間(いっしゅうかん)休(やす)みました。

② (わたしは)一週間(いっしゅうかん)休(やす)ませてもらいました。

①은 1주일 쉬었다고 단순히 언급하고 있다. 반면, ②는 허락을 받고 쉬었다와 같이 상대방의 허락을 전제로 한 표현입니다.

연 습 6

> 先(さき)に行(い)く　먼저 가다
>
> ▷　先に行かせてもらいました。
>   먼저 가게 해주었습니다.

① 施設(しせつ)を利用(りよう)する　시설을 이용하다

　▷ _____

② 意見(いけん)を言(い)う　의견을 말하다

　▷ _____

③ ゆっくりする　천천히 하다

　▷ _____

④ 早(はや)く家(いえ)に帰(かえ)る　빨리 집에 돌아가다

　▷ _____

⑤ 部屋(へや)に入(はい)る　방에 들어가다

　▷ _____

정 답

① 施設(しせつ)を利用(りよう)させてもらいました。
　시설을 이용하게 해주었습니다.

② 意見(いけん)を言(い)わせてもらいました。
　의견을 말하게 해주었습니다.

③ ゆっくりさせてもらいました。
　천천히 하게 해주었습니다.

④ 早(はや)く家(いえ)に帰(かえ)らせてもらいました。
　빨리 집에 돌아가게 해주었습니다.

⑤ 部屋(へや)に入(はい)らせてもらいました。
　방에 들어가게 해주었습니다.

4 ～(さ)せます(3) 유발(誘発)

4 ～(さ)せます ～하게 합니다.(유발)

[동작을 하는 사람] を ～(さ)せます

1) 감정적인 동작을 유발할 때 사용하는 표현이다.
2) 감정을 나타내는「安心(あんしん)する안심하다, 怒(おこ)る화나다, 落(お)ち着(つ)く진정하다, 驚(おどろ)く놀라다, 悲(かな)しむ슬퍼하다, 困(こま)る곤란하다, 怖(こわ)がる무서워하다, 泣(な)く울다, びっくりする놀라다, 喜(よろこ)ぶ기뻐하다, 笑(わら)う웃다」등이 사용된다.

① 彼(かれ)の一言(ひとこと)が私(わたし)を**落(お)ち着(つ)かせた**。
그의 한 마디가 나를 진정시켰다.

② 田中君(たなかくん)はいつもみんなを**笑(わら)わせて**くれる。
다나카군은 언제나 모두를 웃게 해 준다.

③ おばけの話(はなし)をして、子供(こども)たちを**怖(こわ)がらせた**。귀신 이야기를 해서 아이들을 무섭게 했다.

④ 10キロやせて、友達(ともだち)を**びっくりさせた**。
10kg 빼서 친구들을 놀라게 했다.

⑤ 若(わか)いころはよく親(おや)を**困(こま)らせた**。
젊었을 적에는 부모님을 곤란하게 했다.

⑥ けんかして、弟(おとうと)を**泣(な)かせた**。
싸워서 남동생을 울렸다.

⑦ びっくりしましたよ。**驚(おどろ)かせないでください。**

깜짝 놀랐어요. 놀라게 하지 마세요.

> 親(おや)が喜(よろこ)ぶ　부모님이 기쁘다
>
> ➡ 親(おや)を喜(よろこ)ばせました。
>
> 부모님을 기쁘게 했습니다.

① 妹(いもうと)が泣(な)く　여동생이 울다

　➡ _____

② 先生(せんせい)が安心(あんしん)する　선생님이 안심하다

　➡ _____

③ 父(ちち)が怒(おこ)る　아버지가 화내다

　➡ _____

④ 友達(ともだち)ががっかりする　친구가 실망하다

　➡ _____

⑤ 彼女(かのじょ)が悲(かな)しむ　그녀가 슬퍼하다

　➡ _____

정 답

① 妹(いもうと)を泣(な)かせました。여동생을 울렸습니다.

② 先生(せんせい)を安心(あんしん)させました。선생님을 안심시켰습니다.

③ 父(ちち)を怒(おこ)らせました。아버지를 화나게 했습니다.

④ 友達(ともだち)をがっかりさせました。친구를 실망시켰습니다.

⑤ 彼女(かのじょ)を悲(かな)しませました。여자 친구를 슬프게 만들었습니다.

5 정중한 의뢰표현

💡④ **~(さ)せてください** ~하게 해 주십시오.

💡④ **~(さ)せてくれませんか** ~하게 해 주지 있겠습니까?

💡④ **~(さ)せてもらえませんか** ~하게 해 주실 수 있겠습니까?

💡④ **~(さ)せてくださいませんか** ~하게 해 주시지 않겠습니까?

💡④ **~(さ)せていただけませんか** ~하게 해 주시지 않겠습니까?

▌ [동작을 하는 사람] に + 사역 동사 **てください/てくれませんか**
/てもらえませんか/てくださいませんか/ていただけませんか

어떤 일을 할 수 있게 허락해 달라고 상대방에게 정중히 부탁하는 표
현이다.

> わたしが　やる。

→あなたが　わたしに　やらせる。
　　　　　　　↓
　　　　　わたしに　やらせてください。
　　　　　　　　　　やらせてくれませんか。
　　　　　　　　　　やらせてもらえませんか。
　　　　　　　　　　やらせてくださいませんか。
　　　　　　　　　　やらせていただけませんか。

> わたしが　行(い)く。

→ あなたが　わたしに　　行(い)かせる。
　　　　　　　　↓
　　　　　　わたしに　　行(い)かせてください。
　　　　　　　　　　　行(い)かせてくれませんか。
　　　　　　　　　　　行(い)かせてもらえませんか。
　　　　　　　　　　　行(い)かせてくださいませんか。
　　　　　　　　　　　行(い)かせていただけませんか。

① 明日(あした)は**休(やす)ませてください**。

　　내일은 쉬게 해 주십시오

② もう少(すこ)し**聞(き)かせてくれませんか**。

　　조금 더 들려주지 않겠습니까?

③ 私(わたし)に**手伝(てつだ)わせてくださいませんか**。

　　제가 도와드리게 해 주시지 않겠습니까?

④ 今回(こんかい)のプロジェクトはぜひ私(わたし)に**やらせて**
もらえませんか。이번 프로젝트는 꼭 제가 하게 해 주시지 않겠습니까?

⑤ しめきりを一週間(いっしゅうかん)**遅(おく)らせていただけ**
ませんか。마감을 일주일 늘려주시지 않겠습니까?

* 다음 순으로 정중한 표현이 된다.

1. 明日(あした)は休(やす)ませてください。
　　내일은 쉬게 해 주십시오

2. 明日(あした)は休(やす)ませてくれませんか。
　　내일은 쉬게 해 주지 않겠습니까?

3. 明日(あした)は休(やす)ませてもらえませんか。

내일은 쉬게 해 주실 수 있습니까?

4. 明日(あした)は休(やす)ませてくださいませんか。

내일은 쉬게 해 주시지 않겠습니까?

5. 明日(あした)は休(やす)ませていただけませんか。

내일은 쉬게 해 주시지 않겠습니까?(겸양)

연습 8

> 早(はや)く帰(かえ)る 일찍 돌아가다
>
> ▷ 早(はや)く帰(かえ)らせてもらえませんか。
>
> 일찍 가게 해 주실 수 있습니까?

① 2、3日(にち)休(やす)む 2, 3일 쉬다.

▷ _____

② 私(わたし)も行(い)く 나도 가다.

▷ _____

③ 授業(じゅぎょう)を聞(き)く 수업을 듣다

▷ _____

④ 少(すこ)し考(かんが)える 조금 생각하다

▷ _____

⑤ 話(はなし)を聞(き)く 이야기를 듣다

▷ _____

정답

①2、3日(にち)休(やす)ませてもらえませんか。

2, 3일 쉬게 해 주실 수 있습니까?

②私(わたし)も行(い)かせてもらえませんか。

　　저도 가게 해 주실 수 있습니까?

③授業(じゅぎょう)を聞(き)かせてもらえませんか。

　　수업을 듣게 해 주실 수 있습니까?

④少(すこ)し考(かんが)えさせてもらえませんか。

　　조금 생각 하게 해 주실 수 있습니까?

⑤話(はなし)を聞(き)かせてもらえませんか。

　　이야기를 듣게 해 주실 수 있습니까?

>>> **문장연습 1**

정답 388쪽

① 학생에게 책을 가지고 오게 했습니다. 　　**学生**(がくせい) 학생

　　➡ _____

② 여기서 일하게 해 주세요. 　　**働**(はたら)く 일하다

　　➡ _____

③ 회의실을 사용하게 해 주실 수 있겠습니까?

　　　　　　会議室(かいぎしつ) 회의실, **使**(つか)う 사용하다

　　➡ _____

Ⅱ

사역수동 使役受身

　　스스로의 의지가 아닌, 다른 사람에게 강제로 당한 동작, 또는 결과적으로 그렇게 되어 버린 경우에 사용하는 표현.

わたしは　1時間(じかん)も　待(ま)った。

나는 1시간이나 기다렸다.

↓

田中(たなか)さんは　わたしを　1時間(じかん)も　待(ま)たせた。

다나카씨는 나를 1시간이나 기다리게 했다. (사역)

↓

私(わたし)は　田中(たなか)さんに　1時間(じかん)も　**待(ま)たされた**。 나는 다나카씨를 1시간이나 기다렸다. (사역수동)

1 동사의 사역수동형

동사	사전형	사역형	사역수동형	
1 그룹	-u 書(か)く 쓰다 走(はし)る 달리다 話(はな)す 이야기하다	-a-seru 書(か)かせる 쓰게 하다 走(はし)らせる 달리게 하다 話(はな)させる 이야기하게 하다	-a-sareru 書(か)かされる (억지로) 쓰다 走(はし)らされる (억지로) 달리다 話(はな)させられる (억지로) 이야기하다	-a-seru→a-sareru kaka-seru 　→kaka-sareru hashira-seru 　→hashira-sareru Hanasa-seru 　→hanasa-serareru
2 그룹	-ru 見(み)る 보다 食(た)べる 먹다	-saseru 見(み)させる 보게 하다 食(た)べさせる 먹게 하다	-sase-rareru 見(み)させられる (억지로) 보다 食(た)べさせられる (억지로) 먹다	-saseru→sase-rareru mi-saseru 　→mi-sase-rareru tabe-saseru 　→tabe-sase-rareru
3 그룹	する 하다 来(く)る 오다	させる 시키다 来(こ)させる 오게 하다	させられる (억지로) 하다 来(こ)させられる (억지로) 오다	

＊1그룹은 「〜せられる」(예 書(か)かせられる (억지로) 쓰다, 走(はし)らせられる (억지로) 달리다) 보다 「〜される」(예 書(か)かされる (억지로) 쓰다, 走(はし)らされる (억지로) 달리다)로 쓰는 것이 일반적이다. 하지만 어미가 「す」인 경우에는 「〜せられる」(消(け)す 지우다 - 消(け)させられる(억지로) 지우다, 出(だ)す내다 - 出(だ)させられる (억지로) 내다)를 쓴다.

＊사역수동형은 동사의 2그룹과 같은 활용을 한다.

「書(か)かされる」 (억지로)쓰다

ます형 : 書(か)かされます

ない형 : 書(か)かされない

て형 : 書(か)かされて

연습9

> 書(か)く
> ▷ 書(か)かされる/書(か)かされます/書(か)かされない
> /書(か)かされて

① 聞(き)く

▷ _____

② 泳(およ)ぐ

▷ _____

③ 休(やす)む

▷ _____

④ 呼(よ)ぶ

　➡ _____

⑤ 吸(す)う

　➡ _____

⑥ 待(ま)つ

　➡ _____

⑦ 切(き)る

　➡ _____

⑧ 消(け)す

　➡ _____

⑨ とる

　➡ _____

정 답

① 聞(き)かされる　聞(き)かされます　聞(き)かされない
　聞(き)かされて
② 泳(およ)がされる　泳(およ)がされます　泳(およ)がされない
　泳(およ)がされて
③ 休(やす)まされる　休(やす)まされます　休(やす)まされない
　休(やす)まされて
④ 呼(よ)ばされる　呼(よ)ばされます　呼(よ)ばされない
　呼(よ)ばされて
⑤ 吸(す)わされる　吸(す)わされます　吸(す)わされない
　吸(す)わされて
⑥ 待(ま)たされる　待(ま)たされます　待(ま)たされない
　待(ま)たされて
⑦ 切(き)らされる　切(き)らされます　切(き)らされない
　切(き)らされて
⑧ 消(け)させられる　消(け)させられます　消(け)させられない
　消(け)させられて
⑨ とらされる　とらされます　とらされない　とらされて

① 食(た)べる

　➡ _____

② 寝(ね)る

　➡ _____

③ 見(み)る

　➡ _____

④ 止(と)める

　➡ _____

⑤ 開(あ)ける

　➡ _____

⑥ 閉(し)める

　➡ _____

정 답

① 食(た)べさせられる　食(た)べさせられます　食(た)べさせられない　食(た)べさせられて

② 寝(ね)させられる　寝(ね)させられます　寝(ね)させられない　寝(ね)させられて

③ 見(み)させられる　見(み)させられます　見(み)させられない　見(み)させられて

④ 止(と)めさせられる　止(と)めさせられます　止(と)めさせられない　止(と)めさせられて

⑤ 開(あ)けさせられる　開(あ)けさせられます　開(あ)けさせられない　開(あ)けさせられて

⑥ 閉(し)めさせられる　閉(し)めさせられます　閉(し)めさせられない　閉(し)めさせられて

연습 11

① 来(く)る

   ➡ _____

② 勉強(べんきょう)する

   ➡ _____

③ そうじする

   ➡ _____

④ 質問(しつもん)する

   ➡ _____

정답

① 来(こ)させられる　来(こ)させられます　来(こ)させられない
　来(こ)させられて
② 勉強(べんきょう)させられる　勉強(べんきょう)させられます
　勉強(べんきょう)させられない　勉強(べんきょう)させられて
③ そうじさせられる　そうじさせられます　そうじさせられない
　そうじさせられて
④ 質問(しつもん)させられる　質問(しつもん)させられます
　質問(しつもん)させられない　質問(しつもん)させられて

2　〜させられる

4 ~さ(せら)れます

[동작을 하는 사람]は [시키는 사람]に ~させられる

① 先生(せんせい)に反省文(はんせいぶん)を**書(か)かされた**。

선생님이 반성문을 쓰게 했다.

② 母(はは)に妹(いもうと)の面倒(めんどう)を**見(み)させられた**。 엄마가 여동생을 돌보게 했다.

③ 部長(ぶちょう)に早朝(そうちょう)に**来(こ)させられた**。

부장님이 이른 아침에 오게 했다.

④ コーチに何度(なんど)も練習(れんしゅう)**させられた**。

코치가 몇 번이나 훈련 시켰다.

⑤ 兄(あに)によく**泣(な)かされた**。

형이 자주 울렸다.

⑥ 田中(たなか)さんに１時間(じかん)も**待(ま)たされた**。

다나카씨가 1시간이나 기다리게 했다.

⑦ 子供(こども)には**心配(しんぱい)させられる**ことが多(おお)い。

아이는 걱정시키는 것이 많다.

⑧ 勉強(べんきょう)は**やらされる**ものではない。自(みずか)らやるものだ。 공부는 시켜서 하는 것이 아니다. 스스로 하는 것이다.

⑨ 先輩(せんぱい)に焼酎(しょうちゅう)を**飲(の)まされた**。

선배가 억지로 소주를 마시게 했다.

⑩ 母(はは)に部屋(へや)のそうじを**させられた**。

어머니가 억지로 방 청소를 시켰다.

연습 12

> 辞書(じしょ)を持(も)ってくる　사전을 가지고 오다
>
> ▶ 辞書(じしょ)を持(も)ってこさせられた。
> (누가 시켜서) 억지로 사전을 가져왔다.

① 本(ほん)を読(よ)む　책을 읽다

　▶ _____

② 野菜(やさい)を食(た)べる　야채를 먹다

　▶ _____

③ うそを言(い)う　거짓말을 하다

　▶ _____

④ 運動場(うんどうじょう)を走(はし)る　운동장을 달리다.

　▶ _____

⑤ 山(やま)に登(のぼ)る　산에 오르다

　▶ _____

정답

① 本(ほん)を読(よ)まされた。억지로 책을 읽었다.

② 野菜(やさい)を食(た)べさせられた。억지로 채소를 먹었다.

③ うそを言(い)わされた。억지로 거짓말을 했다.

④ 運動場(うんどうじょう)を走(はし)らされた。억지로 운동장을 달렸다.

⑤ 山(やま)に登(のぼ)らされた。억지로 산에 올랐다.

정답 389쪽

>>> **문장연습 2**

① 비싼 티켓을 (억지로) 샀다.　　　　　　　　　　　　　**チケット** 티켓

　▣ _____

② 초등학생 때, 선생님이 매일 (억지로) 달리게 했다.

　　　　　　　小学生(しょうがくせい) 초등학생, **走**(はし)る 달리다

　▣ _____

③ 술을 (억지로) 많이 마셔서, 오늘 아침은 머리가 아프다.

　　　　　　　　　　　　　　　　　　　　お酒(さけ) 술

　▣ _____

やってみよう!

다음 한국어 문장을 일본어로 바꾸시오.

① 아이에게 야채를 먹였다.

　　➡ _____

② 다나카 씨에게도 듣게 해 주고 싶다.

　　➡ _____

③ 모두를 웃겼다.

　　➡ _____

④ 아이의 몸 상태가 나빠서 오늘은 학교를 쉬게 했다.

　　➡ _____

⑤ 판매원에게 (억지로) 고가의 화장품을 사게 되었다.

　　➡ _____

문제 정답

① 子供(こども)に野菜(やさい)を食べさせた。
② たなかさんにも聞かせてあげたい。
③ みんなを笑わせた。
④ 子供(こども)の体調(たいちょう)が悪(わる)くて、今日(きょう)は学校(がっこう)を休(やす)ませた。
⑤ 販売員(はんばいいん)に高価(こうか)な化粧品(けしょうひん)を買(か)わされた。

정답 389쪽

おさらい問題 복습 문제

1. 다음 ( )안에 동사를 사역형(使役形)으로 고쳐 문장을 완성하시오.

① 少(すこ)し(休(やす)む)てもらった。조금 쉬게 허락 받았다.

   ▶ _____

② パソコンを(使(つか)う)てください。컴퓨터를 사용하게 해 주세요.

   ▶ _____

③ 子供(こども)にかさを(持(も)ってきた)。
아이에게 우산을 들고 오게 했다.

   ▶ _____

④ 子供(こども)に宿題(しゅくだい)を(やる)てから、遊(あそ)びに行(い)
かせました。아이에게 숙제를 시키고 나서 놀러 가게 했습니다.

   ▶ _____

2. 다음 ( )안 동사를 사역수동형(使役受身形)으로 고쳐 문장을 완성
하시오.

① 子供(こども)のころ、兄(あに)によく(泣(な)いた)。
어렸을 적 형이 자주 (나를) 울렸다.

   ▶ _____

② 警察(けいさつ)に罰金(ばっきん)を(払(はら)った)。
경찰에게 벌금을 (억지로) 냈다.

   ▶ _____

③ すずきさんに1時間(じかん)も(待(ま)った)。
스즈키씨를 1시간이나 (억지로) 기다렸다.

   ▶ _____

～させていただく

상대방의 의뢰나 허가를 받고 그렇게 하겠다고 할 경우와, 상대방의 친절이나 은혜를 받고 그렇게 하겠다고 할 경우에 쓰이는 표현이 ~させていただく다.

① (상대방이 보내 달라는 의뢰를 받고)
  お問(と)い合(あ)わせいただきました新刊(しんかん)のカタログを送(おく)らせていただきます。
  문의해주신 신간 카탈로그를 보내드리도록 하겠습니다.

② (상대방의 초대를 받고)
  ありがとうございます。ではお言葉(ことば)に甘(あま)えて出席(しゅっせき)させていただきます。
  감사합니다. 그럼 말씀을 고맙게 받아들여 출석하도록 하겠습니다.

하지만 상대방에게서 의뢰도 아무 허락도 필요하지 않고, 또한 직접 상대방에게서 친절이나 은혜를 받은 것도 아닌 경우에 ていただきます를 쓰게 되면 부자연스럽게 느껴지고 불쾌한 표현이 된다.

③ ? このたび結婚(けっこん)させていただきました。
  ? 来月(らいげつ)退社(たいしゃ)させていただくことになりました。

③과 같이 허가를 받아야 할 상대도 아니고, 상대방에게 직접적인 관계가 없는 일이라면 부자연스럽게 느껴진다. 다음 ④로 충분하다.

④ このたび結婚(けっこん)いたしました。 이번에 결혼했습니다.
  来月(らいげつ)退社(たいしゃ)することになりました
  다음 달에 퇴사하게 되었습니다.

일본어문법
- 중급 -

1. 車(くるま)で行(い)こうと思います。
2. 大阪(おおさか)にひっこすかもしれません。

일본어문법
- 중급 -

I 의지 표현 意志表現

1 동사의 의지형(意志形)

⑤ ～よう ～하자

1그룹 : 어미를 「お」단으로 바꾸고 「う」를 붙인다.

行(い)く　→　行こ＋う　→　行こ**う**
가다　　　　　　　　　　가자

遊(あそ)ぶ　→　遊ぼ＋う　→　遊ぼ**う**
놀다　　　　　　　　　　　놀자

2그룹 : 어미 「る」를 떼고, 「よう」를 붙인다.

食(た)べる　→　食べ＋よう　→　食べ**よう**
먹다　　　　　　　　　　　　먹자

見(み)る　→　見＋よう　→　見**よう**
보다　　　　　　　　　보자

3그룹

来(く)る　→　来(こ)**よう**
오다　　　　오자

する → しよう
하다   하자

① 一緒(いっしょ)に遊(あそ)ぼう。같이 놀자.
② 少(すこ)し休(やす)もう。조금 쉬자.
③ また来(こ)ようね。또 오자.

연습1

行(い)く
▷ 行(い)こう

① 聞(き)く   ▷ _____
② 買(か)う   ▷ _____
③ 休(やす)む   ▷ _____
④ 呼(よ)ぶ   ▷ _____
⑤ 飲(の)む   ▷ _____
⑥ 待(ま)つ   ▷ _____
⑦ 切(き)る   ▷ _____
⑧ 消(け)す   ▷ _____
⑨ とる   ▷ _____

정답

① 聞(き)こう   ② 買(か)おう   ③ 休(やす)もう
④ 呼(よ)ぼう   ⑤ 飲(の)もう   ⑥ 待(ま)とう
⑦ 切(き)ろう   ⑧ 消(け)そう   ⑨ とろう

연습2

① 食(た)べる ➡ _____

② 寝(ね)る ➡ _____

③ 見(み)る ➡ _____

④ 止(と)める ➡ _____

⑤ 開(あ)ける ➡ _____

⑥ 閉(し)める ➡ _____

정 답

① 食(た)べよう ②寝(ね)よう ③見(み)よう
④ 止(と)めよう ⑤開(あ)けよう ⑥閉(し)めよう

연습3

① 来(く)る ➡ _____

② 勉強(べんきょう)する ➡ _____

③ 招待(しょうたい)する ➡ _____

④ あいさつする ➡ _____

정 답

①来(こ)よう ②勉強(べんきょう)しよう
③招待(しょうたい)しよう ④あいさつしよう

2 ようと思(おも)う

④ ~ようと思(おも)います ~하려고 (생각)합니다.

┃동사의 의지형＋と思(おも)います

지금 또는 지금부터 무엇인가 하려고 하는 나의 의지(意志)를 나타
낸다.

① これから一生懸命(いっしょうけんめい)勉強(べんきょう)し
ようと思(おも)います。 지금부터 열심히 공부하려고 (생각)합니다.

② 今日(きょう)は5時(じ)前(まえ)に帰(かえ)**ろうと思(おも)い
ます**。 오늘은 5시 전에 돌아가려고 (생각)합니다.

③ 来年(らいねん)は日本旅行(にほんりょこう)を**しようと思(お
も)います**。 내년에는 일본 여행을 하려고 (생각)합니다.

④ 健康(けんこう)のために水泳(すいえい)を習(なら)**おうと思
(おも)います**。 건강을 위해서 수영을 배우려고 (생각)합니다.

연습 4

> 車(くるま)で行(い)きます。 차로 갑니다.
> ▷ **車(くるま)で行(い)こうと思(おも)います。**
> 차로 가려고 (생각)합니다.

① 明日(あした)は家(いえ)でゆっくりします。
내일은 집에서 느긋하게 쉽니다.
▷ _____

② 今日(きょう)は早(はや)く帰(かえ)ります。 오늘은 일찍 돌아갑니다.

　➡ _____

③ 明日(あした)は早(はや)く起(お)きます。 내일은 일찍 일어납니다.

　➡ _____

④ おすしを食(た)べに行(い)きます。 초밥을 먹으러 갑니다.

　➡ _____

⑤ 来月(らいげつ)、試験(しけん)を受(う)けます。 다음달 시험을 칩니다.

　➡ _____

정 답

① 明日(あした)は家(いえ)でゆっくりしようと思(おも)います。
　내일은 집에서 느긋하게 쉬려고 (생각)합니다.

② 今日(きょう)は早(はや)く帰(かえ)ろうと思(おも)います。
　오늘은 일찍 돌아가려고 (생각)합니다.

③ 明日(あした)は早(はや)く起(お)きようと思(おも)います。
　내일은 일찍 일어나려고 (생각)합니다.

④ おすしを食(た)べに行(い)こうと思(おも)います。
　초밥을 먹으러 가려고 (생각)합니다.

⑤ 来月(らいげつ)、試験(しけん)を受(う)けようと思(おも)います。
　다음달 시험을 치려고 (생각)합니다.

もう一歩 step up

「～ようと思(おも)います」와「～ようと思っています」

「～ようと思(おも)っています(～려고 (생각)하고 있습니다)」는 이전에 결정한 것을 지금까지도 유지하고 있을 때 사용한다.

① 医者(いしゃ)になろうと思(おも)っています。
　의사가 되려고 생각하고 있습니다.

② ③을「～ようと思っています」로 바꾸면 <u>이전부터 그렇게 생각해 왔다</u>는 의미가 포함 된다.

② これから一生懸命(いっしょうけんめい)勉強(べんきょう)**しようと思(おも)います。**

これから一生懸命(いっしょうけんめい)勉強(べんきょう)**しようと思(おも)っています。**

지금부터 열심히 공부하려고 (생각)합니다.

③ 来年(らいねん)は日本旅行(にほんりょこう)を**しようと思(おも)います。**

来年(らいねん)は日本旅行(にほんりょこう)を**しようと思(おも)っています。**

내년에는 일본 여행을 하려고 (생각)합니다.

반대로 ④ ⑤와 같이 <u>발화(発話) 시</u>에 생각한 내용에 대해서는「～ようと思っています」를 쓰면 어색한 표현이 된다.

④ A：田中(たなか)さん、まだですか？

다나카씨는 아직 인가요?

B：×もう少(すこ)し待(ま)とうと思(おも)っています。

○もう少(すこ)し待(ま)**とうと思(おも)います。**

조금 더 기다리려고 합니다.

⑤ ×ちょっとパン屋(や)に寄(よ)ろうと思(おも)っています。先(さき)に帰(かえ)ってもいいですよ。

○ちょっとパン屋(や)に寄(よ)**ろうと思(おも)います。**先(さき)に帰(かえ)ってもいいですよ。

빵집에 좀 들르려고 합니다. 먼저 돌아가도 좋아요

③ ようとする

④ ~ようとした ~하려고 했다

어떤 행위를 하기 직전의 상태를 나타낸다.

▎동사의 의지형＋としたとき、～した。~하려고 했을 때 ~했다.

夕食(ゆうしょく)を 作(つく)る　　こどもたちが 帰(かえ)る
저녁을 만들다　　　　　　　　　아이들이 돌아오다
↓　　　　　　　　　　　　　　　　↓
夕食(ゆうしょく)を **作(つく)ろう** **としたとき、** こどもたちが
帰(かえ)ってきた 　　　　　　　　　 했을 때
↓
夕食(ゆうしょく)を作(つく)ろうとしたとき、こどもたちが帰
(かえ)ってきた。 저녁을 만들려고 했을 때 아이들이 돌아왔다.

① ごはんを**食(た)べようとした**とき、電話(でんわ)が鳴(な)った。
밥을 먹으려고 했을 때 전화가 울렸다.

② 電気(でんき)を**消(け)そうとした**とき、玄関(げんかん)の
チャイムが鳴(な)った。
전기를 끄려고 했을 때 현관 벨이 울렸다.

③ **帰(かえ)ろうとした**とき、部長(ぶちょう)に呼(よ)ばれた。
돌아가려고 했을 때 부장님이 불렀다.

④ おふろに**入(はい)ろうとした**とき、電気(でんき)が消(き)え
ました。 목욕을 하려고 했을 때 전기가 꺼졌습니다.

연습5

(コーヒーを飲(の)む)とき、電話(でんわ)が鳴(な)った。

▣ (コーヒーを飲(の)もうとした)とき、電話(でんわ)が鳴(な)った。
커피를 마시려고 했을 때 전화가 울렸다.

① (勉強(べんきょう)する)とき、電話(でんわ)が鳴(な)った。
공부하려고 했을 때 전화가 울렸다.
▣ _____

② (寝(ね)る)とき、電話(でんわ)が鳴(な)った。
자려고 했을 때, 전화가 울렸다.
▣ _____

③ (バスに乗(の)る)とき、電話(でんわ)が鳴(な)った。
버스를 타려고 했을 때 전화가 울렸다.
▣ _____

④ (会社(かいしゃ)に行(い)く)とき、電話(でんわ)が鳴(な)った。
회사에 가려고 했을 때 전화가 울렸다.
▣ _____

⑤ (出(で)かける)とき、電話(でんわ)が鳴(な)った。
외출하려고 했을 때 전화가 울렸다.
▣ _____

정 답

① (勉強(べんきょう)しようとした)とき、電話(でんわ)が鳴(な)った。공부하려고 했을 때 전화가 울렸다.

② (寝(ね)ようとした)とき、電話(でんわ)が鳴(な)った。
자려고 했을 때 전화가 울렸다.

③ (バスに乗(の)ろうとした)とき、電話(でんわ)が鳴(な)った。
버스를 타려고 했을 때 전화가 울렸다.

④ (会社(かいしゃ)に行(い)こうとした)とき、電話(でんわ)が鳴(な)った。회사에 가려고 했을 때 전화가 울렸다.

⑤ (出(で)かけようとした)とき、電話(でんわ)が鳴(な)った。
외출하려고 했을 때 전화가 울렸다.

🦷④ ～ようとしません ~려(고) 하지 않습니다.

<u>타인</u>의 행동이 나의 예상이나 기대에서 벗어났을 때 사용하는 표현.

☆ 일인칭(一人称)에는 쓰지 않는다.

× わたしはたばこをやめ**ようとしない**。
○ 弟(おとうと)はたばこをやめ**ようとしない**。

남동생은 담배를 끊으려 하지 않는다.

① 田中(たなか)さんは集(あつ)まりに呼(よ)んでも全然(ぜんぜん)来(こ)**ようとしません**。

다나카씨는 모임에 불러도 도무지 오려고 하지 않습니다.

② 子供が学校に行こ**うとしません**。

아이가 학교에 가려고 하지 않습니다.

③ すずきさんは時間(じかん)がないときでも少(すこ)しも急(いそ)ご**うとしない**。

스즈키씨는 시간이 없을 때도 조금도 서두르려하지 않는다.

④ たなかさんが家(いえ)に帰(かえ)ろ**うとしません**。

다나카 씨가 집에 가려고 하지 않습니다.

⑤ すずきさんは会議(かいぎ)に出席(しゅっせき)し**ようとしません**。 스즈키 씨는 회의에 출석하려고 하지 않습니다.

연습 6

> やまださんは(薬(くすり)を飲(の)む)としません。
>
> ➡ やまださんは(薬(くすり)を飲(の)もう)としません。
>
> 야마다 씨는 약을 먹으려고 하지 않습니다.

① やまださんは(話(はなし)を聞(き)く)としません。

➡ _____

② やまださんは(病院(びょういん)に行(い)く)としません。

➡ _____

③ やまださんは(手伝(てつだ)う)としません。

➡ _____

④ やまださんは(運転(うんてん)する)としません。

➡ _____

⑤ やまださんは(休(やす)む)としません。

➡ _____

정 답

① やまださんは(話(はなし)を聞(き)こう)としません。

야마다 씨는 이야기를 들으려고 하지 않습니다.

② やまださんは(病院(びょういん)に行(い)こう)としません。

야마다 씨는 병원에 가려고 하지 않습니다.

③ やまださんは(手伝(てつだ)おう)としません。

야마다 씨는 도와주려고 하지 않습니다.

④ やまださんは(運転(うんてん)しよう)としません。

야마다 씨는 운전하려고 하지 않습니다.

⑤ やまださんは(休(やす)もう)としません。

야마다 씨는 쉬려고 하지 않습니다.

④ つもり

④ **~るつもりです** ~(할) 생각입니다.

④ **~ないつもりです** ~(하)지 않을 생각입니다.

무엇을 하겠다는 의지(意志)나, 미리 생각해 둔 개인적인 예정, 계획 등을 말하고자 할 때 사용한다.

▌동사 사전형＋つもりです

行(い)く　　　行(い)く**つもりです**　갈 생각입니다.

見(み)る　　　見(み)る**つもりです**　볼 생각입니다.

来(く)る　　　来(く)る**つもりです**　올 생각입니다.

▌동사 ない형＋つもりです

行(い)く　　　行(い)かない　　　行(い)かない**つもりです**

가지 않을 생각입니다.

見(み)る　　　見(み)ない　　　見(み)ない**つもりです**

보지 않을 생각입니다.

来(く)る　　　来(こ)ない　　　来(こ)ない**つもりです**

오지 않을 생각입니다.

연습 7

> いう
> ▸ いうつもりです / いわないつもりです

① かく　　▸ _____

② あそぶ　▸ _____

③ ねる　　▸ _____

④ する　　▸ _____

⑤ くる　　▸ _____

정 답

① かくつもりです / かかないつもりです
② あそぶつもりです / あそばないつもりです
③ ねるつもりです / ねないつもりです
④ するつもりです / しないつもりです
⑤ くるつもりです / こないつもりです

① 5時(じ)に帰(かえ)る**つもりです**。

5시에 돌아갈 생각입니다.

② たばこはもう吸(す)わない**つもりです**。

담배는 이제 피우지 않을 생각입니다.

③ わたしは結婚(けっこん)しない**つもりです**。

나는 결혼하지 않을 생각입니다.

④ わたしも参加(さんか)する**つもりです**。

나도 참가할 생각입니다.

もう一歩 step up

1. 「つもり」의 의미는 「~ようと思います」와 비슷하다.
「つもり」가 조금 더 강한 의지거나, 더 구체적이고 실현 가능성이 높은 계획일 경우에 사용한다.

2. 「×~つもりですか。」
「~つもりですか。」는 상대방에게 개인적인 각오를 묻는 무례한 표현이 되어 비판적이거나 따지는 인상을 준다.

× たなかさん、今年(ことし)の冬休(ふゆやす)みも日本(にほん)に行(い)くつもりですか。

　→ 상대방에게 설명을 구하는 「~んですか」를 쓰는 것이 좋다.

○ たなかさん、今年(ことし)の冬休(ふゆやす)みも日本(にほん)に行(い)くんですか。

　다나카 씨, 올해 겨울 방학도 일본에 갑니까?

○ たなかさん、今年(ことし)の冬休(ふゆやす)みも日本(にほん)に行(い)かれるんですか。

　다나카 씨, 올해 겨울 방학도 일본에 가십니까?

　(경어표현 「~(ら)れる」(11과 참조))

① はい、行(い)こうと思(おも)っています。

　네, 가려고 생각하고 있습니다.

② はい、行(い)くつもりです。 네, 갈 생각입니다.

①と思(おも)っています보다 ②つもりです가 더 실현 가능성이 높은 표현이다.

3. 予定(よてい)です(~할 예정입니다)

「つもりです」는 개인적인 예정을 나타내고, 「予定(よてい)です」
는 회사나 학교 등 다같이 정한 스케줄을 나타낸다.

① 来月(らいげつ)東京(とうきょう)へ出張(しゅっちょう)す
る予定(よてい)です。

다음 달 도쿄로 출장갈 예정입니다.

② 駅(えき)に8時(じ)に着(つ)く予定(よてい)です。

역에 8시에 도착할 예정입니다.

>>> 문장연습 1

정답 390쪽

① 후쿠오카에서 1박하려고 생각합니다.

福岡(ふくおか) 후쿠오카, 一泊(いっぱく) 1박

➡ _____

② 다음 달부터 요리 교실에 다니려고 생각합니다.

料理教室(りょうりきょうしつ) 요리교실

➡ _____

③ 집을 나오려고 했을 때 눈이 내리기 시작했다.

(내리기 시작하다:降(ふ)りはじめる)

➡ _____

Ⅱ 추측 표현 推測表現 ①

1 と思(おも)う

💡④ ~ **と思(おも)います** ~라고 생각합니다, ~일 것입니다

추측(推測)을 나타내거나, 나의 생각을 단정 짓지 않고 부드럽게 말할 때 사용한다.

의지형+と思(おも)います: 나의 의지를 말할 때.

보통형+と思(おも)います: 나의 생각을 말할 때.

예) やまだ : たなかさん、明日(あした)行(い)きますか。すずき
さんも行(い)くかな？

다나카 씨, 내일 가요? 스즈키씨도 가려나?

たなか : わたしは**行(い)こう**と思(おも)います。

나는 가려고요

たぶん、すずきさんも**行(い)く**と思(おも)います。

아마 스즈키 씨도 갈 거예요

┃ 동사의 보통형＋と思(おも)います

| 行(い)く | と思(おも)います |
| 行(い)かない | と思(おも)います |

行(い)った   と思(おも)います
行(い)かなかった   と思(おも)います

▌ い형용사＋と思(おも)います

暑(あつ)い   と思(おも)います
暑(あつ)くない   と思(おも)います
暑(あつ)かった   と思(おも)います
暑(あつ)くなかった   と思(おも)います

▌ な형용사＋(だ)と思(おも)います

便利(べんり)   <u>だ</u>と思(おも)います
便利(べんり)ではない   と思(おも)います
便利(べんり)だった   と思(おも)います
便利(べんり)ではなかった   と思(おも)います

▌ 명사＋(だ)と思(おも)います

休(やす)み   <u>だ</u>と思(おも)います
休(やす)みではない   と思(おも)います
休(やす)みだった   と思(おも)います
休(やす)みではなかった   と思(おも)います

① 今(いま)東京(とうきょう)はとても暑(あつ)い**と思(おも)います**。오늘 도쿄는 굉장히 더울 것이라고 생각합니다. (더울 것입니다.)

② 田中(たなか)さんも来(く)る**と思(おも)います**。

다나카씨는 올 것이라고 생각합니다. (올 것입니다.)

③ 3時(じ)には着(つ)く**と思(おも)います**。

3시에는 도착할 것이라고 생각합니다. (도착할 것입니다.)

④ すずきさんは試験(しけん)に合格(ごうかく)する**と思(おも) います**。 스즈키씨는 시험에 합격할 것이라 생각합니다. (합격할 것입니다.)

⑤ 田中(たなか)さんは今(いま)仕事(しごと)が大変(たいへん)**だ と思(おも)います**。

다나카씨는 지금 일이 힘들 것이라 생각합니다. (힘들 것입니다.)

⑥ あの人(ひと)は学生(がくせい)だと思(おも)います。

저 사람은 학생일 것이라 생각합니다.(학생일 것입니다.)

⑦ 駅(えき)までは歩(ある)いて30分(ぷん)ぐらい**だと思(おも)い ます**。 역까지는 걸어서 30분정도일 것이라 생각합니다. (30분정도일 것입니다.)

연습 8

> 明日(あした)は映画(えいが)を観(み)に行(い)きます。
> 내일은 영화를 보러 갑니다.
>   ⇨ 明日(あした)は映画(えいが)を観(み)に行(い)くと思(おも)います。
>   내일은 영화를 보러 가려고 합니다.

① 明日(あした)は雨(あめ)が降(ふ)ります。 내일은 비가 내립니다.

   ⇨ _____

② 田中(たなか)さんは来(き)ません。 다나카 씨는 오지 않습니다.

   ⇨ _____

③ 東京(とうきょう)はあたたかいです。 도쿄는 따뜻합니다.

　　➡ _____

④ 明日(あした)は忙(いそが)しくないです。 내일은 바쁘지 않습니다.

　　➡ _____

⑤ たなかさんは元気(げんき)です。 다나카씨는 건강합니다.

　　➡ _____

⑥ そんなに簡単(かんたん)ではありませんでした。

그렇게 간단하지는 않았습니다.

　　➡ _____

⑦ 図書館(としょかん)は休みでした。 도서관은 휴일이었습니다.

　　➡ _____

⑧ 彼女(かのじょ)は独身(どくしん)です。 그녀는 독신입니다.

　　➡ _____

정 답

① 明日(あした)は雨(あめ)が降(ふ)ると思(おも)います。
　내일은 비가 내릴 것이라 생각합니다.
② 田中(たなか)さんは来(こ)ないと思(おも)います。
　다나카 씨는 오지 않을 것이라 생각합니다.
③ 東京(とうきょう)はあたたかいと思(おも)います。
　노쿄는 따뜻할 것이라 생각합니다.
④ 明日(あした)は忙(いそが)しくないと思(おも)います。
　내일은 바쁘지 않을 것이라 생각니다.
⑤ たなかさんは元気(げんき)だと思(おも)います。
　다나카 씨는 건강할 것이라 생각합니다.
⑥ そんなに簡単(かんたん)ではないと思(おも)います。
　그렇게 간단하지는 않을 것이라 생각합니다.
⑦ 図書館(としょかん)は休みだったと思(おも)います。
　도서관은 휴일이었다고 생각합니다.
⑧ 彼女(かのじょ)は独身(どくしん)だと思(おも)います。
　그녀는 독신일 것이라 생각합니다.

> **もう一歩 step up**
>
> 「～と思(おも)う」앞에 だろう를 붙인「～だろうと思(おも)う」
> 는「～と思(おも)う」보다 확신의 정도가 약하다.
>
> 今(いま)東京(とうきょう)はとても暑(あつ)い**だろうと思(お
> も)います**。 지금 도쿄는 광장히 더울 것이라 생각합니다.

2 かもしれない

④ **～かもしれません** ～일지도 모릅니다.

추측 표현으로 자신도 확신하지 못하고, 잘은 모르지만 아마도 그렇
지 않을까하는 생각의 가능성(可能性)을 나타낸다.

▌동사의 보통형＋かもしれません

行(い)く	かもしれません
行(い)かない	かもしれません
行(い)った	かもしれません
行(い)かなかった	かもしれません

▌い형용사＋かもしれません

暑(あつ)い	かもしれません
暑(あつ)くない	かもしれません

| 暑(あつ)かった | かもしれません |
| 暑(あつ)くなかった | かもしれません |

▎な형용사＋かもしれません

便利(べんり)	かもしれません
便利(べんり)ではない	かもしれません
便利(べんり)だった	かもしれません
便利(べんり)ではなかった	かもしれません

▎명사＋かもしれません

休(やす)み	かもしれません
休(やす)みではない	かもしれません
休(やす)みだった	かもしれません
休(やす)みではなかった	かもしれません

① お昼(ひる)から雨(あめ)が降(ふ)る**かもしれません**。かさを
　 持(も)って行(い)った方(ほう)がいいですよ。

　 점심부터 비가 내릴 지도 모릅니다. 우산을 가지고 가는 편이 좋아요.

② 来年(らいねん)、大阪(おおさか)にひっこす**かもしれません**。

　 내년에 오사카로 이사 갈 지도 모릅니다.

③ 明日(あした)は車(くるま)で行かない**かもしれません**。

　 내일은 차로 안 갈지도 모릅니다.

④ やまださんに伝(つた)えていない**かもしれません**。

　 야마다 씨에게 말 안했을지도 모릅니다.

⑤ たなかさんは忙しい**かもしれません。**

　다나카씨는 바쁠지도 모릅니다.

⑥ すずきさんに言わない方が良かった**かもしれません。**

　스즈키 씨에게 말을 하지 않은 편이 좋았을지도 모릅니다.

⑦ 3階(かい)の教室(きょうしつ)の方(ほう)が静(しず)か**かもし**

れません。 3층 교실 쪽이 조용할 지도 모릅니다.

⑧ そのかさはきむらさんの**かもしれません。**

　그 우산은 기무라씨의 것일지도 모릅니다.

연습 9

> 窓(まど)から富士山(ふじさん)が見(み)えます。
> 창밖으로 후지산이 보입니다.
> ▶ 窓(まど)から富士山(ふじさん)が見(み)える**かもしれません。**
> 창밖으로 후지산이 보일지도 모릅니다.

① たなかさんは来(き)ません。 다나카 씨는 오지 않습니다.

　▶ _____

② かぜをひきました。 감기에 걸렸습니다.

　▶ _____

③ へやはせまいです。 방은 좁습니다.

　▶ _____

④ ちょっと多(おお)かったです。 조금 많았습니다.

　▶ _____

⑤ バスより地下鉄(ちかてつ)の方(ほう)が便利(べんり)です。
버스보다 지하철 쪽이 편리합니다.

　➡ _____

⑥ 図書館(としょかん)は休(やす)みです。 도서관은 휴일입니다.

　➡ _____

정 답

① たなかさんは来(こ)ないかもしれません。
다나카씨는 오지 않을지도 모릅니다.

② かぜをひいたかもしれません。
감기에 걸렸을지도 모릅니다.

③ へやはせまいかもしれません。
방은 좁을 지도 모릅니다.

④ ちょっと多(おお)かったかもしれません。
조금 많았을 지도 모릅니다.

⑤ バスより地下鉄(ちかてつ)の方(ほう)が便利(べんり)かもしれません。
버스보다 지하철 쪽이 편리할지도 모릅니다.

⑥ 図書館(としょかん)は休(やす)みかもしれません。
도서관은 휴일일지도 모릅니다.

3 はずだ

4 ～はずです (틀림없이)~할 것입니다.

추측에 대한 상당한 확신이 있는 경우에 사용하는 표현. 당연히, 틀림없이 그럴 것이다.

❚ 동사의 보통형＋はずです ~할 것입니다.

行(い)く	はずです
行(い)かない	はずです
行(い)った	はずです
行(い)かなかった	はずです

❚ い형용사＋はずです ~할 것입니다.

暑(あつ)い	はずです
暑(あつ)くない	はずです
暑(あつ)かった	はずです
暑(あつ)くなかった	はずです

❚ な형용사＋(な)はずです ~할 것입니다.

便利(べんり)	<u>な</u>はずです
便利(べんり)ではない	はずです
便利(べんり)だった	はずです
便利(べんり)ではなかった	はずです

❚ 명사＋(の)はずです ~일 것입니다.

休(やす)み	<u>の</u>はずです
休(やす)みではない	はずです
休(やす)みだった	はずです
休(やす)みではなかった	はずです

① 田中(たなか)さんはもう着(つ)く**はずです**よ。さっき電話(でんわ)がありました。

다나카씨는 벌써 도착했을 거예요. 아까 전화가 왔었어요.

② 金(きん)さんは日本語(にほんご)が上手(じょうず)な**はずです**。日本(にほん)に10年(ねん)いたらしいです。

김씨는 일본어가 능숙할 것입니다. 일본에 10년 있었던 것 같아요.(3.「らしい」 참조)

③ 会議(かいぎ)は2時(じ)からの**はずです**。今朝(けさ)、時間変更(じかんへんこう)の連絡(れんらく)をもらいました。

회의는 2시부터일 것입니다. 오늘 아침에 시간 변경 연락을 받았습니다.

④ お店(みせ)はまだ開(あ)いている**はずです**。

가게는 아직 열려 있을 것입니다.

연습10

> たなかさんは来(き)ます。 다나카 씨는 옵니다.
> ➡ たなかさんは来(く)る**はずです**。
> 다나카 씨는 올 것입니다.

① きむらさんは家(いえ)にいます。 키무라씨는 집에 있습니다.

➡ _____

② お店はもう閉(し)まっています。 가게는 이미 닫혀있습니다.

➡ _____

③ 部屋にだれもいません。 방에는 아무도 없습니다.

➡ _____

④ たなかさんは月曜日(げつようび)は忙(いそが)です。

다나카씨는 월요일은 바쁩니다.

➡ _____

⑤ この問題(もんだい)は難(むずか)しくないです。

이 문제는 어렵지 않습니다.

➡ _____

⑥ 成績(せいせき)はA+です。 성적은 A+입니다.

➡ _____

⑦ 約束(やくそく)は明日(あした)です。 약속은 내일입니다.

➡ _____

⑧ すずきさんに会(あ)ったことがあります。 스즈키씨를 만난 적이 있습니다.

➡ _____

정답

① きむらさんは家(いえ)にいるはずです。

기무라 씨는 집에 있을 것입니다.

② お店はもう閉(し)まっているはずです。

가게는 이미 닫혀 있을 것입니다.

③ 部屋にだれもいないはずです。

방에는 아무도 없을 것입니다.

④ たなかさんは月曜日(げつようび)は忙(いそが)しいはずです。

다나카 씨는 월요일은 바쁠 것입니다.

⑤ この問題(もんだい)は難(むずか)しくないはずです。

이 문제는 어렵지 않을 것입니다.

⑥ 成績(せいせき)はA+のはずです。

성적은 A+일 것입니다.

⑦ 約束(やくそく)は明日(あした)のはずです。

약속은 내일일 것입니다.

⑧ すずきさんに会(あ)ったことがあるはずです。

스즈키 씨를 만난 적이 있을 것입니다.

>>> **문장연습 2** ────────────────────────── 정답 390쪽

① 버스보다 전철로 가는 편이 편리할 것이라고 생각합니다.

バス 버스, **電車**(でんしゃ) 전차

➡ _____

② 내일은 조금 바쁠지도 모릅니다.　　　　　　　　　ちょっと 조금

➡ _____

③ 다나카씨는 지금 집에 없을 것입니다.　　　　　　いない 없다

➡ _____

やってみよう!

다음 한국어 문장을 일본어로 바꾸시오.

① 오늘은 집에서 공부하려고 합니다.

　➡ _____

② 집을 나가려고 했을 때 전화가 울렸습니다.

　➡ _____

③ 다나카씨는 오지 않을 것이라 생각합니다.

　➡ _____

④ 다나카씨는 오지 않을 것입니다.

　➡ _____

⑤ 다나카씨는 오지 않을지도 모릅니다.

　➡ _____

문제 정답

①今日(きょう)は家(いえ)で勉強(べんきょう)しようと思(おも)います。
②出(で)かけようとしたとき、電話(でんわ)が鳴(な)りました。
③田中(たなか)さんは来(こ)ないと思(おも)います。
④田中(たなか)さんは来(こ)ないはずです。
⑤田中(たなか)さんは来(こ)ないかもしれません。

おさらい問題 복습 문제

정답 390쪽

1. 적당한 것을 고르시오.

① 今日(きょう)は、雨(あめ)が(降(ふ)る/降(ふ)ろう)と思(おも)います。

　내일은 비가 내릴 것이라 생각합니다.

② 明日(あした)は、学校(がっこう)を(休(やす)む/休(やす)もう)かもしれ

　ません。 내일은 학교를 쉴지도 모릅니다

③ 今日(きょう)は、お店(みせ)は休(やす)み(だと思(おも)います。/と思(おも)い

　ます。) 오늘은 가게가 쉴 것이라 생각합니다

④ 駅(えき)から遠(とお)くない(だと思(おも)います。/と思(おも)います。)

　역까지 멀지 않다고 생각합니다.

2. 적당한 것을 고르시오.

① やまださんは何(なん)でもできます。料理(りょうり)も上手(じょうず)な

　(はずです/かもしれません)。

　야마다 씨는 무엇이든 가능합니다. 요리도 능숙할 것입니다

② 夜(よる)は危険(きけん)(はずです/かもしれません)。

　밤은 위험할지도 모릅니다.

③ パクさんはまだ学生(がくせい)の(はずです/かもしれません)。

　박 씨는 아직 학생 일 것입니다.

3. ( ) 안의 말을 적당한 형태로 바꾸어 쓰시오.

① たなかさんは家(いえ)にいます。 다나카씨는 집에 있습니다.

　▫ たなかさんは家(いえ)に(　　　　)はずです。

② たなかさんは今(いま)、ソウルにいないです。 다나카씨는 지금 서울에 없습니다.

　▫ たなかさんは今(いま)、ソウルに(　　　　)はずです。

③ **会社(かいしゃ)をやめます。** 회사를 그만둡니다.

　　▷ **会社(かいしゃ)を(　　　　　)かもしれません。**

④ **東京(とうきょう)は暑(あつ)いです。** 도쿄는 덥습니다.

　　▷ **東京(とうきょう)は(　　　　)かもしれません。**

⑤ **会議(かいぎ)は明日(あした)です。** 회의는 내일입니다.

　　▷ **会議(かいぎ)は(　　　　)かもしれません。**

1. 雨(あめ)が降(ふ)りそうですね。
2. 明日(あした)は雨(あめ)だそうです。

일본어문법
- 중급 -

I 추측 표현 推測表現 ②
そうだ、ようだ、みたいだ、らしい

외관, 징후를 나타내는 표현 : そうだ①(외관, 징후)
상황 판단을 나타내는 표현 : ようだ、みたいだ、らしい
전문(伝聞)을 나타내는 표현 : そうだ②(전문)、らしい
(らしい : 「상황 판단」과 「전문」 <u>양 쪽에 걸친 표현</u>)

1 そうだ① (외관, 징후)

1) 외관

외관의 인상으로부터 그것의 성질을 짐작하여 서술하는 의미가 된다.

~そうです ~(인) 것 같습니다, ~(인) 듯합니다.

∎ い형용사**い**＋そうです ~(인) 것 같습니다, ~(인) 듯합니다 : 외관
　おいしい＋そうだ　→　おいし**そうだ**　(맛있을 것 같다)

∎ な형용사＋そうです ~(인) 것 같습니다, ~(인) 듯합니다 : 외관
　便利(べんり)＋そうだ　→　便利**そうだ**　(편리할 것 같다)

∎ ~そうな＋명사 ~할 것 같은 : 외관
　おいし**そうな**ケーキ　맛있을 것 같은 케이크
　便利(べんり)**そうな**かばん　편리할 것 같은 가방

1) い형용사인 「いい(좋다)」 「ない(없다)」는 예외로, 「いい(좋다)」
는 「よい(좋다)」의 활용형 「よさそうだ(좋을 것 같다)」, 「ない
(없다)」는 「なさそうだ(없을 것 같다)」처럼 「さ」가 들어간다.

「いい(좋다)」 → 「×いそうだ」, 「○よさそうだ(좋을 것 같다)」
「ない(없다)」 → 「×なそうだ」, 「○なさそうだ(없을 것 같다)」

2) 내가 보거나 듣거나 하는 상황에 대한 인상을 판단할 때 사용하는
표현이기 때문에 「きれい」 「赤い」 등 보면 바로 아는 것에 대해서
는 쓰지 않는다.

× この部屋(へや)はきれいそうです。

3) 명사 술어로는 보통 접속하지 않는다. 「×学生(がくせい)そうだ」
나 「×英語(えいご)の本(ほん)そうだ」라고는 말하지 않고 「学生
(がくせい)のようだ 학생인 것 같다」나 「英語(えいご)の本(ほ
ん)らしい 영어책인 것 같다」 등으로 말한다.

4) な형용사와 같은 활용을 한다.

「おいしい」

명사 수식	: おいしそう**な**　ケーキ
동사 수식	: おいしそう**に**　食べる
정중형	: おいしそう**です**
부정형	: おいしそう**ではありません**
	おいしそう**にもありません**
	おいし**くなさそうです**

과거형　　　：おいし そうでした

과거부정형 ：おいし そう**ではありませんでした**

　　　　　　　おいし**くなさそうでした**

て형　：　　おいしそう**で、**

① おもしろ**そうな**映画(えいが)ですね。

　　재미있을 것 같은 영화네요.

② たなかさんはとても忙(いそが)し**そうでした**。

　　다나카 씨는 굉장히 바쁜 것 같았습니다.

③ 体(からだ)によくなさ**そうです**。

　　몸이 좋지 않은 것 같습니다.

④ とても甘(あま)**そうな**おかしですね。

　　굉장히 달 것 같은 과자네요.

⑤ ねこがきもちよさ**そうに**寝(ね)ています。

　　고양이가 기분 좋은 듯이 자고 있습니다.

⑥ このお店(みせ)**まずそうだ**よ。

　　이 가게 맛없을 것 같아.

⑦ 田中(たなか)さん元気(げんき)**そうでした**。

　　다나카씨 건강한 것 같았어요.

⑧ 田中(たなか)さんは**かしこそうな**人(ひと)でした。

　　다나카씨는 현명할 것 같은 사람이었어요.

⑨ **幸(しあわ)せそうな**家族(かぞく)ですね。

　　행복할 것 같은 가족이네요.

연습 1

楽(たの)しい ▷ 楽(たの)しそうです。

① 暑(あつ)い ▷ _____
② 寒(さむ)い ▷ _____
③ おいしい ▷ _____
④ 辛(から)い ▷ _____
⑤ おもしろい ▷ _____

정 답

① 暑(あつ)そうです。
② 寒(さむ)そうです。
③ おいしそうです。
④ 辛(から)そうです。
⑤ おもしろそうです。

もう一歩 step up

부정형 「~そうではない(そうじゃない) ~일 것 같지 않다」와
「~なさそうだ~지 않을 것 같다」의 차이

친구 : わー、このケーキ、おいしそうよ。

　　　　우와, 이 케이크 맛있을 것 같아.

나 : ① えー、おいしく**なさそう**よ。

　　　　아니, 맛없어 보여.

　　② えー、おいし**そうじゃない**よ。

　　　　아니, 맛있을 것 같지 않아.

> 위의 두 대답은 비슷하지만 뉘앙스 차이가 있습니다. ①은 케이크
> 에 대한 나 자신의 의견인 반면, ②는 상대방의 의견에 반대한다는
> 의미가 됩니다.

2) 징후, 예측

상황을 보고 곧 무슨 일이 일어날 것이라고 생각했을 때(징후)나, 나
의 판단, 추측, 예감 등 을 나타내는 표현이다.

④ **~そうです** ~(할) 것 같습니다

┃ 동사의 <u>ます형</u> +そうです   ~(할) 것 같습니다
┃ 동사의 <u>ます형</u>+そうにもありません   ~것 같지도 않습니다.

(부정형은 「に」나 「も」를 생략하여 「そうもありません」, 「そうに
ありません」라고도 한다.)

落(お)ちる＋そうだ   →   落ち**そうです**(떨어질 것 같습니다.)
できる＋そうにもない →   でき**そうにもありません**
                    (할 수 있을 것 같지도 않습니다.)
                    でき**そうもありません**。
                    (「に」생략)
                    でき**そうにありません**。
                    (「も」생략)

降(ふ)る ▣ 降(ふ)りそうです。

① 行(い)く ▣ _____

② 死(し)ぬ ▣ _____

③ 着(つ)く ▣ _____

④ 消(き)える ▣ _____

⑤ 寝(ね)る ▣ _____

⑥ おくれる ▣ _____

⑦ 来(く)る ▣ _____

⑧ 合格(ごうかく)する ▣ _____

정 답

① 行(い)きそうです。　　　② 死(し)にそうです。

③ 着(つ)きそうです。　　　④ 消(き)えそうです。

⑤ 寝(ね)そうです。　　　　⑥ おくれそうです。

⑦ 来(き)そうです。　　　　⑧ 合格(ごうかく)しそうです。

① 雨(あめ)が**降(ふ)りそうです**ね。 비가 올 것 같네요.

② 彼女(かのじょ)は仕事(しごと)を**辞(や)めそうです**。

그녀는 일을 그만둘 것 같습니다.

③ ボタンが**落(お)ちそうです**よ。 단추가 떨어질 것 같아요.

④ あ、電気(でんき)が**消(き)えそう**。 아, 전기가 꺼질 것 같아.

⑤ 昨日(きのう)、自転車(じてんしゃ)と**ぶつかりそうになりま**

した。 어제 자전거와 부딪칠 뻔 했습니다.

⑥ その男(おとこ)の子(こ)は**泣(な)きそうな顔(かお)**で走(は
し)っていきました。 그 남자 아이는 울 것 같은 얼굴로 뛰어 갔습니다.

⑦ 明日(あした)までに宿題(しゅくだい)が**できそうにもありま
せん**。 내일까지 숙제를 할 수 있을 것 같지도 않습니다.

⑧ 今年(ことし)の冬(ふゆ)は**寒(さむ)くなりそうです**。
올해 겨울은 추워질 것 같습니다.

⑨ 今回(こんかい)はいい点数(てんすう)を**取(と)れそうです**。
이번에는 좋은 점수를 딸 수 있을 것 같습니다.

2　そうだ② 전문(伝聞)

　　내가 듣거나 읽어서 얻은 정보를 전달하는 전문(伝聞) 표현이다.
정보의 출처는 ～によると(~에 의하면), ～の話(はなし)では(~의 이
야기로는) 등으로 나타낸다.

④ **～そうです** ~(라)고 합니다.

▌い형용사의 보통형 ＋そうです

忙(いそが)しい	そうです
忙(いそが)しくない	そうです
忙(いそが)しかった	そうです
忙(いそが)しくなかった	そうです

▎な形容사의 보통형 +(だ)+そうです

ひま<u>だ</u>	そうです
ひまではない	そうです
ひまだった	そうです
ひまではなかった	そうです

▎동사의 <u>보통형</u>+そうです

雨(あめ)が　降(ふ)る	そうです。
雨(あめ)が　降(ふ)らない	そうです。
雨(あめ)が　降(ふ)った	そうです。
雨(あめ)が　降(ふ)らなかった	そうです。

* 雨(あめ)が<u>降(ふ)り</u>そうだ。

　비가 올 것 같다. <징후>

▎명사+(だ)+そうです

<u>学生だ</u>	そうです
学生ではない	そうです
学生だった	そうです
学生ではなかった	そうです

1) 「そうです」는 과거(×そうでした)나 부정(×そうではありませ
　ん), 의문형(×そうですか)가 없다.

× 女(おんな)の子(こ)が生(う)まれるそうでした。

× 女(おんな)の子(こ)が生(う)まれたそうではありません。
× 女(おんな)の子(こ)が生(う)まれたそうですか。

① やまださんは女(おんな)の子(こ)が生(う)まれた**そうです**。
야마다 씨는 여자 아이가 태어났다고 합니다.

② たなかさんはかぜをひいた**そうです**。
다나카 씨는 감기에 걸렸다고 합니다.

③ きむらさんがもうすぐ着(つ)く**そうです**。
기무라 씨가 곧 도착한다고 합니다.

④ 姉(あね)の話(はなし)では、すずきさんはアメリカに留学(りゅうがく)する**そうです**。
언니의 이야기로는 스즈키 씨는 미국에 유학간다고 합니다.

⑤ 今朝(けさ)のニュースによると、昨晩(さくばん)の地震(じしん)による被害(ひがい)はない**そうです**。
오늘 아침 뉴스에 의하면 어젯밤 지진으로 인한 피해는 없다고 합니다.

⑥ ガイドによると、その地域(ちいき)は危険(きけん)だ**そうです**。
가이드에 의하면 그 지역은 위험하다고 합니다.

⑦ たなかさんは土曜日(どようび)の方(ほう)が都合(つごう)がいい**そうです**。 다나카 씨는 토요일 쪽이 상황이 좋다고 합니다.

⑧ 天気予報(てんきよほう)によると、明日(あした)は雨(あめ)だ**そうです**。 일기예보에 의하면 내일은 비라고 합니다. (비가 온다고 합니다.)

⑨ 弟(おとうと)の話(はなし)では、東京(とうきょう)はそれほど暑(あつ)くなかった**そうです**。
남동생 이야기로는 도쿄는 그다지 덥지 않았다고 합니다.

연습 3

行(い)く ▣ 行くそうです。

① 帰(かえ)る ▣ _____

② 遊(あそ)ぶ ▣ _____

③ あやまる ▣ _____

④ 招待(しょうたい)する ▣ _____

⑤ 来(く)る ▣ _____

정 답

①帰(かえ)るそうです。 ②遊(あそ)ぶそうです。
③あやまるそうです。 ④招待(しょうたい)するそうです。
⑤来(く)るそうです。

>>> 문장연습 1

정답 392쪽

① 조금 늦을 것 같습니다. 遅(おく)れる 늦다

▣ _____

② 다나카 씨는 조금 늦는다고 합니다.

▣ _____

③ 앞으로 5분정도면 도착할 것 같습니다.

後(あと)5分(ふん)ぐらい 앞으로 5분정도

▣ _____

④ 스즈키 씨는 5분정도면 도착한다고 합니다.

▣ _____

3 ようだ、みたいだ ~인 것 같다, ~인 듯하다

　주관적인 판단을 기준으로 내리는 추측 표현. 상황, 상태에 대한 자신의 느낌이나 관찰에 의한 추측을 나타내는 표현이다.

　'(내가 봤을 때) 그렇게 보인다./ 아무래도 그런 것 같다./ 왠지 그러한 느낌이 든다.' 와 같이 인상이나 느낌을 말하거나, 그러한 관찰을 종합해서 화자가 추측적인 판단을 내릴 경우에 사용한다.

1)「ようだ」、「みたいだ」는 같은 의미.

2) みたいだ 는 격식 있는 자리에서 쓰지 않는다.

ようだ　　: 문어체(かきことば), 격식을 차린 구어 표현
みたいだ　: 스스럼없는 구어 표현(はなしことば)

① (회의에서)全員(ぜんいん)そろった**ようですので、会議(かいぎ)を始(はじ)めたいと思(おも)います。

　전원 모인 것 같으니 회의를 시작하겠습니다.

② (남편이　아내에게)休(やす)み**みたいだ**から、別(べつ)の店(みせ)に行(い)こうか。 쉬는 날인 것 같으니 다른 가게로 갈까?

🔅 ~**ようです**~인 것 같습니다. ~인 듯합니다.

🔅 ~**みたいです**~인 것 같습니다. ~인 듯합니다.

▎동사의 보통형＋ようです/みたいです

行(い)く　ようです　　　(내가 봤을 때) 가는 것 같습니다.
行(い)く　みたいです

상태를 나타내는 ている가 올 경우가 많다.

寝(ね)ている　ようです　　　　　　(내가 봤을 때) 자는 것 같습니다.

寝(ね)ている　みたいです

▌い형용사+ようです/みたいです

忙(いそが)しい　ようです　　　　　(내가 봤을 때) 바쁜 것 같습니다.

忙(いそが)しい　みたいです

▌な형용사+な+ようです
▌な형용사+みたいです

ひま<u>な</u>　ようです　　　　　　(내가 봤을 때) 한가한 것 같습니다.

ひま　　みたいです

▌명사+の+ようです
▌명사+みたいです

学生(がくせい)<u>の</u>　ようです　　(내가 봤을 때) 학생인 것 같습니다.

学生(がくせい)　　みたいです

① なんかやまださんも来(く)る**ようです**。

　(내가 봤을 때) 야마다 씨도 오는 것 같습니다.

② 昨日のパーティはとても楽しかったです。こどもたちも満

　足(まんぞく)した**ようです**。

　어제 파티는 아주 즐거웠습니다. 아이들도 만족한 것 같습니다.

③ もうみんな集(あつ)まっている**ようです**。

벌써 모두 모여 있는 것 같습니다.

④ たなかさんはまだ終(お)わっていない**ようでした**。

다나카 씨는 아직 안 끝난 것 같았습니다.

⑤ すずきさんはちょっとつかれている**ようでした**。

스즈키 씨는 조금 피곤한 것 같았습니다.

⑥ 部長(ぶちょう)は怒っている**ようでした**。

부장님은 화난 것 같았습니다.

⑦ パクさんは今朝から体調(たいちょう)があまりよくない**よう
です**。 박 씨는 오늘 아침부터 컨디션이 별로 좋지 않은 것 같습니다.

⑧ キムさんはお酒(さけ)が苦手(にがて)な**ようです**。

김 씨는 술을 잘 못하는 것 같습니다.

⑨ どうやらこれが最後(さいご)の**ようです**。

아무래도 이것이 마지막인 것 같습니다.

⑩ やまださんはもう帰(かえ)った**ようです**。

야마다 씨는 벌써 집에 간 것 같습니다.

3) 비유(比喩) 용법

▌ (まるで) 명사+の+ようだ
▌ (まるで) 명사+みたいだ

① あのマンションは、まるでホテル**のようだ**。

저 맨션은 마치 호텔 같다.

② あのマンションは、まるでホテル**みたいだ**。

　　저 맨션은 마치 호텔 같다.

④ ~のような(명사) ~와 같은~

▌ 명사+の+ような~
▌ 명사+みたいな~

① ホテル**のような**マンションだ。 호텔 같은 맨션이다.
② ホテル**みたいな**マンションだ。 호텔 같은 맨션이다.

④ ~のように(동사) ~처럼 ~

▌ 명사+の+ように+동사
▌ 명사+みたいに+동사

① 彼女(かのじょ)はちょう**のように**おどっている。

　　그녀는 나비처럼 춤추고 있다.

② 彼女(かのじょ)はちょう**みたいに**おどっている。

　　그녀는 나비처럼 춤추고 있다.

>>> 문장연습 2 ──────────────────────── 정답 392쪽

① (식당이 항상 붐비는 것을 보고) 이 식당은 맛있는 것 같습니다

　　　　　　　　　　　　　　　　　食堂(しょくどう) 식당

➡ _____

② (매일 술 마시는 것을 보고) 선생님은 술을 좋아하는 것 같습니다.

お酒(さけ) 술

➡ _____

③ (바쁜 것을 보고) 다나카 씨는 피크닉에 못 갈 것 같습니다.

ピクニック 피크닉

➡ _____

4 らしい ～인 것 같다 ～인 듯하다

1) 객관적인 판단을 기준으로 내리는 추측 표현. 판단의 근거는 외부 정보, 즉, 신문, 잡지 아니면 남에게 소문으로 들은 이야기 같은 객관적인 사실이다.

① たなかさんはおくれる**ようだ**。

다나카 씨는 늦을 것 같다. (자신의 판단. 내가 봤을 때 그런 것 같다.)

=たなかさんはおくれる**みたいだ**。

다나카 씨는 늦을 것 같다.(①과 같다. 스스럼없는 말투)

② たなかさんはおくれる**らしい**。

다나카 씨는 늦을 것 같다.(객관적인 판단, 다나카 씨한테 직접 들은 내용은 아니지만, 다른 사람한테 들은 정보로 추측.)

③ たなかさんはおくれる**そうだ**。

다나카 씨는 늦는다고 한다.(다나카씨로부터 직접 들은 정보)

2) らしい 는 다른 사람한테 들은 정보로 인한 객관적인 판단을 기
   준으로 추측하기 때문에 (伝聞＋推測), 무책임한 뉘앙스를 가지
   기 쉽다.

<u>(의사가 환자에게)</u>

위가 약한 것 같습니다.

× 胃(い)が弱(よわ)っている**らしい**です。

○ 胃(い)が弱(よわ)っている**よう**です。

🍺④ ~**らしいです** ~인 것 같다

▌동사의 보통형＋らしい ~인 것 같다

行(い)く　　　　　　　らしい
行(い)かない　　　　らしい
行(い)った　　　　　らしい
行(い)かなかった　　らしい

▌い형용사＋らしい　　~인 것 같다

高(たか)い　　　　　　　らしい
高(たか)くない　　　　　らしい
高(たか)かった　　　　　らしい
高(たか)くなかった　　　らしい

▌な형용사＋らしい　　　~인 것 같다

不便(ふべん)	らしい
不便(ふべん)ではない	らしい
不便(ふべん)だった	らしい
不便(ふべん)ではなかった	らしい

┃ 명사＋らしい   ~인 것 같다

休(やす)み	らしい
休(やす)みではない	らしい
休(やす)みだった	らしい
休(やす)みではなかった	らしい

① 田中(たなか)さんも来(く)る**らしい**です。

　　다나카씨도 오는 것 같습니다.

② 5時(じ)ごろ出発(しゅっぱつ)する**らしい**です。

　　5시쯤 출발하려는 것 같습니다.

③ たなかさんは幽霊(ゆうれい)が見える**らしい**です。

　　다나카 씨는 유령이 보이는 것 같습니다.

④ 東京(とうきょう)はとても暑(あつ)い**らしい**です。

　　도쿄는 굉장히 더운 것 같습니다.

⑤ すずきさんは家(いえ)でひま**らしい**です。

　　스즈키씨는 집에서 한가한 것 같습니다.

⑥ キムさんの息子(むすこ)さんは高校生(こうこうせい)**らしい**
　　です。 김씨의 아드님은 고등학생인 것 같습니다.

⑦ やまださんの家(いえ)は学校(がっこう)からあまり遠(とお)くない**らしい**です。

야마다 씨 집은 학교에서 그다지 멀지 않은 것 같습니다.

⑧ 道(みち)がこんでいて、おそくなった**らしい**です。

길이 막혀서 늦어진 것 같습니다.

>>> 문장연습 3 ——————————————— 정답 392쪽

① 김치를 못 먹는 한국사람도 있는 것 같습니다.

キムチ 김치, **韓国人**(かんこくじん) 한국인

➡ _____

② 다나카 씨 아드님은 학교에서 1등인 것 같습니다.

息子(むすこ)さん 아드님, **一番**(いちばん) 1등

➡ _____

③ 봄에는 벚꽃이 매우 예쁜 것 같습니다. **春**(はる) 봄, さくら 벚꽃

➡ _____

Ⅱ 전문 표현 伝聞 表現

1 ~と~ ~라고~ ~하다고 ~

4 ~と~ ~라고~ ~하다고~

① 妹(いもうと)が夏休(なつやす)みにハワイに遊(あそ)びに行(い)くと言(い)っていました。

여동생이 여름방학에 하와이에 놀러 간다고 말했었습니다.

② 今日(きょう)は休館日(きゅうかんび)だと書(か)いてありました。 오늘은 휴관일이라고 쓰여 있었습니다.

③ 東京駅(とうきょうえき)までは電車(でんしゃ)のほうが便利(べんり)だと聞(き)きました。

도쿄역까지는 전철 쪽이 편리하다고 들었습니다.

④ となりの人(ひと)にうるさいと怒(おこ)られました。

옆 사람한테 시끄럽다고 혼났습니다.

⑤ ありがとうと感謝(かんしゃ)されました。

고맙다고 감사를 받았습니다.

⑥ 課長(かちょう)にこれをコピーしてほしいと頼(たの)まれました。 과장님한테 이것을 복사해 달라고 부탁 받았습니다.

⑦ よくできたとほめられました。 잘 했다고 칭찬 받았습니다.

연습 4

> たなか「2、3日(にち)休(やす)みます。」
> 　➡ たなかさんが2、3日(にち)休(やす)むと言(い)っていました。
> 　다나카 씨가 2, 3일 쉰다고 말했었습니다.

① やまだ「来月(らいげつ)帰国(きこく)します。」　다음달 귀국합니다.

　➡ _____

② すずき「かぜをひきました。」　감기에 걸렸습니다.

　➡ _____

③ パク「おせわになりました。」　신세 많이 졌습니다.

　➡ _____

정 답

① やまださんが来月(らいげつ)帰国(きこく)すると言(い)っていました。
　야마다 씨가 다음 달 귀국한다고 말했었습니다.

② すずきさんがかぜをひいたと言(い)っていました。
　스즈키 씨가 감기에 걸렸다고 말했었습니다.

③ パクさんがおせわになったと言(い)っていました。
　박 씨가 신세를 졌다고 말했었습니다.

2　〜という〜　〜라고 하는〜

④ 〜という〜 〜라고 하는〜

① 山田一郎(やまだいちろう)という人(ひと)を探(さが)してい
ます。야마다 이치로라고 하는 사람을 찾고 있습니다.

②「ズコット」というお菓子(かし)はありますか。
'주코토'라고 하는 과자가 있나요?

③「宇治(うじ)」**という**駅(えき)で降(お)りてください。

‘우지’라고 하는 역에서 내리세요.

④ 妻(つま)から6時(じ)に帰(かえ)る**という**電話(でんわ)があり
ました。아내로부터 6시에 집에 간다는 전화가 있었습니다.

＊ 회화에서는「~っていう~」‘~라는’을 사용하는 경우가 많다.

①´ 山田一郎(やまだいちろう)**っていう**人(ひと)を探(さが)して
います。야마다 이치로라고 하는 사람을 찾고 있습니다.

>>> **문장연습 4**

정답 393쪽

① 선생님에게 일본어가 능숙해졌다고 칭찬받았습니다.

上手(じょうず) 능숙하다, **ほめる** 칭찬하다

➡ _____

② 역 앞의「とも」라는 선술집에서 8시에 모입니다.

駅前(えきまえ) 역 앞, **居酒屋(いざかや)** 선술집

➡ _____

③ 저는 야마다 상사의 스즈키라고 하는 사람입니다.

商事(しょうじ) 상사, **者(もの)** 사람, ~자

➡ _____

やってみよう!

다음 한국어 문장을 일본어로 바꾸시오.

① 다나카씨, 결혼할 것 같다. (자신의 판단)

➡ _____

② 다나카씨, 결혼할 것 같다. (자신의 판단, 스스럼없는 말투)

➡ _____

③ 다나카씨, 결혼할 것 같다. (전문 용법도 있기 때문에 무책임한
뉘앙스)

➡ _____

④ 다나카씨, 결혼한다고 한다. (다나카씨로부터 직접 들은 정보)

➡ _____

⑤ 다나카씨, 결혼할 것 같다. (결혼을 향해 진행하고 있어 곧 결혼할
것 같다.)

➡ _____

문제 정답

① たなかさん、結婚(けっこん)するようだ。
② たなかさん、結婚(けっこん)するみたいだ。
③ たなかさん、結婚(けっこん)するらしい。
④ たなかさん、結婚(けっこん)するそうだ。
⑤ たなかさん、結婚(けっこん)しそうだ。

「そうだ ようだ みたいだ らしい」 활용표

▎そうだ(징후, 외관) : 동사의ます형＋そうだ / そうです

	동사 (行(い)く 가다)	い형용사 (暑(あつ)い 덥다)	な형용사 (ひま 한가하다)	명사＊
현재 긍정	行きそうだ 갈 것 같다.	暑そうだ 더울 것 같다.	ひまそうだ 한가할 것 같다.	
현재 부정	行きそうにもない 갈 것 같지도 않다.	暑そうではない 더울 것 같지 않다. 暑くなさそうだ 덥지 않을 것같다.	ひまそうではない 한가 할 것 같지 않다. ひまではなさそうだ 한가하지 않을 것 같다.	
과거 긍정	行きそうだった 갈 것 같았다.	暑そうだった 더울 것 같았다.	ひまそうだった 한가할 것 같았다.	
과거 부정	行きそうにもな かった 갈 것 같지도 않았다.	暑そうではなか った 더울 것 같지 않았다. 暑くなさそうだ った 덥지 않을 것 같았다.	ひまそうではな かった 한가 할 것 같지 않았다. ひまではなさそ うだった 한가하지 않을 것 같았다.	

▎そうだ(전문(伝聞)) : 보통형 ＋そうだ / そうです

	동사 (行(い)く 가다)	い형용사 (暑(あつ)い 덥다)	な형용사 (ひま 한가하다)	명사＊ (学生 (がくせい))
현재 긍정	行くそうだ 간다고 한다.	暑いそうだ 덥다고 한다.	ひまだそうだ 한가하다고 한다.	学生だそうだ 학생이라고 한다.
현재 부정	行かないそうだ 가지 않는다고 한다.	暑くないそうだ 덥지 않다고 한다.	ひまではないそ うだ 한가하지 않다고 한다.	学生ではないそ うだ 학생이 아니라고 한다.
과거 긍정	行ったそうだ 갔다고 한다.	暑かったそうだ 더웠다고 한다.	ひまだったそうだ 한가했다고 한다.	学生だったそうだ 학생이었다고 한다.
과거 부정	行かなかったそ うだ 가지 않았다고 한다.	暑くなかったそ うだ 덥지 않았다고 한다.	ひまではなかっ たそうだ 한가하지 않았다고 한다.	学生ではなかっ たそうだ 학생이 아니었다고 한다.

ようだ / ようです

	동사 (行(い)く 가다)	い형용사 (暑(あつ)い 덥다)	な형용사 (ひま 한가하다)	명사 * (学生 (がくせい))
현재 긍정	行くようだ 가는 것 같다.	暑いようだ 더운 것 같다.	ひまなようだ 한가한 것 같다.	学生のようだ 학생인 것 같다.
현재 부정	行かないようだ 가지 않는 것 같다.	暑くないようだ 덥지 않은 것 같다.	ひまではないよ うだ 한가하지 않은 것 같다.	学生ではないよ うだ 학생이 아닌 것 같다.
과거 긍정	行ったようだ 간 것 같다.	暑かったようだ 더웠던 것 같다.	ひまだったようだ 한가했던 것 같다.	学生だったようだ 학생이었던 것 같다.
과거 부정	行かなかったよ うだ 가지 않았던 것 같다.	暑くなかったよ うだ 덥지 않았던 것 같다.	ひまではなかっ たようだ 한가하지 않았던 것 같다.	学生ではなかっ たようだ 학생이 아니었던 것 같다.

らしい / らしいです、みたいだ / みたいです

	동사 (行(い)く 가다)	い형용사 (暑(あつ)い 덥다)	な형용사 (ひま 한가하다)	명사 * (学生 (がくせい))
현재 긍정	行くらしい 가는 것 같다.	暑いらしい 더운 것 같다.	ひまらしい 한가한 것 같다.	学生らしい 학생인 것 같다.
현재 부정	行かないらしい 가지 않는 것 같다.	暑くないらしい 덥지 않은 것 같다.	ひまではないら しい 한가하지 않은 것 같다.	学生ではないら しい 학생이지 않은 것 같다.
과거 긍정	行ったらしい 간 것 같다.	暑かったらしい 더웠던 것 같다.	ひまだったらしい 한가했던 것 같다.	学生だったらしい 학생이었던 것 같다.
과거 부정	行かなかったら しい 가지 않았던 것 같다.	暑くなかったら しい 덥지 않았던 것 같다.	ひまではなかっ たらしい 한가하지 않았던 것 같다.	学生ではなかっ たらしい 학생이지 않았던 것 같다.

✏️ おさらい問題 복습 문제

정답 393쪽

●●●●

1. (   ) 안에 적절한 말을 넣어서 문장을 완성하시오.

① 田中(たなか)さんは風邪(かぜ)(   )ようです。

③ 田中(たなか)さんは風邪(かぜ)(   )そうです。

2. (   )안의 「降(ふ)る」를 적절한 형태로 바꾸시오.

A : [하늘을 보면서] 雨(あめ)が(降る)そうですね。

➡ _____

B : ええ、午後(ごご)から(降る)そうです。

   朝(あさ)、天気予報(てんきよほう)でそう言(い)ってました。

➡ _____

3. (   ) 안에 「決(き)まる」를 적절한 형태로 바꾸시오.

① 日程(にってい)は来週(らいしゅう)には(決(き)まる)そうだ。
   일정은 다음 주에는 결정된다고 한다. <전문(伝聞)>

➡ _____

② 日程(にってい)は来週(らいしゅう)には(決(き)まる)そうだ。
   일정은 다음 주에는 결정될 것 같다. 〈징후〉

➡ _____

4. 적절한 것을 고르시오.

① たなかさんは(ひまな/ひまの)ようです。

② すずきさんは(げんきな/げんきだ)そうです。

③ 彼女(かのじょ)は独身(どくしん)(_な/の_)ようです。

④ 最終電車(さいしゅうでんしゃ)は11時半(じはん)(_な/だ_)そうです。

5. 다음 문장을 일본어로 바꾸시오.

① 다나카씨는 연휴에 유럽여행에 갈 것 같습니다. (나의 판단)

連休(れんきゅう) 연휴, ヨーロッパ旅行(りょこう) 유럽여행

　▷ _____

② 다나카씨는 연휴에 유럽여행에 갈 것 같습니다. (본인에게 직접 들은 내용은 아니지만, 다른 사람한테 들었다.)

　▷ _____

③ 다나카씨는 연휴에 유럽여행에 간다고 합니다. (본인에게 직접 들은 정보)

　▷ _____

1. 다음 중 밖을 걸으면서 말할 수 있는 것은 어느 쪽 입니까?

① 今日(きょう)は昨日(きのう)より暑(あつ)そうだ。
② 今日(きょう)は昨日(きのう)より暑(あつ)いようだ。

정답:②

① 今日は昨日より暑そうだ。

　　오늘은 어제보다 더울 것 같다. (창으로 밖을 바라보면서)

② 今日は昨日より暑いようだ。

　　오늘은 어제보다 더운 것 같다. (밖을 걸으며 더위를 느끼고 있다.)

そうだ : 외관으로부터 유추하여 화자가 느낀 것을 서술하는 표현.

ようだ : 자신의 오감(미각, 청각, 후각, 촉각, 시각)으로부터 받은 감
　　　　 각이나 경험을 근거로 추측할 때 사용한다.

2. 다음 ①~④의 차이점에 대해 생각해 봅시다.

A : 村田(むらた)さん、遅(おそ)いですね。 무라타씨, 늦네요.
B :
① 今(いま)、向(む)かっている<u>よう</u>です。
② 今(いま)、向(む)かっている<u>みたい</u>です。
③ 今(いま)、向(む)かっている<u>らしい</u>です。
④ 今(いま)、向(む)かっている<u>そう</u>です。

① 今(いま)、向(む)かっている<u>よう</u>です.

　　지금 오고 있는 것 같습니다.

　　: 자신의 판단, 내가 봤을 때 오고 있는 것 같다.

② 今(いま)、向(む)かっている<u>みたい</u>です.

　　지금 오고 있는 것 같습니다.

　　: ①과 같다. 스스럼없는 구어 표현.

③ 今(いま)、向(む)かっている<u>らしい</u>です.

　　지금 오고 있는 것 같습니다.

　　: 객관적인 판단, 무라타 씨로부터 직접 들은 정보는 아니지만, 다른 사람한테 들었다.

④ 今(いま)、向(む)かっている<u>そう</u>です.

　　지금 오고 있다고 합니다.

　　: 무라타씨로부터 직접 들은 정보.

일본어문법
- 중급 -

1. 雨(あめ)が降(ふ)っているので、
車(くるま)で行(い)きます。
2. ごはんを食(た)べながらテレビを
みます。

복문(複文)① -이유·시간·상태-

9, 10과에서는 몇 개의 문장을 연결하는 접속형식에 대해서 학습한다. 먼저 9과에서는 이유와 시간, 상태를 나타내는 접속 형식에 대해서 알아보기로 하자.

몇 개의 문장을 이어서 만든 문장을 「複文(복문)」이라고 한다.

1 이유·원인을 나타내는 접속형식

1.1 から

5 **~から** ~(하)니까, ~(하)기 때문에

1) 주로 친한 사이에서의 대화에서 사용된다.

2) 뒤에 요청하는 표현 「~なさい(~해라)」「~て(ください)(~해줘)」
   이나, 화자의 의지, 소망을 나타내는 표현 「~たいです(~하고 싶
   습니다.)」, 「~つもりです(~할 예정입니다)」 등이 오는 경우가
   많다.

3) 대부분 보통형에 접속 되지만 정중형(ます, です)도 가능하다.

▎ 동사 보통형＋から

行(い)く   から
行(い)かない
行(い)った
行(い)かなかった

▎ い형용사＋から

おもしろい
おもしろくない
おもしろかった
おもしろくなかった

▎ な형용사＋(だ)＋から

便利(べんり)<u>だ</u>
便利(べんり)ではない/じゃない
便利(べんり)だった
便利(べんり)ではなかった/じゃなかった

▎ 명사＋(だ)＋から

学生(がくせい)<u>だ</u>
学生(がくせい)ではない/じゃない
学生(がくせい)だった
学生(がくせい)ではなかった/じゃなかった

① 体調(たいちょう)が悪(わる)い**から**今日(きょう)は休(やす)みたい。 몸 상태가 나쁘기 때문에 오늘은 쉬고 싶다.

② 明日(あした)は仕事(しごと)がない**から**映画(えいが)を観(み)に行(い)くつもりだけど。 내일은 일이 없기 때문에 영화를 보러 갈 예정이야.

③ 暑(あつ)い**から**アイスコーヒー買(か)ってきて。
더우니까 아이스커피를 사와.

④ このはこ、あとで使(つか)う**から**捨(す)てないで。
이 상자, 나중에 쓸 거니까 버리지 말아줘.

⑤ 明日(あした)は休(やす)みだ**から**おそくまで寝(ね)るつもり。
내일은 쉬니까 늦게까지 잘 생각이야.

⑥ わたしがここにいます**から**、行(い)ってきてください。
내가 여기에 있을 테니, 다녀오세요.

⑦ 時間(じかん)に間(ま)に合(あ)わない**から**、急(いそ)いで。
시간에 맞출 수 없으니까 서둘러.

>>> **문장연습 1**

정답 394쪽

① 이제 늦었으니 빨리 자거라.　　　　　　　　　　　　もう 이제

　➡ _____

② 바로 갈테니까 기다리고 있어.　　　　　　　　　　　すぐ 바로

　➡ _____

③ 더우니까 창문 열어줘.　　　　　　　　　　　暑(あつ)い 덥다

　➡ _____

1.2 ので

🗣️④ **~ので** ~(하)기 때문에, ~(해)서, ~(하)므로

1) 「から」보다 정중한 표현이다.

2) 대부분 보통형에 접속한다. 하지만, 뒤에 요청하는 표현「〜てく
  ださい」(~해 주세요.) 등이 올 때나, 정중하게 말하고자 할 때는
  정중형(ます, です)에 접속하기도 한다.

明日(あした)は家(いえ)にいる**ので**、電話(でんわ)してください。
明日(あした)は家(いえ)にいます**ので**、電話(でんわ)してください。
내일은 집에 있으니 전화 주세요.

❚ 동사 보통형＋ので

行(い)く   ので
行(い)かない
行(い)った
行(い)かなかった

❚ い형용사＋ので

おもしろい
おもしろくない
おもしろかった
おもしろくなかった

▌な형용사+(な)+ので

便利(べんり)な
便利(べんり)ではない
便利(べんり)だった
便利(べんり)ではなかった

▌명사+(な)+ので

学生(がくせい)な
学生(がくせい)ではない
学生(がくせい)だった
学生(がくせい)ではなかった

① 雨(あめ)が降(ふ)っている**ので**、車(くるま)で行(い)きます。

비가 내리고 있으니 차로 가겠습니다.

② 時間(じかん)があった**ので**図書館(としょかん)に寄(よ)りました。시간이 있어서 도서관에 들렀습니다.

③ 今(いま)出発(しゅっぱつ)する**ので** 2 時(じ)ごろ着(つ)くと思(おも)います。지금 출발하니까 2시정도 도착할 것이라 생각합니다.

④ この辺(へん)は安全(あんぜん)な**ので**安心(あんしん)してください。이 주변은 안전하기 때문에 안심하십시오.

⑤ 息子(むすこ)はもう小学生(しょうがくせい)な**ので**一人(ひとり)で電車(でんしゃ)に乗(の)れます。
아들은 이제 초등학생이기 때문에 혼자서 전철을 탈 수 있습니다.

⑥ まだ時間(じかん)がかかりますので、もう少(すこ)しお待(ま)ちください。

아직 시간이 걸리기 때문에 조금 더 기다려주세요.(「お〜ください」14과 참조)

>>> 문장연습 2 ───────────────────
정답 395쪽

① 내일은 토요일이라서 회사는 12시까지입니다.　**会社**(かいしゃ) 회사

➡ _____

② 머리 아파서 오늘은 쉬겠습니다.　**頭**(あたま)が**痛**(いた)い 머리가 아프다

➡ _____

③ 음악을 좋아하기 때문에 종종 콘서트에 갑니다.

音楽(おんがく) 음악, よく 종종, **コンサート** 콘서트

➡ _____

もう一歩 step up

1. **④ 〜ため(に)** 〜 때문에, 〜를 위해서

1) 일반적이지 않은 결과를 야기시키는 원인에 대해 표현할 때 사용하며 문어체나 격식을 차린 자리에서 주로 사용된다.

2) 뒤에는 의지나 의뢰 등을 나타내는 표현은 오지 않는다.

내일은 집에 있으니 전화 주세요.

○ 明日(あした)は家(いえ)にいるので、電話(でんわ)してください。

× 明日(あした)は家(いえ)にいる**ため**、電話(でんわ)してください。

▌보통형＋ため(に)

行(い)く　　　　　　　　　　　　　ため(に)
行(い)かない

行(い)った
行(い)かなかった

▌い형용사＋ため(に)

おもしろい
おもしろくない
おもしろかった
おもしろくなかった

▌な형용사＋な＋ため(に)

不便(ふべん)<u>な</u>
不便(ふべん)ではない
不便(ふべん)だった
不便(ふべん)ではなかった

▌명사＋の＋ため(に)

事故(じこ)<u>の</u>
事故(じこ)ではない
事故(じこ)だった
事故(じこ)ではなかった

① 入学式(にゅうがくしき)の**ため**、駐車場(ちゅうしゃじょう)は使(つか)えません。

입학식때문에 주차장은 사용할 수 없습니다.

② 日本(にほん)で暮(く)らしている**ため**、日本語(にほんご)しか話(はな)せない。

일본에서 생활하고 있기 때문에 일본어밖에 이야기할 수 없다.

③ 保育士(ほいくし)が足(た)りない**ため**、保育園(ほいくえん)に入(はい)れない児童(じどう)が増(ふ)えている。

보육사가 부족하기 때문에 보육원에 들어가지 못한 아동이 늘고 있다.

④ 父(ちち)は過労(かろう)の**ため**、入院(にゅういん)した。

아버지는 과로 때문에 입원했다.

⑤ 事故(じこ)の**ために**電車(でんしゃ)がおくれています。

사고 때문에 전철이 늦어지고 있습니다.

⑥ 雨(あめ)の**ため**、試合(しあい)は中止(ちゅうし)します。

비 때문에 시합은 중지합니다.

⑦ 台風(たいふう)が近(ちか)づいている**ため**、フライトがキャンセルされた。 태풍이 가까지고 있기 때문에 비행편이 취소 되었다.

⑧ 景気(けいき)が悪(わる)くなった**ため**、失業者(しつぎょうしゃ)が増(ふ)えた。 경기가 나빠져서 실업자가 늘었다.

⑨ 行事(ぎょうじ)は雨(あめ)の**ため**、延期(えんき)された。

행사는 비 때문에 연기되었다.

⑩ 東京(とうきょう)は物価(ぶっか)が高(たか)い**ため**、住(す)みにくい。 도쿄는 물가가 비싸기 때문에 살기 어렵다. (살기 어렵다:住みにくい)

⑪ 工事中(こうじちゅう)の**ため**、利用(りよう)できません。

공사 중이기 때문에 이용할 수 없습니다.

2. ④ ~し、~し ~하고 ~이니.

이유를 여러 개 나열할 때 사용한다.

▌보통형＋し

行(い)く   ＋し

行(い)かない

行(い)った

行(い)かなかった

▌い형용사＋し

おもしろい

おもしろくない

おもしろかった

おもしろくなかった

▌な형용사＋だ＋し

不便(ふべん)<u>だ</u>

不便(ふべん)ではない

不便(ふべん)だった

不便(ふべん)ではなかった

▌명사＋だ＋し

学生(がくせい)<u>だ</u>

学生(がくせい)ではない
学生(がくせい)だった
学生(がくせい)ではなかった

① 彼女(かのじょ)はきれいだし、背(せ)も高(たか)いし、英語(えいご)も話(はな)せるし、うらやましい。

그녀는 예쁘고, 키도 크고, 영어도 말할 수 있으니 부럽다.

② たなかさんはやさしいし、ハンサムだし、仕事(しごと)もできるので人気者(にんきもの)です。

다나카씨는 상냥하고, 잘생기고, 일도 잘하기 때문에 인기 있는 사람입니다.

③ 試験(しけん)も終(お)わったし、課題(かだい)も提出(ていしゅつ)したし、今日(きょう)は思(おも)い切(き)り遊(あそ)びます。 시험도 끝났고, 과제도 제출했으니 오늘은 마음껏 놉니다.

④ 外(そと)は雨(あめ)だし、朝(あさ)から頭(あたま)もいたいので、今日(きょう)は家(いえ)で休(やす)みます。

밖에는 비가 내리고 아침부터 머리도 아프니 오늘은 쉽니다.

⑤ 座るところはないし、人は多いし、つかれました。

앉을 곳은 없지 사람은 많지 지쳤습니다.

⑥ 京都(きょうと)はきれいだし、交通(こうつう)の便(べん)もいいのでよく遊(あそ)びに行(い)きます。

교토는 깨끗하고 교통도 편리해서 자주 놀러 갑니다.

② 시간을 나타내는 접속형식

2.1 とき

⑤ ～とき ~때

▎ 보통형＋とき

行(い)く
行(い)かない   ＋とき
行(い)った
行(い)かなかった

▎ い형용사＋とき

おもしろい
おもしろくない
おもしろかった
おもしろくなかった

▎ な형용사＋な＋とき

ひま<u>な</u>
ひまではない
ひまだった
ひまではなかった

┃ 명사＋の＋とき

学生(がくせい)<u>の</u>
学生(がくせい)ではない
学生(がくせい)だった
学生(がくせい)ではなかった

「とき」앞의 시제(時制)

「とき」앞의 시제는 문장 전체의 시제와 관계없다. 앞의 사건이 완료되고 나서 뒤따르는 사건이 일어나는 때는 「동사의 과거형＋とき」를 쓰고, 앞에 일어난 사건이 뒤따르는 사건과 동시에 또는 전에 일어나는 경우는 「동사의 보통형＋とき」를 쓴다.

① 人(ひと)に会(あ)った**とき**はあいさつしましょう。

　　사람을 만났을 때는 인사합시다.

② 昨日(きのう)、<u>寝(ね)る</u>**とき**、まどを閉(し)めました。

　　어제 잘 때 창문을 닫았습니다.

　①은 「人に会う」→「あいさつする」의 순서이기 때문에 「会ったとき」가 된다. 한편 ②는 「寝る」전에 「まどを閉める」가 일어나기 때문에 「寝るとき」가 된다.

③ はじめて日本(にほん)へ<u>行(い)った</u>**とき**、道(みち)がきれいなことに驚(おどろ)きました。

　　처음으로 일본에 갔을 때 길이 깨끗한 것에 놀랐습니다.

④ 日本(にほん)へ<u>行(い)く</u>**とき**は必(かなら)ず一人(ひとり)で行(い)きます。 일본에 갈 때는 반드시 혼자서 갑니다.

③은「日本へ行く」→「道がきれいなことに驚く」의 순서이기 때문에「日本へ行ったとき」가 된다. 한편 ④는「日本へ行く」와「一人で行く」가 동시에 일어나기 때문에「日本へ行くとき」가 된다.

① アメリカへ行(い)く**とき**は、いつもおみやげをたくさん買(か)っていきます。 미국에 갈 때는 항상 선물을 많이 사 갑니다.

② アメリカへ行(い)った**とき**、彼女(かのじょ)と知(し)り合(あ)いました。 미국에 갔을 때 그녀와 서로 알게 되었습니다.

③ こどもが小(ちい)さい**とき**は、そばにいてあげるのが一番(いちばん)いい。 아이가 어릴 때는 옆에 있어 주는 것이 제일 좋다.

④ ひまな**とき**はいつでも連絡(れんらく)ください。
한가할 때는 언제라도 연락 주세요.

⑤ 休(やす)みの**とき**は家(いえ)でテレビをみています。
휴일에는 집에서 텔레비전을 보고 있습니다.

>>> 문장연습 3
정답 395쪽

① 내가 가게에 도착했을 때 밖은 아직 밝았다. まだ 아직, 明(あか)るい 밝다

   ➡ _____

② 잘 때는 꼭 창문을 닫아 주세요.   必(かなら)ず 꼭

   ➡ _____

③ 무슨 문제가 생겼을 때는 헬프데스크에 전화해 주세요.
                          何(なに)か 무슨, ヘルプデスク 헬프데스크

   ➡ _____

2.2 前(まえ)に

🔊 **～前(まえ)に** ～(하)기 전에

동사는 꼭 사전형이어야 한다.

○ 家(いえ)に帰(かえ)る前(まえ)に本屋(ほんや)に寄(よ)った。
　　집에 가기 전에 서점에 들렀다.
× 家(いえ)に帰(かえ)った前(まえ)に本屋(ほんや)に寄(よ)った。

▍동사 <u>사전형</u>＋前(まえ)に

行(い)く	→	行(い)く前(まえ)に
食(た)べる	→	食(た)べる前(まえ)に
来(く)る	→	来(く)る前(まえ)に
する	→	する前(まえ)に

▍명사＋<u>の</u>＋前(まえ)に

授業(じゅぎょう)<u>の</u>前(まえ)に
連休(れんきゅう)<u>の</u>前(まえ)に

① 休(やす)みに入(はい)る**前(まえ)に**一度(いちど)みんなで集
　(あつ)まりましょう。
　　휴일에 들어가기 전에 한 번 모두 함께 모입시다.

② 寝(ね)る**前(まえ)に**いつもホットミルクを飲(の)みます。
　　자기 전에 항상 따뜻한 우유를 마십니다.

③ 出(で)かける**前(まえ)に**、もう一度(いちど)荷物(にもつ)を確
認(かくにん)しなさい。 나가기 전에 다시 한번 짐을 확인하세요.

④ 使(つか)う**前(まえ)に**説明書(せつめいしょ)をよく読(よ)んで
ください。 쓰기 전에 설명서를 잘 읽어 주세요.

⑤ 授業(じゅぎょう)の**前(まえ)に**資料(しりょう)を用意(ようい)
しました。 수업 전에 자료를 준비했습니다.

⑥ 卒業(そつぎょう)の**前(まえ)に**旅行(りょこう)へ行(い)きまし
た。 졸업 전에 여행을 갔습니다.

2.3 後(あと)

🔊⑤ **～後(あと)** ～(한) 후

┃ 동사의 <u>た형</u>＋後(あと)

行(い)く　　　→　行(い)った後(あと)
食(た)べる　　→　食(た)べた後(あと)
来(く)る　　　→　来(き)た後(あと)
する　　　　　→　した後(あと)

┃ 명사＋の＋後(あと)

授業(じゅぎょう)<u>の</u>後(あと)
連休(れんきゅう)<u>の</u>後(あと)

* 「～前(まえ)に ～전에」와「～後(あと)～후」의 앞의 동사 시제가
다르므로 주의합시다.

ごはんを<u>食(た)べる</u>**前(まえ)に**、薬(くすり)を飲(の)んでください。

밥을 먹기 전에 약을 드세요.

ごはんを<u>食(た)べた</u>**後(あと)**、薬(くすり)を飲(の)んでください。

밥을 먹은 후, 약을 드세요.

① 郵便局(ゆうびんきょく)に行(い)った**後(あと)**、学校(がっこう)に行(い)った。 우체국에 간 후, 학교에 갔다.

② 映画(えいが)をみた**後(あと)**、食事(しょくじ)をしましょう。 영화를 본 후, 식사를 합시다.

③ 仕事(しごと)が終(お)わった**後(あと)**、ジムに行(い)きます。 일이 끝난 후, 헬스장에 갑니다.

④ 公園(こうえん)を散歩(さんぽ)した**後(あと)**、お茶(ちゃ)を飲(の)みに行(い)きました。 공원을 산책한 후, 차를 마시러 갔습니다.

⑤ 授業(じゅぎょう)の**後(あと)**、先生(せんせい)に呼(よ)ばれた。 수업 후, 선생님이 (나를) 불렀다.

⑥ 登山(とざん)の**後(あと)**、温泉(おんせん)に行(い)った。 등산 후, 온천에 갔다.

2.4 てから

5 ~**てから** ~하고 나서

┃ 동사의 て형＋てから

行(い)く   → 行(い)ってから

食(た)べる   → 食(た)べてから

来(く)る　　　→　来(き)てから
する　　　　　→　してから

① 一度(いちど)家(いえ)に戻(もど)って**てから**行(い)きます。
　　한 번 집에 돌아갔다가 갑니다.

② ソウルへ来(き)**てから**友(とも)だちが増(ふ)えました。
　　서울에 오고 나서 친구가 늘었습니다.

③ 大学(だいがく)に入(はい)って**てから**毎日(まいにち)忙(いそが)
　　しいです。 대학에 들어가고 나서 매일 바쁩니다.

④ よく考(かんが)え**てから**決(き)めてください。
　　잘 생각하고 나서 결정해 주세요.

⑤ バスが止(と)まっ**てから**席(せき)を立(た)ってください。
　　버스가 멈추고 나서 자리에서 일어나세요.

⑥ 夏休(なつやす)みになっ**てから**一度(いちど)も勉強(べんきょ
　　う)していない。 여름방학이 되고 나서 한번도 공부를 하지 않았다.

>>> 문장연습 4
정답 395쪽

① 수업을 듣기 전에 반드시 읽어 주세요.
　　　　　　　　　　　授業(じゅぎょう)を受(う)ける 수업을 듣다

　➡ _____

② 대학을 졸업한 후 바로 결혼했다.
　　　　　　　　　大学(だいがく) 대학, 卒業(そつぎょう)する 졸업하다

　➡ _____

③ 밥을 먹고 나서 갑니다.

➡ _____

---

③ **상황·상태를 나타내는 접속형식**

3.1 間(あいだ)/間(あいだ)に

4 **～間(あいだ)/～間(あいだ)に** ～동안/～사이에

▌동사의 사전형/ている형/ない형＋間(あいだ)/間(あいだ)に
▌명사＋の＋間(あいだ)/間(あいだ)に

① ソウルにいる**間(あいだ)**は仕事(しごと)をしませんでした。

　　서울에 있는 동안은 일을 안했습니다.

② たなかさんを待(ま)っている**間(あいだ)**本(ほん)を読(よ)んで
　 いました。 다나카 씨를 기다리는 동안 책을 읽고 있었습니다.

③ 寝(ね)ている**間(あいだ)**も汗(あせ)をかきます。

　　자고 있는 동안도 땀을 흘립니다.

④ 学校(がっこう)に通(かよ)っている**間(あいだ)**は仕事(しごと)
　 が終(お)わった後(あと)、まっすぐ家(いえ)に帰(かえ)りました。

　　학교에 다니고 있는 동안은 일이 끝난 후 바로 집으로 돌아왔습니다.

⑤ 冬休(ふゆやす)みの**間(あいだ)**、ずっと日本(にほん)にいま
　 した。 겨울방학동안 계속 일본에 있었습니다.

⑥ 休(やす)みの**間(あいだ)**はゆっくり休(やす)みたい。

쉬는 날 동안은 푹 쉬고 싶다.

⑦ 自動車(じどうしゃ)の修理(しゅうり)を休(やす)みの**間(あい だ)**に終(お)わらせたい。 자동차의 수리를 휴일 사이에 끝내고 싶다.

⑧ たなかさんを待(ま)っている**間(あいだ)**に買(か)い物(もの)を すませました。 다나카 씨를 기다리고 있는 사이에 쇼핑을 마쳤습니다.

⑨ 子供(こども)がいない**間(あいだ)**に映画(えいが)を観(み)に行 (い)きました。 아이가 없는 사이에 영화를 보러갔습니다.

⑩ 冬休(ふゆやす)みの**間(あいだ)**に韓国語(かんこくご)の試験 (しけん)を受(う)けました。 겨울 방학 사이에 한국어 시험을 봤습니다.

〉〉〉 문장연습 5

정답 396쪽

① 쉬는 동안 계속 공부하고 있었습니다.

休みの間(あいだ) 쉬는 동안, ずっと 계속

➡ _____

② 아이가 자고 있는 사이에 집안일을 끝냈습니다.

家事(かじ) 집안일, 終(お)わらせる 끝내다

➡ _____

もう一歩 step up

「~間(あいだ)」과 「~間(あいだ)に」

「~間(あいだ)」은 일정한 시간의 폭을 나타내고, 「~間(あいだ) に」는 「어떤 기간이나 시간이 끝나기 전에」라고 하는 의미를 나타 낸다.

① 私(わたし)がテレビを見(み)ている間(あいだ)、彼女(かのじょ)は夕食(ゆうしょく)の準備(じゅんび)をしていた。
내가 텔레비전을 보고 있는 동안 그녀는 저녁 식사 준비를 하고 있었다.

② 私(わたし)がテレビを見(み)ている間(あいだ)に、彼女(かのじょ)は夕食(ゆうしょく)の準備(じゅんび)を終えた。
내가 텔레비전을 보고 있는 사이에 그녀는 저녁 식사 준비를 끝냈다.

「~間(あいだ)に」의 경우, 뒤따르는 사건에는 끝난 것, 끝났던 것이 온다.

③ ○ 休(やす)みの間(あいだ)、ずっと本(ほん)を読(よ)んでいました。
휴일 동안 계속 책을 읽고 있었습니다.

× 休(やす)みの間(あいだ)に、ずっと本(ほん)を読(よ)んでいました。

④ 休(やす)みの間(あいだ)に、本(ほん)を一冊(いっさつ)読(よ)みました。휴일 사이에 책을 한 권 읽었습니다.

3.2 ところです

④ ~るところです ~(하)려던 참입니다.

④ ~ているところです ~(하)고 있는 참입니다.

④ ~たところです 막~(한) 참입니다.

▎동사의 보통형＋ところです ~(하)려던 참입니다.(하기 직전의 시점)

行(い)く 　　　行(い)くところです
食(た)べる 　　　食(た)べるところです

▎동사의 て형＋ているところです ~(하)고 있는 참입니다. (진행중)

行(い)く 　　　行(い)っているところです
食(た)べる 　食(た)べているところです

▎동사의 た형＋たところです 막~(한) 참입니다.(하고난 후의 시점)

行(い)く 　　　行(い)ったところです
食(た)べる 　食(た)べたところです

① 今(いま)、出(で)かける**ところです**。

　　지금 외출하려던 참입니다.

② これからメールを送(おく)る**ところです**。

　　지금부터 메일을 보내려는 참입니다.

③ 今(いま)、会社(かいしゃ)に向(む)かっ**ているところです**。

　　지금 회사에 가고 있는 참입니다.

④ 昨日(きのう)田中(たなか)さんに電話(でんわ)したら、仕事
(しごと)し**ているところでした**。

　　어제 다나카씨에게 전화했더니 일하고 있는 참이었습니다.

⑤ 今(いま)、コーヒーを飲(の)んでき**たところです**。

　　지금 막 커피를　마시고 온 참입니다.

⑥ ちょうど今(いま)家(いえ)に着(つ)い**たところです。**

마침 지금 집에 도착한 참입니다.

>>> 문장연습 6 ————————————— 정답 396쪽

① 일이 끝나고 지금 집에 돌아갈 참입니다.　　　　　　　　**仕事**(しごと) 일

　　➡ _____

② 지금 밥을 먹고 있는 참입니다.

　　➡ _____

③ 지금 막　다나카씨를 만나고 온 참입니다.

　　➡ _____

3.3 たばかりです

④ **~たばかりです** 막 ~(한) 참입니다. ~한지 얼마 안 되었습니다.

▌ 동사의 た형＋たばかりです

行(い)く　　　　行(い)ったばかりです
食(た)べる　　　食(た)べたばかりです
来(く)る　　　　来(き)たばかりです

「~たところです」는 동작을 행한 직후라는 것만을 나타내지만 「~たばかりです」는 동작이 끝난지 얼마 되지 않은 것을 강조할 때 사용한다.　주로 「~たばかりなのに ~한지 얼마 안 되었는데」(역접표현

「~のに」「~たばかりなので ~한지 얼마 안 되었기 때문에」의 형태로 그것으로 인해 일어난 상황을 말하고 싶을 때 쓴다.

A : みんなでコーヒー飲(の)みにいくよ。

다 같이 커피 마시러 갈 거야.

B : わたし今(いま)、飲(の)んでき**たばかり**なのに。

지금 막 마시고 왔는데.

① 5月(がつ)になっ**たばかり**なのに、気温(きおん)が３０度(ど)まで上(あ)がりました。

5월이 된지 얼마 안 되었는데 기온이 30도까지 올라갔습니다.

② 電池(でんち)を変え**たばかり**なのに、時計(とけい)がもう動(うご)かない。 건전지를 바꾼지 얼마 안 되었는데 시계가 벌써 움직이지 않는다.

③ 東京(とうきょう)にひっこしてき**たばかり**なので、まだ道(みち)がよく分(わ)かりません。

도쿄에 이사 온지 얼마 안 돼서 아직 길을 잘 모릅니다.

④ 日本語(にほんご)は最近(さいきん)始(はじ)め**たばかり**なので、まだよく話(はな)せません。

일본어는 최근 막 시작했기 때문에 아직 잘 말할 수 없습니다.

⑤ 生(う)まれ**たばかり**の赤(あか)ちゃんはよく泣(な)くのが当(あ)たり前(まえ)です。 막 태어난 아기는 자주 우는 것이 당연합니다.

もう一歩 step up

「~たばかり」는 한정을 나타내는「ばかり」와는 다르다.

① 彼(かれ)は勉強(べんきょう)ばかりしている。

그는 공부만 하고 있다.

② 最近(さいきん)彼(かれ)は怒(おこ)ってばかりだ。

최근 그는 늘 화난 채다.

>>> 문장연습 7 ─────────────────────────────
정답 396쪽

① 이 애는 이제 막 2살이 되었는데 벌써 여러 가지 말을 알고 있다.

2さい 2살, ことば 말

➡ _____

② 어제 막 샀는데 벌써 고장났다.　　　　　　　こわれる 고장 나다

➡ _____

3.4 ながら

⑤ ~ながら ~하면서

┃동사의 ます형＋ながら

行(い)く　　　　　行(い)きながら
食(た)べる　　　　食(た)べながら
する　　しながら

① ごはんを食(た)べ**ながら**テレビをみます。

밥을 먹으면서 텔레비전을 봅니다.

② 朝(あさ)は新聞(しんぶん)を読(よ)み**ながら**コーヒーを一杯
(いっぱい)飲(の)みます。

아침에는 신문을 읽으면서 커피를 한 잔 마십니다.

③ 雨(あめ)の日(ひ)はかさをさし**ながら**自転車(じてんしゃ)に乗(の)って学校(がっこう)に通(かよ)っていました。

비 오는 날은 우산을 들면서 자전거를 타고 학교에 다니고 있습니다.

④ 仕事(しごと)し**ながら**勉強(べんきょう)するのは大変(たいへん)です。 일을 하면서 공부하는 것은 힘듭니다.

>>> 문장연습 8

정답 396쪽

① 음악을 들으면서 산책하는 것을 좋아합니다.

音楽(おんがく) 음악, 散歩(さんぽ)する 산책하다

➡ _____

② 일을 하면서 학교를 다니고 있습니다.　　　　通(かよ)う 다니다

➡ _____

3.5 まま

④ **～まま** ～한 채(로), ～그대로

▌동사의 た형/ない형＋まま

寝(ね)たまま
寝(ね)ないまま

▌い형용사＋まま

熱(あつ)いまま

┃ な형용사＋な＋まま

きれい<u>な</u>まま

┃ 명사＋の＋まま

むかし<u>の</u>まま

① ぬれた**まま**いると風邪(かぜ)ひきますよ。

　　젖은 채로 있으면 감기에 걸려요.

② テレビをつけた**まま**寝(ね)てしまった。

　　텔레비전을 켠 채로 자 버렸다.

③ 牛乳(ぎゅうにゅう)を冷(つめ)たい**まま**飲(の)みました。

　　우유를 차가운 채로 마셨습니다.

④ 運転(うんてん)がすぐにうまくなる人と、へたな**まま**の人が

　　いる。 운전을 곧 잘하게 되는 사람과 서투른 상태의 사람이 있다.

⑤ いつまでも変(か)わらない**まま**でいてください。

　　언제까지나 변치 않은 채로 있어 주세요.

⑥ 町(まち)なみはむかしの**まま**残(のこ)っています。

　　거리의 집들은 옛날 그대로 남아 있습니다.

⑦ これはその**まま**食(た)べられますよ。

　　이것은 그대로 먹을 수 있어요.

정답 396쪽

>>> **문장연습 9**

① 구두는 신은 채로 있어도 괜찮아요. 　　　　くつをはく 신발을 신다

　➡ _____

② 놀러 간 채, 아직 돌아오지 않았다.　　遊(あそ)びに行(い)く 놀러가다

　➡ _____

やってみよう!

다음 한국어 문장을 일본어로 바꾸시오.

① 아침 일찍 일어나서 졸립니다.

　　▷ _____

② 대학에 들어가고 나서 PC를 샀습니다.

　　▷ _____

③ 휴일 동안에 일본 드라마를 3편 보았습니다.

　　▷ _____

④ 지금 다나카씨를 만나고 온 참입니다.

　　▷ _____

⑤ 매일 전철을 타면서 휴대폰으로 수업을 듣고 있습니다.

　　▷ _____

문제 정답

① 朝(あさ)早(はや)く起(お)きたので、ねむいです。
② 大学(だいがく)に入(はい)ってからパソコンを買(か)いました。
③ 休(やす)みの間(あいだ)に、日本(にほん)のドラマを3本(ぼん)みました。
④ 今(いま)、田中(たなか)さんに会(あ)ってきたところです。
⑤ 毎朝(まいあさ)、電車(でんしゃ)に乗(の)りながらモバイルで授業(じゅぎょう)をきいています。

정답 397쪽

おさらい問題 복습 문제

다음 한국어 문장을 일본어로 바꾸시오.

5

① 위험하니까 달리지마.　　　　　　　　　**危**(あぶ)ない 위험하다

　➡ _____

② 거기는 학생 때, 자주 먹으러 갔던 가게입니다.　**学生**(がくせい) 학생

　➡ _____

③ 역에 도착하기 전에 전화해 주세요.　　　**電話**(でんわ)する 전화하다

　➡ _____

④ 식사 후에 호텔 주변을 산책했다.　　　**ホテル** 호텔, **まわり** 주변

　➡ _____

⑤ 대학을 졸업하고 나서 바로 집을 나갔습니다.

　　　　　　　　　　　　　　　　卒業(そつぎょう)する 졸업하다

　➡ _____

⑥ 커피라도 마시면서 이야기할까요?　　　　　**コーヒー** 커피

　➡ _____

4

① 오늘은 일이 있어서 먼저 실례하겠습니다.

　　　　　　　　　　　　　　　　用事(ようじ)がある 일이 있다

　➡ _____

② 겨울방학 동안 한 번 일본을 방문하려고 생각합니다.

　　　　　　　　　　　　　　　冬休(ふゆやす)み 겨울방학

　➡ _____

③ 지금 프로그램을 만들고 있는 참입니다.　　　　プログラム 프로그램

　　◘ _____

④ 스즈키씨는 막 입사한 참입니다.　　　　入社(にゅうしゃ) 입사

　　◘ _____

⑤ 구두를 신은 채로 들어와 주세요.　　　　上(あ)がる 들어오다

　　◘ _____

「~後(あと)」 뒤에 「で」와 「に」 가 접속하여 「あと(で)」와「あとに」 처럼 쓰이는 경우가 있다. 「~後(あと)」 는 뒤에 오는 문장에 신경 쓰지 않고 대부분 쓸 수 있지만, 「あと(で)」와「あとに」는 「で」 와 「に」가 붙음으로서 뒤에 문장에 제한이나 뉘앙스 차이가 생긴다.

1. 「あとで」와「あとに」 '후에'와 '뒤에'

・あとで(후에) : '시간적 전후관계'를 문제로 삼는다.
・あとに(뒤에) : '이후의 행위가 일어나는 것은 언제인가'를 문제로 삼는다. '이전 상태가 끝난 시점의 상황, 상태에서 그대로 또는 연이어'라는 뉘앙스이다.

① 食事(しょくじ)の後(あと)で、デザートはいかがですか。
② 食事(しょくじ)の後(あと)に、デザートはいかがですか。
　식사가 마친 후에 디저트는 어떠세요?

③ 仕事(しごと)が終(お)わった後(あと)で飲(の)むビールはおいしい。
④ 仕事(しごと)が終(お)わった後(あと)に飲(の)むビールはおいしい。
　일이 끝난 후에 마시는 맥주는 맛있다.

①②와③④는 뉘앙스 차이가 있다. ①③「あとで」는 "식사가 마치면 그 이후에" "일이 마치면 그 이후에" 라는 시간적 전후 관계를 나타내고, ②④「あとに」는 "식사가 마치면 이어서" "일이 마치면 이어서" 라는 그 시점의 상황이나 상태 속에서 이어진다는 의미를 나타낸다.

2. 「あと」와 「あとで」

「後(あと)で」는 뒤에 동작을 나타내는 문장이 온다. 계속하고 있는 행위나 상태가 뒤에 오면 부자연스럽다.

수업이 끝난 후 머리가 아파졌습니다.
- ○ 授業(じゅぎょう)が終(お)わった**後(あと)**、頭(あたま)が痛(いた)くなりました。
- × 授業(じゅぎょう)が終(お)わった**後(あと)で**、<u>頭(あたま)が痛(いた)くなりました</u>。

(→상태)

일이 끝난 후 집에서 느긋하게 쉬고 있었습니다.
- ○ 仕事(しごと)が終(お)わった**後(あと)**、家(いえ)でゆっくり休(やす)んでいました。
- × 仕事(しごと)が終(お)わった**後(あと)で**、家(いえ)でゆっくり<u>休(やす)んでいました</u>。

(→계속하고 있는 행위)

3. 「あとで」와「て/てから」 '후에'와 '하고/하고 나서'

· あとで(후에) : 전후 사건의 시간적 틈이 명확하게 존재해도 문장
이 성립된다.
· て/てから(하고/하고 나서) : 시간적 틈이 그다지 없고, 후의 사건
이 전의 사건에 연이어 일어난다.

순간동사는 'てから'를 쓰는 것이 자연스럽다.

Tip '순간동사'란 사건, 행위가 완료된 그 시점에서 그 사건, 행위가
종료되는 것이 아니라 완료와 함께 그 결과가 상태로써 남아있는
의미를 지닌 동사. 行(い)く(가다)、来(く)る(오다)、卒業(そつ
ぎょう)する(졸업하다)、なる(되다)등. (초급 10과 참조.)

예)× ソウルへ来た後で、友だちが増えました。
○ ソウルへ来**てから**、友だちが増えました。
서울에 오고 나서 친구가 늘었습니다.

* 「あとで」와「てから」의 차이

· ~あとで : 뒤따르는 사건에는 동작을 나타내는 문장이 온다. 계
속되는 행위나 상태가 뒤따르는 사건에 오면 부자연스럽다.

· ~てから : 뒤따르는 사건에 계속되는 행위나 상태를 나타내는 것
이 가능하다.

예) × ソウルへ来(き)た後(あと)で、ずっと下宿(げしゅく)して
　　 います。

　 ○ ソウルへ来(き)てから、ずっと下宿(げしゅく)していま
　　 す。

　　 서울에 오고 나서 계속 하숙하고 있습니다.

일본어문법
- 중급 -

1. 夜(よる)になると、すずしくなります。
2. 1時間(じかん)も待ったのに、
   来(き)ませんでした。

복문(複文)② ─조건표현─

한국어의 조건(条件), 가정(仮定)표현은 "~하면, ~이면" 으로 대부분 표현 되지만, 일본어의 조건, 가정표현에는 「と」「ば」「たら」「なら」의 4가지 형식이 있다. 이 4가지 표현은 서로 바꿀 수 있는 경우가 있고, 바꾸면 안 되는 경우가 있다. 각 표현을 완벽하게 구분하여 사용하는 것은 상당히 어려우므로, 각 형식의 기본적인 특징을 중심으로 학습한다.

1 조건표현 「と」、「ば」

1.1 と

 ~と

┃ 보통형+と

* 과거형에는 접속하지 않는다. 현재 긍정형 또는 현재 부정형에만 접속한다.

1) ~と 만드는 법

┃ 동사　보통형+と

行(い)く	行(い)くと	行(い)かないと
가다	가면	가지 않으면

見(み)る	見(み)ると	見(み)ないと
보다	보면	보지 않으면
来(く)る	来(く)ると	来(こ)ないと
오다	오면	오지 않으면

▌い형용사＋と

大(おお)きい	大(おお)きいと	大(おお)きくないと
크다	크면	크지 않으면
小(ちい)さい	小(ちい)さいと	小(ちい)さくないと
작다	작으면	작지 않으면
高(かた)い	高(かた)いと	高(かた)くないと
높다	높으면	높지 않으면
비싸다	비싸면	비싸지 않으면

▌な형용사＋<u>だ</u>＋と
▌な형용사＋でない＋と

元気(げんき)	元気(げんき)<u>だ</u>と	元気(げんき)でないと
건강하다	건강하면	건강하지 않으면
便利(べんり)	便利(べんり)<u>だ</u>と	便利(べんり)でないと
편리하다	편리하면	편리하지 않으면
きれい	きれい<u>だ</u>と	きれいでないと
깨끗하다	깨끗하면	깨끗하지 않으면

▌명사＋<u>だ</u>＋と
▌명사＋でない＋と

休(やす)み	休(やす)みだと	休(やす)みでないと
휴일	휴일이면	휴일이 아니면
学生(がくせい)	学生(がくせい)だと	学生(がくせい)でないと
학생	학생이면	학생이 아니면
子供(こども)	子供(こども)だと	子供(こども)でないと
아이	아이라면	아이가 아니면

* な형용사와 명사는 でないと와 ではないと 둘 다 맞지만, でない
と를 더 많이 쓴다. 회화에서는 じゃないと를 많이 쓴다.

연습1

いう ▸ いうと / いわないと

① かく ▸ _____
② しぬ ▸ _____
③ ねる ▸ _____
④ する ▸ _____
⑤ くる ▸ _____
⑥ あつい ▸ _____
⑦ おいしい ▸ _____
⑧ いい ▸ _____
⑨ 上手(じょうず) ▸ _____
⑩ 親切(しんせつ) ▸ _____
⑪ 学生(がくせい) ▸ _____
⑫ 大人(おとな) ▸ _____

정답

① かくと/かかないと　　　　　② しぬと/しなないと
③ ねると/ねないと　　　　　　④ すると / しないと
⑤ くると / こないと　　　　　　⑥ あついと / あつくないと
⑦ おいしいと / おいしくないと　⑧ いいと / よくないと
⑨ 上手だと / 上手でないと　　　⑩ 親切だと / 親切でないと
⑪ 学生だと / 学生でないと　　　⑫ 大人だと / 大人でないと

---

2) 용법:

「と」의 특징은 반복적·항상적인 내용을 나타내는 것이다.

"~하면 (반드시, 예외없이) ~가 일어난다"고 할 때 사용한다. 예를 들어, 자연현상, 변하지 않는 진리, 기계의 조작, 길안내, 습관 등이다.

① 春(はる)になると、花(はな)が咲(さ)く。

　봄이 되면 꽃이 핀다.

② 家(いえ)の前(まえ)の道(みち)は春(はる)になると桜(さくら)が満開(まんかい)になります。

　집 앞의 길은 봄이 되면 벚꽃이 만발합니다.

③ 夜(よる)になると、すずしくなります。

　밤이 되면 선선해집니다.

④ 2に5をかけると、１０になります。

　2에 5를 곱하면 100이 됩니다.

⑤ ボタンを押(お)すと、きっぷが出(で)てきます。

　버튼을 누르면 표가 나옵니다.

⑥ この道をまっすぐ行くと、銀行があります。

이 길을 똑바로 가면 은행이 있습니다.

⑦ たなかさんはお酒(さけ)を飲(の)むと、顔(かお)が赤(あか)く
なります。 다나카 씨는 술을 마시면 얼굴이 빨개집니다.

⑧ 彼(かれ)は気分(きぶん)が良(よ)くなると、話(はな)し始(は
じ)める。 그는 기분이 좋아지면 이야기하기 시작한다.

⑨ 毎年(まいとし)夏(なつ)になると、観光客(かんこうきゃく)
が増(ふ)えます。 매년 여름이 되면 관광객이 늘어납니다.

3) 후건(後件)에 말하는 사람의 의지·희망이나 상대방에게 요청 하는 문장은 올 수가 없다.

1. 말하는 사람의 의지·희망을 나타내는 문장

寒(さむ)いと、まどを

① × (わたしが)しめます。/しめましょう。	의지
② × しめよう	결의
③ × しめるつもりです。/しめようと思っています。	의도
④ × しめることにします。	결심
⑤ × しめたいです。	희망

2. 상대방에게 요청하는 문장

寒(さむ)いと、まどを

① × しめるな。/しめてはいけません。	금지
② × しめろ。/しめなさい。	명령
③ × しめてください。	의뢰

④ × しめましょう。/しめよう。　　　　　　　권유

⑤ × しめましょうか。　　　　　　　　　　신청

⑥ × しめませんか。しめたらどうですか。　　제안

⑦ × しめてほしいです。　　　　　　　　　요구

⑧ × しめてもいいです。　　　　　　　　　허가

⑨ × しめなければなりません。　　　　지시(의무)

⑩ × しめたほうがいいですよ。　　　　　　조언

⑪ × しめなくてもいいですよ。　　　지시(불필요)

○ 寒(さむ)いから、まどをしめましょう。 추우니까 창문을 닫읍시다.

* 전건(前件)과 후건(後件)이란?

전건(前件) : 「と」「ば」「たら」「なら」 앞에 오는 문장
후건(後件) : 「と」「ば」「たら」「なら」 뒤에 오는 문장

春(はる)になると、花(はな)が咲(さ)く。 봄이 되면 꽃이 핀다.

전건(前件) : 「春(はる)になる」
후건(後件) : 「花(はな)が咲(さ)く」

1.2 ば

④ ~ば

1) 「~ば」 만드는 법

과거형에는 접속하지 않는다. 현재 긍정형 또는 현재 부정형에만 접속한다.

▌ 동사+ば

1그룹 : 어미를 「え」단으로 바꾸고 「ば」를 붙인다.

行(い)く → 行け+ば → 行け**ば**
가다 　　　　　　　　　　　가면

会(あ)う → 会え+ば → 会え**ば**
만나다 　　　　　　　　　　만나면

2그룹 : 어미를 떼고 「れば」를 붙인다.

食(た)べる → 食べ+れば → 食べれ**ば**
먹다 　　　　　　　　　　　먹으면

見(み)る → 見+れば → 見れ**ば**
보다 　　　　　　　　　　보면

3그룹

来(く)る → 来(く)れ**ば**
오다 　　　　오면

する → すれ**ば**
하다 　　하면

▌ い형용사**い**+けれ**ば**

大(おお)きい → おおき**い**+ければ → 大きければ
크다 　　　　　　　　　　　　　　　　　　　크면

若(わか)い → 若い＋ければ → 若ければ

젊다 젊으면

주의：いい(よい) → よければ (×いければ)

좋다 좋으면

| 부정형ない＋ければ

동사：行(い)かない 行かない＋ければ → 行かなければ

가지 않는다 가지 않는 다면

い형용사：大(おお)きくない 大きくない＋ければ

→ 大きくなければ

크지 않다 크지 않다면

[な형용사와 명사]

원래는 명사와 な형용사에서는 ば 대신에 ならば를 사용하였는
데, 현대 일본어에서는 거의 쓰이지 않게 되었다. 현대 일본어에서는
ば 대신에 なら를 사용한다.

| な형용사＋なら

静(しず)か → 静か＋なら → 静かなら

조용하다 조용하면

元気(げんき) → 元気＋なら → 元気なら

건강하다 건강하면

명사 + **なら**

学校(がっこう) → 学校 + なら → 学校**なら**
학교   학교라면

연습 2

> 行(い)く ▣ 行(い)けば   行(い)かない ▣ 行(い)かなければ

① かう   ▣ _____   かわない   ▣ _____

② はなす   ▣ _____   はなさない   ▣ _____

③ まつ   ▣ _____   またない   ▣ _____

④ あそぶ   ▣ _____   あそばない   ▣ _____

⑤ よぶ   ▣ _____   よばない   ▣ _____

⑥ のむ   ▣ _____   のまない   ▣ _____

⑦ かえる   ▣ _____   かえらない   ▣ _____

⑧ みる   ▣ _____   みない   ▣ _____

⑨ ねる   ▣ _____   ねない   ▣ _____

⑩ する   ▣ _____   しない   ▣ _____

⑪ くる   ▣ _____   こない   ▣ _____

⑫ あつい   ▣ _____   あつくない   ▣ _____

⑬ おいしい ▣ _____   おいしくない ▣ _____

⑭ たかい   ▣ _____   たかくない   ▣ _____

⑮ いい   ▣ _____   よくない   ▣ _____

정 답

① かえば	かわなければ
② はなせば	はなさなければ
③ まてば	またなければ
④ あそべば	あそばなければ
⑤ よべば	よばなければ
⑥ のめば	のまなければ
⑦ かえれば	かえらなければ
⑧ みれば	みなければ
⑨ ねれば	ねなければ
⑩ すれば	しなければ
⑪ くれば	こなければ
⑫ あつければ	あつくなければ
⑬ おいしければ	おいしくなければ
⑭ たかければ	たかくなければ
⑮ よければ	よくなければ

2) 용법

조건이 2가지 있으며, 지금 단계로서는 어느 쪽으로 할 것인지 아직
정할 수 없을 때 자주 사용한다.

天気(てんき)がよければ、行(い)きます。

날씨가 좋으면 가겠습니다.

天気(てんき)がよくなければ、行(い)きません。

날씨가 안 좋으면 안 갑니다.

早(はや)く来(く)れば、パクさんに会(あ)えます。

빨리 오면 박 씨를 만날 수 있습니다.

早(はや)く来(こ)なければ、パクさんに会(あ)えません。

빨리 안 오면 박 씨를 만날 수 없습니다.

① 辞書(じしょ)をひけ**ば**、すぐわかります。

　　사전을 찾아보면 바로 알 수 있습니다.

② たくさん食(た)べれ**ば**、太(ふと)ります。

　　많이 먹으면 살찝니다.

③ 地図(ちず)があれ**ば**、一人(ひとり)でも行(い)けます。

　　지도가 있으면 혼자서라도 갈 수 있습니다.

④ 寒(さむ)けれ**ば**、まどを閉(し)めてください。

　　추우면 창문을 닫으세요.

⑤ 高(たか)くなけれ**ば**買(か)います。

　　비싸지 않으면 사겠습니다.

⑥ たなかさんが行(い)かなけれ**ば**、わたしも行(い)きません。

　　다나카 씨가 안 가면 나도 안 가겠습니다.

⑦ バーゲンの時期(じき)まで待(ま)て**ば**、安(やす)く買(か)えますよ。 세일 시기까지 기다리면 싸게 살 수 있어요.

⑧ お金(かね)さえ払(はら)え**ば**、誰(だれ)でも入会(にゅうかい)できる。 돈만 내면 누구라도 입회할 수 있다.

⑨ 予約(よやく)していれ**ば**手続(てつづ)きは必要(ひつよう)ありません。 예약해 놓으면 수속은 필요 없습니다.

もう一歩 step up

1)「~ば」에는 현실과 다른 사실을 가정하는 조건인 반사실적조건(反事実的条件)의 용법이 있다.

~ば~のに ~면~텐데

① あと1000円(えん)あれ**ば**、このコートが買(か)えるのに。

1000엔만 더 있으 이 코트를 살 수 있을 텐데

② あと10分早けれ**ば**、バスに間に合ったのに。

10분만 더 빨리 왔다면 버스 시간에 맞았을 텐데

2) 「~ば」는 뒤따르는 사건에 의지·희망·명령·의뢰 등의 표현이 오지 않는다.

③× 帰宅(きたく)すれ**ば**、必(かなら)ずうがいをしなさい。

○ 帰宅(きたく)したら、必(かなら)ずうがいをしなさい。

집에 돌아가면 반드시 가글을 하시오.

예외: 전건의 술어가 상태성인 경우(무의지동사(자동사, できる), 형용사)나, 전건과 후건의 주체가 다른 경우

④ 分(わ)からないことがあれ**ば**、いつでも聞(き)いてください。 모르는 것이 있으면 언제든지 물으세요.

⑤ 父(ちち)が許(ゆる)してくれれ**ば**、彼(かれ)と結婚(けっこん)するつもりです。 아빠가 허락해주면 그와 결혼 할 생각입니다.

3) 「~ば」는 사실적 조건(事実的条件)을 나타낼 수는 없다.

⑥× 先生(せんせい)は教室(きょうしつ)に入(はい)ってくれ**ば**、早速(さっそく)授業(じゅぎょう)を始(はじ)められました。

○ 先生(せんせい)は教室(きょうしつ)に入ってくると、早速(さっそく)授業(じゅぎょう)を始(はじ)められました。

선생님은 교실에 들어오자 즉시 수업을 시작하셨습니다.

もう一歩 step up

「~と」와「~ば」의 뉘앙스 차이

① ボタンを押(お)せば、きっぷが出(で)てきますよ。

버튼을 누르면 표가 나옵니다.

: 표를 사는 방법을 질문 받았을 때의 대답으로 적당하다.

② ボタンを押(お)すと、きっぷが出(で)てきますよ。

버튼을 누르면 표가 나와요.

: 판매기의 사용법을 단지 설명하고 있는 뉘앙스.

>>> 문장연습 1

정답 398쪽

① 교차로를 돌면 우체국이 보입니다.　　　　**交差点(こうさてん)**교차로,
　　　　　　　　　　　　　　　　曲(ま)がる 돌다, **郵便局(ゆうびんきょく)**우체국

➡ _____

② 8시에 도착하면 괜찮습니다.　　　　**だいじょうぶです** 괜찮습니다.

➡ _____

③ 더우면 창문을 여세요.　　　　**まど** 창문

➡ _____

2 조건표현 「たら」、「なら」

2.1 たら

🔊④ ~たら

1) 「~たら」 만드는 법

▌た형＋たら

▌동사 た형＋たら

行(い)く	行(い)ったら	行(い)かなかったら
가다	가면	가지 않는다면
見(み)る	見(み)たら	見(み)なかったら
보다	보면	보지 않으면
来(く)る	来(き)たら	来(こ)なかったら
오다	오면	오지 않으면

▌い형용사 た형＋たら

大(おお)きい	大(おお)きかったら	大(おお)きくなかったら
크다	크면	크지 않다면
小(ちい)さい	小(ちい)さかったら	小(ちい)さくなかったら
작다	작으면	작지 않다면
高(かた)い	高(かた)かったら	高(かた)くなかったら
높다	높으면	높지 않다면
비싸다	비싸면	비싸지 않다면

いい	よかっ**たら**	よくなかっ**たら**
좋다	좋다면	좋지 않다면

▎な형용사 た형＋たら

▎な형용사＋でなかったら

元気(げんき)	元気(げんき)だっ**たら**	元気(げんき)でなかっ**たら**
건강하다	건강하면	건강하지 않으면
便利(べんり)	便利(べんり)だっ**たら**	便利(べんり)でなかっ**たら**
편리하다	편리하면	편리하지 않으면
きれい	きれいだっ**たら**	きれいでなかっ**たら**
깨끗하다	깨끗하면	깨끗하지 않으면

▎명사＋だったら

▎명사＋でなかったら

休(やす)み	休(やす)みだっ**たら**	休(やす)みでなかっ**たら**
휴일	휴일이면	휴일이 아니면
学生(がくせい)	学生(がくせい)だっ**たら**	学生(がくせい)でなかっ**たら**
학생	학생이면	학생이 아니면
子供(こども)	子供(こども)だっ**たら**	子供(こども)でなかっ**たら**
아이	아이면	아이가 아니면

* な형용사와 명사는 でなかったら와 ではなかったら 둘 다 맞지만, でなかったら를 더 많이 쓴다. 회화에서는 じゃなかったら를 많이 쓴다.

┌───┐
│   いう ▭ いったら / いわなかったら   │
└───┘

① かく　　　　　▭　_____

② しぬ　　　　　▭　_____

③ ねる　　　　　▭　_____

④ する　　　　　▭　_____

⑤ くる　　　　　▭　_____

⑥ あつい　　　　▭　_____

⑦ おいしい　　　▭　_____

⑧ いい　　　　　▭　_____

⑨ 上手(じょうず)　▭　_____

⑩ 親切(しんせつ)　▭　_____

⑪ 学生(がくせい)　▭　_____

⑫ 大人(おとな)　　▭　_____

정 답

① かいたら / かかなかったら
② しんだら / しななかったら
③ ねたら / ねなかったら
④ したら / しなかったら
⑤ きたら / こなかったら
⑥ あつかったら / あつくなかったら
⑦ おいしかったら / おいしくなかったら
⑧ よかったら / よくなかったら
⑨ 上手(じょうず)だったら / 上手(じょうず)でなかったら
⑩ 親切(しんせつ)だったら / 親切(しんせつ)でなかったら
⑪ 学生(がくせい)だったら / 学生(がくせい)でなかったら
⑫ 大人(おとな)だったら / 大人(おとな)でなかったら

2) 용법

「と」「ば」「たら」「なら」 중에서 제약이 적고 가장 많이 사용되는 것이 「たら」이다. 말하는 사람의 의지가 담긴 문장이나, 상대방에게 요청하거나 명령하는 내용도 올 수 있다.

「~たら」는 회화체에서 많이 쓰인다.

① 雨(あめ)が降(ふ)っ**たら**、キャンプは中止(ちゅうし)です。
　　비가 오면 캠프는 중지됩니다.

② 午後(ごご)になっ**たら**、散歩(さんぽ)に行(い)きましょう。
　　오후가 되면 산책하러 갑시다.

③ ボーナスがたくさん出(で)**たら**、車(くるま)を買(か)ってあげます。 보너스가 많이 나오면 차를 사 줄게요.

④ 授業(じゅぎょう)が終(お)わっ**たら**、コーヒー飲(の)みに行(い)きませんか。 수업이 끝나면 커피 마시러 가지 않겠습니까?

⑤ 明日(あした)雨(あめ)だっ**たら**、家(いえ)にいます。
　　내일 비가 오면 집에 있겠습니다.

⑥ 教室(きょうしつ)がしずかだっ**たら**、教室(きょうしつ)で勉強(べんきょう)しましょう。 교실이 조용하다면 교실에서 공부합시다.

⑦ 山本(やまもと)さんに会(あ)っ**たら**、よろしくお伝(つた)えください。 야마모토씨를 만나면 안부전해 주세요.

🖐 **~たらいいですよ** ~하면 좋아요.

🖐 **~たらいいですね** ~하면 좋겠어요.

🖐 **~たらどうですか** ~라면 어때요?

⑧ 京都(きょうと)へ行(い)ってみ**たら**いいですよ。

　교토에 가 보는 게 좋아요.

⑨ 明日(あした)雨(あめ)が降(ふ)らなかっ**たら**いいですね。

　내일 비가 내리지 않으면 좋겠어요.

⑩ 少(すこ)し休(やす)ん**だら**どうですか。

　조금 쉬면 어때요?

もう一歩 step up

「と」와「～たら」에는 가정 표현 외에 사실적 용법(事実的用法)이라고 불리는 용법도 있다. 이것은 전건(前件)에 행위를 하고 있을 때 후건(後件)에 일이 일어날 경우에 사용한다. 우연이나 생각하지 못한 일이라는 뉘앙스가 있다.

---

④ ～**ると**～**た** ～(하)고 있더니 ～(했)다

④ ～**たら**～**た** ～(하)고 있더니 ～(했)다

① 窓(まど)を開(あ)ける**と**、海(うみ)が見(み)えた。

　창을 여니 바다가 보였다.

② 窓(まど)を開(あ)け**たら**、海(うみ)が見(み)えた。

　창문을 여니 바다가 보였다.

③ 田中(たなか)さんにメールを送(おく)る**と**、すぐ返事(へんじ)が来(き)た。 다나카씨에게 메일을 보냈더니 바로 답장이 왔다.

④ 部長(ぶちょう)は部屋(へや)に入(はい)ってくる**と**、早速

(さっそく)会議(かいぎ)を始(はじ)めた。

부장님은 방에 들어오더니 바로 회의를 시작했다.

⑤ 田中(たなか)さんと話(はな)していた**ら**、すずきさんが来(き)た。다나카씨와 이야기하고 있으니 스즈키씨가 왔다.

2.2 なら

④ ~**なら** ~(하)면, ~(라)면

1) 「~なら」 만드는 법

* 현재형, 과거형 모두 접속할 수 있다.

▌ 동사의 보통형＋なら

行(い)く   ＋なら
行(い)かない
行(い)った
行(い)かなかった

▌ い형용사＋なら

あつい   ＋なら
あつくない
あつかった
あつくなかった

いい　　　　　　　　　　＋なら
よくない
よかった
よくなかった

┃ な형용사＋なら

しずか　　　　　　　　　＋なら
しずかではない
しずかだった
しずかではなかった

┃ 명사＋なら

学生(がくせい)　　　　　　　　＋なら
学生(がくせい)ではない
学生(がくせい)だった
学生(がくせい)ではなかった

연습4

いう　▷　いうなら / いわないなら

① かく　　　　　▷　_____
② あそぶ　　　　▷　_____
③ ねる　　　　　▷　_____

④ する　　　　　➡ _____

⑤ くる　　　　　➡ _____

⑥ あつい　　　　➡ _____

⑦ おいしい　　　➡ _____

⑧ いい　　　　　➡ _____

⑨ 上手(じょうず)　➡ _____

⑩ 親切(しんせつ)　➡ _____

⑪ 学生(がくせい)　➡ _____

⑫ 大人(おとな)　 ➡ _____

정답

① かくなら / かかないなら
② あそぶなら / あそばないなら
③ ねるなら / ねないなら
④ するなら / しないなら
⑤ くるなら / こないなら
⑥ あついなら / あつくないなら
⑦ おいしいなら / おいしくないなら
⑧ いいなら / よくないなら
⑨ 上手(じょうず)なら / 上手(じょうず)ではないなら
⑩ 親切(しんせつ)なら / 親切(しんせつ)ではないなら
⑪ 学生(がくせい)なら / 学生(がくせい)ではないなら
⑫ 大人(おとな)なら / 大人(おとな)ではないなら

2) 용법

「なら」는 확정된 전제조건(상대방의 발언이나 상태, 내가 가정한 내용)에 근거하여 자신의 생각이나 의견, 조언, 판단 등을 말할 경우에 사용한다.

① A：日本(にほん)へ旅行(りょこう)に行(い)きたいんですが、
どこがいいですか。

일본에 여행 가고 싶은데요, 어디가 좋을까요?

B：日本旅行(にほんりょこう)**なら**、京都(きょうと)がいいで
すよ。 일본 여행이라면 교토가 좋아요.

② A：土曜日(どようび)か日曜日(にちようび)にみんなで集(あ
つ)まろうと思(おも)います。

토요일이나 일요일에 다같이 모이려고 합니다.

B：土曜日(どようび)はだめですが、日曜日(にちようび)**なら**
行(い)けると思(おも)います。

토요일은 안 되지만, 일요일이라면 갈 수 있을 겁니다.

③ (맥주를 찾고 있는 것을 보고)
ビール**なら**れいぞうこの中にあります。

맥주라면 냉장고 안에 있습니다.

[확정된 조건] **なら** [앞의 사건에 기초한 귀결]

① 市役所(しやくしょ)へ行(い)く**なら**、地下鉄(ちかてつ)が便
利(べんり)です。 시청에 간다면 지하철이 편리합니다.

② 大学院(だいがくいん)に進(すす)む**なら**、この本(ほん)を読
(よ)みなさい。 대학원에 진학할 거라면 이 책을 읽으세요.

③ たばこを吸(す)う**なら**、外(そと)に出(で)てください。

담배를 피울 거면, 밖에 나가주세요.

④ 暑(あつ)くない**なら**、クーラーを消(け)しましょうか。

덥지 않으면 에어컨을 끌까요?

⑤ ひま**なら**、手伝(てつだ)ってください。

　한가하다면 도와주세요.

⑥ みんなで飲(の)みに行(い)く**なら**、電話(でんわ)ください。

　다같이 마시러 갈 거라면 전화주세요.

⑦ 日本料理(にほんりょうり)**なら**、おすしが好(す)きです。

　일본 요리라면 초밥을 좋아합니다.

>>> 문장연습 2 ─────────────────────────────●
정답 398쪽

① 컴퓨터를 산다면 아키하바라(秋葉原)에 가면 좋아요.

パソコン 컴퓨터

➡ _____

② 서울에 오면 연락주세요.　　　　　　　　　　ソウル 서울

➡ _____

③ 3시가 되면 갑시다.

➡ _____

もう一歩 step up

1)「なら」는 전후관계가 필요 없다.

① 日本(にほん)に行(い)く(の)なら、かさを持(も)っていっ
たほうがいいですよ。

일본에 간다면 우산을 가지고 가는 편이 좋아요.

② 彼(かれ)が日本(にほん)に行(い)った(の)なら、戻(もど)っ
てくるまで連絡(れんらく)は来(き)ませんよ。

그가 일본에 갔다면 돌아올 때까지 연락은 오지 않을 거예요

(회화에서는 「のなら」나 「んなら」, 「んだったら」가 되는 경우
도 있다.)

한편, 「と」「ば」「たら」는 전후관계가 「前件(전건)→後件(후건)」
순이다.

③ 日本(にほん)に行(い)くと、おすしが食(た)べたくなる。

일본에 가면 초밥이 먹고 싶어진다.

④ 日本(にほん)に行(い)けば、おいしいおすしが食(た)べら
れる。 일본에 가면 맛있는 초밥을 먹을 수 있다.

⑤ 日本(にほん)に行(い)ったら、ちょうどお祭(まつ)りの期
間(きかん)だった。 일본에 갔더니 딱 축제 시기였다.

2) 「と」「ば」「たら」는 사건과 사건의 의존관계를 나타내나, 「なら」
는 어떤 사건을 가정하는 것으로부터 도출되는 화자의 판단
을 뒤따르는 문장에 나타낸다.

⑥ 明日(あした)雨(あめ)が降(ふ)ったら、遠足(えんそく)は
中止(ちゅうし)です。 내일 비가 오면 소풍은 중지됩니다.

⑦ 明日(あした)雨(あめ)なら遠足(えんそく)は中止(ちゅう
し)にしましょう。 내일 비가 오면 소풍은 중지합시다.

「と」「ば」「たら」「なら」의 구분

1) 「たら」를 쓸 수 없는 경우

「と」「ば」「たら」「なら」 중에서 제약이 적고 가장 많이 사용되는 것이 「たら」이다. 따라서 「たら」를 사용할 수 없는 경우를 외워두면 좋다.

「たら」를 사용할 수 없는 것은 「なら」의 용법인 <u>확정된 전제조건 (상대방의 발언이나 상태, 내가 가정한 내용)에 근거하여 자신의 생각, 조언, 판단 등을 말할 경우인데, 그 중에서 동사가 전건에 올 때</u> 「たら」를 사용할 수 없다. 이 경우는 「なら」만 쓴다.

① 市役所(しやくしょ)へ{○行(い)くなら/×行(い)ったら}、
   地下鉄(ちかてつ)が便利(べんり)です。

   시청에 간다면 지하철이 편리합니다.

② 大学院(だいがくいん)に{○進(すす)むなら/×進(すす)んだら}、この本(ほん)を読(よ)みなさい。

   대학원에 진학할 거라면 이 책을 읽으세요.

③ たばこを{○吸(す)うなら/×吸(す)ったら}、外(そと)に
   出(で)てください。 담배를 피울 거면, 밖에 나가주세요.

④ みんなで{○飲(の)みに行(い)くなら/×飲(の)みに行(い)ったら}、電話(でんわ)ください。 다같이 마시러 갈 거라면 전화주세요.

2) 「たら」와 「なら」의 차이

「なら」와 「たら」로 전후 관계가 바뀐다.

② 大学院(だいがくいん)に進(すす)むなら、この本(ほん)を

②　　　　　　　　　⇐　　　　　①

読(よ)みなさい。　대학원에 진학한다면 이 책을 읽으세요.

:「이 책을 읽고」 나서「대학원에 진학」하는 순서

② 大学院(だいがくいん)に進(すす)んだら、この本(ほん)を

①　　　　　　　　　⇒　　　　　②

読(よ)みなさい。대학원에 진학하면 이 책을 읽으세요.

:「대학원에 진학」하고 나서「이 책을 읽는다」라는 순서

3 역접(逆接)

3.1 ~が

💡 ~が ~(이)지만

대립이 되는 두 문장을 잇는다. 예상할 수 있는 결과와 반대가 되는
내용이 뒤에 올 수 있다.

┃ 보통형/정중형＋が

① あのお店(みせ)のコーヒーはおいしいです**が**、高(たか)いです。

　저 가게의 커피는 맛있지만 비쌉니다.

② 大阪(おおさか)には行きました**が**、大阪城(おおさかじょう)
は観光(かんこう)しませんでした。

오사카에는 갔지만 오사카성은 관광하지 않았습니다.

③ 旅行(りょこう)に行(い)きたい**が**、お金(かね)も時間(じかん)
もない。 여행을 가고 싶지만 돈도 시간도 없다.

④ 雨(あめ)が降(ふ)っていました**が**、かさをさして観光(かんこ
う)しました。 비가 내리고 있었지만 우산을 쓰고 관광했습니다.

⑤ 旅行(りょこう)にさそわれました**が**、日程(にってい)が合
(あ)わなくて行(い)けませんでした。

여행 가자는 말을 들었지만 일정이 맞지않아 가지 못했습니다.

⑥ 説明(せつめい)を聞(き)きました**が**、よく分(わ)かりません。

설명을 들었습니다만 잘 모르겠습니다.

⑦ 母(はは)は家(いえ)にいます**が**、父(ちち)は出(で)かけま
した。 어머니는 집에 있습니다만, 아버지는 나갔습니다.

＊「～んですが」의 형태로 의뢰나 부탁하는 표현에 대해서는 『일본
어문법─초급─』 일본어plus4 「③～んですが」(214페이지) 참고.

もう一歩 step up

「～が」는 회화에서「けど」를 사용하는 경우가 많다.

① 買(か)い物(もの)に行(い)く**けど**、何(なに)か買(か)ってく
るものある？ 쇼핑 갈 건데 뭐 사올 거 있어?

② 明日(あした)は家(いえ)でゆっくり休(やす)むつもりだ**け
ど**。 내일은 집에서 쉴 예정이야

3.2 ～のに

🖐④ ～のに ～(는)데도

의외, 불만, 비난, 유감 등의 기분을 나타낸다.

▌보통형＋のに

行(い)く   ＋のに
行(い)かない
行(い)った
行(い)かなかった

▌い형용사＋のに

あつい   ＋のに
あつくない
あつかった
あつくなかった

いい   ＋のに
よくない
よかった
よくなかった

▌な형용사＋な＋のに

しずか<u>な</u>   ＋のに

しずかではない
しずかだった
しずかではなかった

▌명사＋な＋のに

こども<u>な</u>　　　　　　　＋のに
こどもではない
こどもだった
こどもではなかった

① せっかく職場(しょくば)まで行(い)った**のに**彼女(かのじょ)
に会(あ)えませんでした。

　일부러 일하는 곳까지 갔는데 여자 친구를 만날 수 없었습니다.

② 忙(いそが)しい**のに**よくがんばりましたね。

　바쁜데도 잘 하셨네요.

③ 彼(かれ)はまだ小学生(しょうがくせい)な**のに**計算(けいさ
ん)が速(はや)い。 그는 아직 초등학생인데 계산이 빠르다.

④ パクさんは日本語(にほんご)の勉強(べんきょう)を始(はじ)
めたばかりな**のに**、もう日本人(にほんじん)と話(はな)して
いる。 박 씨는 일본어 공부를 막 시작했는데 벌써 일본인과 이야기하고 있다.

⑤ まだ8月(がつ)な**のに**朝晩(あさばん)すずしくなりましたね。

　아직 8월인데 아침저녁으로 선선해졌네요.

⑥ そのお店(みせ)は人気(にんき)がありそうな**のに**いつも空
(す)いています。

　그 가게는 인기가 있을 것 같은데 언제나 비어 있습니다.

⑦ バスが便利(べんり)**なのに**電車(でんしゃ)で行(い)ったんですか。 버스가 편리한데 전철로 갔어요?

⑧ 来(く)ると分(わ)かっていれば待(ま)っていた**のに。**

올 줄 알았으면 기다렸을 텐데.

>>> 문장연습 3　　　　　　　　　　　　　　　　　　　　　정답 398쪽

① 이 호텔은 깨끗하지만 비쌉니다.　　　　　　　ホテル 호텔

　▶ _____

② 야마다씨는 아이도 있는데 젊게 보입니다.　　　若(わか)い 젊다

　▶ _____

③ 일부러 갔는데 가게가 쉬는 날이었습니다.　　　せっかく 일부러

　▶ _____

やってみよう！

다음 한국어 문장을 일본어로 바꾸시오.

① 박씨를 만나면 전해주세요.

➡ _____

② 일본에 간다면 교토가 좋습니다.

➡ _____

③ 이 버튼을 누르면 주스가 나옵니다.

➡ _____

④ 날씨가 좋으면 가겠습니다.

➡ _____

⑤ 1시간이나 기다렸는데 오지 않았습니다.

➡ _____

문제 정답

①パクさんに会(あ)ったら伝(つた)えてください。
②日本(にほん)に行(い)くなら京都(きょうと)がいいですよ。
③このボタンをおすと、ジュースが出ます。
④天気(てんき)がよければ、行(い)きます。
⑤1時間(じかん)も待(ま)ったのに、来(き)ませんでした。

おさらい問題 복습 문제

정답 399쪽

1. 다음 (　　　)안에 단어를 문장에 맞게 하시오.

① 冬(ふゆ)に(なる)と、雪(ゆき)が降(ふ)ります。

겨울이 되면 눈이 내립니다.

▷ _____

② 車(くるま)で 1 時間(じかん)ぐらい(行(い)く)と、富士山(ふじさん)が

見(み)えます。

차로 1시간 정도 달리면 후지산이 보입니다.

▷ _____

③ まわりが(しずか)と、よく寝(ね)られます。

주변이 조용하면 잘 잘 수 있습니다.

▷ _____

④ へやが(暗(くら)い)と、本(ほん)が読(よ)めません。

방이 어두우면 책을 읽을 수 없습니다.

▷ _____

⑤ 明日(あした)雨(あめ)が(降(ふ)る)ば、家(いえ)にいます。

내일 비가 오면 집에 있습니다.

▷ _____

⑥ 雨(あめ)が(降(ふ)らない)ば、ドライブに行(い)きます。

비가 안 오면 드라이브에 갑니다.

▷ _____

⑦ (おもしろい)ば、買(か)います。

재미있으면 삽니다.

▷ _____

⑧ (おもしろくない)ば、買(か)いません。

재미없으면 안 삽니다.

▶ _____

⑨ 冬(ふゆ)に(なる)たら、スキーに行(い)きましょう。

겨울이 되면 스키를 타러 갑시다.

▶ _____

⑩ 駅(えき)に(着(つ)く)たら、電話(でんわ)します。

역에 도착하면 전화하겠습니다.

▶ _____

⑪ (よい)たら、いっしょに行(い)きませんか。

괜찮다면 같이 가지 않겠습니까?

▶ _____

⑫ たなかさんが(行(い)かない)なら、わたしも行(い)きません。

다나카 씨가 안 간다면 나도 안 갑니다.

▶ _____

⑬ 駅(えき)に(行(い)く)なら、バスが便利(べんり)です。

역으로 간다면 버스가 편리합니다.

▶ _____

⑭ 学生証(がくせいしょう)を(見(み)せる)ば、記念品(きねんひん)がもらえます。

학생증을 보여주면 기념품을 받을 수 있습니다.

▶ _____

2. 적당한 것을 고르시오.

① 桜(さくら)が(咲(さ)くと/咲(さ)いたら)、花見(はなみ)に行(い)くつもりだ。

벚꽃이 피면 꽃놀이를 갈 예정이다.

▷ _____

② 食事(しょくじ)が(できると/できたら)、呼(よ)んでください。

식사가 준비되면 불러주세요.

▷ _____

③ (寒(さむ)いと/寒(さむ)かったら)まどを閉(し)めてください。

추우면 창문을 닫아 주세요.

▷ _____

④ パソコンを(買(か)ったら/買(か)うなら)秋葉原(あきはばら)に行ったらいいですよ。

PC를 산다면 아키하바라에 가면 좋아요.

▷ _____

「~ば」는 속담(ことわざ)에 자주 쓰인다.

① 犬(いぬ)も歩(ある)け**ば**棒(ぼう)に当たる。

    (개도 쏘다니면 몽둥이에 맞는다)

: 1. 무언가를 하고자 하는 사람은 그만큼 재난을 만날 일도 많다. 2. 무엇인가를 계속 해 나간다면 생각지 못한 행운을 만날 수도 있다. 또, 재능이 없는 사람이라도 몇 번이고 반복하는 사이에 잘할 수 있다.

② 急(いそ)が**ば**回(まわ)れ。   (급할수록 돌아가라)

: 위험한 지름길보다는 돌아가더라도 안전하고 확실한 길을 걷는 편이 결국은 목적지에 빨리 도달한다. 돌아가는 것처럼 보여도 안전한 수단을 택하는 것이 득책이다.

③ 魚心(うおごころ)あれ**ば**水心(みずごころ)。

    (가는 정이 있어야 오는 정이 있다)

: 물고기에게 물과 친해지려는 마음이 있으면, 물도 그에 응하는 마음을 가진다는 의미로, 상대가 자신에 대해 호의를 가지면 자신도 상대에게 호의를 가질 마음이 된다는 것.

④ 朱(しゅ)に交(まじ)われ**ば**赤(あか)くなる。　(근묵자흑)

: 사람은 교제하는 동료에 의해 감화되기 마련이다. 사람은 놓인 환
  경에 의해 선하게도 악하게도 변한다.

⑤ 所(ところ)変(か)われ**ば**品(しな)変(か)わる。
  (로마에 가면 로마법을 따라라.)

: 고장이 바뀌면 그에 따라 풍속·습관·말 따위도 다른 법이다.

⑥ 喉元(のどもと)過(す)ぎれ**ば**熱さを忘れる
  (목구멍만 넘어가면 뜨거움을 잊는다.)

: 뜨거운 것도 넘기고 나면 뜨거웠던 것을 잊어버리고 마는 것에서,
  괴로운 일도 그것이 지나고 나면 간단히 잊어버리고 마는 것을 비
  유적으로 표현했다. 또, 괴로울 때 받은 은혜를 편해지고 나면 바
  로 잊어버리고 마는 것의 비유이다.

⑦ 窮(きゅう)すれ**ば**通(つう)ず　(궁하면 통한다.)

: 막다른 길에서 어쩔 수도 없는 지경이 되면, 묘한 계기로 예상외
  타계의 길이 열린다.

일본어문법
- 중급 -

1. 先生(せんせい)がいらっしゃいました。
2. わたしは昨日(きのう)まいりました。

일본어문법
- 중급 -

경어　敬語

　일본어 경어敬語의 종류는 크게 나누어 존경어, 겸양어, 정중어의 3
가지가 있다.

1. 존경어　尊敬語:

　상대방에게 존경의 마음을 나타낼 때 사용하는 표현. 존경 받는 사람
을 주어로 하여, 그 사람의 행동에만 써야 한다.

　先生(せんせい)が来(き)ました。

　선생님이 왔습니다.

　　　↓

　先生(せんせい)がいらっしゃいました。 ：존경어 尊敬語

　선생님이 오셨습니다.

2. 겸양어　謙譲語:

　상대방에 대한 존경의 마음을 표현하기 위해 자신의 행위를 낮추어
겸손하게 말할 때 사용하는 표현. 겸손어라고 생각하면 된다.

　존경어는 상대방의 행동에 쓰지만, 겸양어는 내가 하는 행위에 사용한다.

　わたしは昨日(きのう)来(き)ました。

　저는 어제 왔습니다.

　　　↓

　わたしは昨日(きのう)まいりました。 ：겸양어 謙譲語

　저는 어제 왔습니다.

3. 정중어 ていねい語:

존경의 마음을 담아 말 자체를 아름답게 말함.

한국어와 다른 일본어 : 경어 표현

한국어와 일본어의 경어 표현이 다르기 때문에 특히 겸양어에서
는 한국어 해석이 똑같아서 좀 혼동될 수도 있다. 하지만 한국어
해석에서 어떤 차이를 찾으려고 하지 말고, 일본어의 용법으로 그
차이를 찾기 바란다. 한국어로는 같은 해석이지만 일본인들 귀에
는 다른 어감으로 들린다는 점을 이해하게 되면 여러분도 얼마든
지 정중하고 겸손한 일본어를 구사할 수 있다.

✽ 언제 일본어는 경어敬語를 사용하는가? ✽

① 손윗사람과 이야기할 때

② 모르는 사람이나 친하지 않는 사람과 이야기할 때

  * 니이기 어리더라도 모르는 사람이나 친하지 않은 사람에 대해 경
    어를 사용합니다. ('친소관계親疎関係')

やまだ会長(かいちょう)の<u>お孫</u>(まご)さん<u>でいらっしゃいます</u>
<u>か</u>。 야마다 회장님의 손자분이십니까?

  * 밖(外)의 사람과의 대화에서 안(内)의 사람을 높이는 표현은 사용
    하지 않습니다.('안팎관계内と外の関係'

안(内)의 사람이란 가족, 자신이 속해있는 집단・회사・조직 등에

속한 사람을 말한다.

社長(しゃちょう)は今(いま)<u>おり</u>ません。 사장은 지금 없습니다.

③ 격식을 차린 장면에서 이야기할 때

1 존경어尊敬語

1) 상대방에게 존경의 마음을 나타낼 때 사용하는 표현.

2) 존경어의 형식에는 다음 3가지가 있다.

① 존경을 나타내는 특별한 동사
②「お～になる」의 형태
③「～れる／られる」의 형태

① 존경을 나타내는 특별한 동사에 없는 단어들은 ②,③ 형태로 만들어서 존경어를 만들어 주면 된다.

① 이 제일 존경의 의미가 크고, 그 다음이 ②번이고, 마지막이 ③번이다.
예) 드시다 :
   ① めしあがる
   ② お食(た)べになる
   ③ 食(た)べられる

3) 존경어는 존경 받는 사람을 주어로 하여, 그 사람의 행동에만 써야한다.

1.1 존경을 나타내는 특별한 동사

🔈④ 존경을 나타내는 특별한 동사

사전형	존경어	
	보통형	정중형
行(い)く 가다	いらっしゃる 가시다	いらっしゃいます 가십니다
来(く)る 오다	お見(み)えになる おこしになる いらっしゃる おいでになる 오시다	お見(み)えになります おこしになります いらっしゃいます おいでになります 오십니다
いる 있다	いらっしゃる 계시다	いらっしゃいます 계십니다
~ている ~하고 있다 ~ていく ~하고 가다 ~てくる ~하고 오다	~ていらっしゃる ~하고 계시다 ~하고 가시다 ~하고 오시다	~ていらっしゃいます ~하고 계십니다 ~하고 가십니다 ~하고 오십니다
食(た)べる・飲(の)む 먹다・마시다	めしあがる 드시다, 잡수시다	めしあがります 드십니다, 잡수십니다
寝(ね)る 자다	お休(やす)みになる 주무시다	お休(やす)みになります 주무십니다
死(し)ぬ 죽다	お亡(な)くなりになる 돌아가시다	お亡(な)くなりになります 돌아가십니다
言(い)う 말하다	おっしゃる 말씀하시다	おっしゃいます 말씀하십니다
見(み)る 보다	ご覧(らん)になる 보시다	ご覧(らん)になります 보십니다
着(き)る 입다	お召(め)しになる 입으시다	お召(め)しになります 입으십니다
する 하다	なさる 하시다	なさいます 하십니다
知(し)っている 알고 있다	ご存(ぞん)じだ 알고 계시다	ご存(ぞん)じです 알고 계십니다

2) 예외적인 **ます형**

いらっしゃる, おっしゃる, くださる, ござる, なさる의 ます형
은 어미 る가 り로 바뀌지 않고, い로 바뀌어 다음과 같이 된다.

* いらっしゃる : 「いらっしゃ**り**」+「ます」→「いらっしゃいます」
  가시다 · 오시다 · 계시다

* おっしゃる: 「おっしゃ**り**」+「ます」→「おっしゃいます」
  말씀하시다

* くださる:「くださ**り**」+「ます」→「くださいます」
  주시다

* ござる:「ござ**り**」+「ます」→「ございます」
  입니다

* なさる:「なさ**り**」+「ます」→「なさいます」
  하시다

① 先生(せんせい)、どちらへ**いらっしゃいますか**。
   선생님, 어디에 가십니까?

② 会長(かいちょう)が**いらっしゃいました**。
   会長(かいちょう)が**おいでになりました**。
   회장님께서 오셨습니다.

③ 先生(せんせい)はどちらに**いらっしゃいますか**。
   선생님께서는 어디에 계십니까?

④ 先生(せんせい)はどちらに住(す)んで**いらっしゃいますか**。
   선생님께서는 어디에 살고 계십니까?

⑤ 先生(せんせい)は何(なに)を**めしあがりますか**。
   선생님께서는 무엇을 드시겠습니까?

⑥ 先生(せんせい)はもう**お休(やす)みになりました**。

선생님께서는 벌써 주무십니다.

⑦ 今朝(けさ)、会長(かいちょう)が**お亡(な)くなりになりました**。오늘 아침 회장님께서 돌아가셨습니다.

⑧ 先生(せんせい)は何(なん)と**おっしゃいましたか**。

선생님께서는 뭐라고 말씀하셨습니까?

⑨ 先生(せんせい)はゆうベテレビを**ご覧(らん)になりました**か。선생님께서는 어젯밤 텔레비전을 보셨습니까?

⑩ 一度(いちど)**おめしになりますか**。

한번 입어보시겠습니까? (옷가게에서 점원이 손님에게)

⑪ 先生(せんせい)はこれから何(なに)を**なさいますか**。

선생님께서는 이제부터 무엇을 하실겁니까?

⑫ 先生(せんせい)はパクさんを**ご存知(ぞんじ)ですか**。

선생님께서는 박 씨를 알고 계십니까?

연습1

> 先生(せんせい)は行きますか。선생님은 갑니까?
> ▷ **先生(せんせい)はいらっしゃいますか**。
> 선생님께서는 가십니까?

① **先生(せんせい)が来(き)ました**。선생님이 왔습니다.

　▷ _____

② **先生(せんせい)はどこにいますか**。선생님은 어디에 있습니까?

　▷ _____

③ 先生(せんせい)はどこに住(す)んでいますか。

　선생님은 어디에 살고 있습니까?

　▶ ＿＿＿＿＿＿＿＿＿＿＿＿＿＿＿＿＿＿＿＿＿

④ 先生(せんせい)は何(なに)を食(た)べますか。

　선생님은 무엇을 먹겠습니까?

　▶ ＿＿＿＿＿＿＿＿＿＿＿＿＿＿＿＿＿＿＿＿＿

⑤ 先生(せんせい)はもう寝(ね)ました。　선생님은 벌써 잠들었습니다.

　▶ ＿＿＿＿＿＿＿＿＿＿＿＿＿＿＿＿＿＿＿＿＿

⑥ 会長(かいちょう)が死(し)にました。　회장님이 죽었습니다.

　▶ ＿＿＿＿＿＿＿＿＿＿＿＿＿＿＿＿＿＿＿＿＿

⑦ 先生(せんせい)は何(なん)と言(い)いましたか。

　선생님은 뭐라고 말했습니까?

　▶ ＿＿＿＿＿＿＿＿＿＿＿＿＿＿＿＿＿＿＿＿＿

⑧ 先生(せんせい)は今朝(けさ)のニュースを見(み)ましたか。

　선생님은 오늘 아침 뉴스를 봤습니까?

　▶ ＿＿＿＿＿＿＿＿＿＿＿＿＿＿＿＿＿＿＿＿＿

⑨ 一度(いちど)着(き)てみますか。　한 번 입어보겠습니까?

　▶ ＿＿＿＿＿＿＿＿＿＿＿＿＿＿＿＿＿＿＿＿＿

⑩ 先生(せんせい)はこれから何(なに)をしますか。

　선생님은 이제부터 무엇을 합니까?

　▶ ＿＿＿＿＿＿＿＿＿＿＿＿＿＿＿＿＿＿＿＿＿

⑪ 先生(せんせい)はやまださんを知(し)っていますか。

　선생님은 야마다 씨를 알고 있습니까?

　▶ ＿＿＿＿＿＿＿＿＿＿＿＿＿＿＿＿＿＿＿＿＿

정 답

① 先生(せんせい)がいらっしゃいました。

　선생님께서 오셨습니다.

② 先生(せんせい)はどちらにいらっしゃいますか。

　선생님께서는 어디에 계십니까?

③ 先生(せんせい)はどちらに住(す)んでいらっしゃいますか。
　　선생님께서는 어디에 살고 계십니까?

④ 先生(せんせい)は何(なに)をめしあがりますか。
　　선생님께서는 무엇을 드시겠습니까?

⑤ 先生(せんせい)はもう**お休(やす)み**になりました。
　　선생님께서는 벌써 주무십니다.

⑥ 会長(かいちょう)が**お亡(な)く**なりになりました。
　　회장님께서 돌아가셨습니다.

⑦ 先生(せんせい)は何(なん)とおっしゃいましたか。
　　선생님께서는 뭐라고 말씀하셨습니까?

⑧ 先生(せんせい)は今朝(けさ)のニュースを**ご覧(らん)**になり
　ましたか。　선생님께서는　오늘 아침 뉴스를 보셨습니까?

⑨ 一度(いちど)**おめし**になりますか。
　　한 번 입어보시겠습니까?

⑩ 先生(せんせい)はこれから何(なに)を**なさい**ますか。
　　선생님께서는 이제부터 무엇을 하십니까?

⑪ 先生(せんせい)はやまださんを**ご存知(ぞんじ)**ですか。
　　선생님께서는 야마다 씨를 알고 계십니까?

1.2 お~になります

4 お~になります

┃[1, 2그룹 동사] お+동사의 ます형+になります

書(か)く　→　書(か)きます　→　お書(か)きになります
쓰다　　　　　　　　　　　　쓰십니다.

呼(よ)ぶ　→　呼(よ)びます　→　お呼(よ)びになります
부르다　　　　　　　　　　　부르십니다

帰(かえ)る　→　帰(かえ)ります　→　お帰(かえ)りになります
돌아오다　　　　　　　　　　　　돌아오십니다

入(はい)る　→　入(はい)ります　→　お入(はい)りになります
들어가다　　　　　　　　　　　　　　　들어가십니다

┃ [する동사] ご+する동사의 명사 부분+になります

出発(しゅっぱつ)する　→　ご出発(しゅっぱつ)になります
출발하다　　　　　　　　　　출발하십니다

入学(にゅうがく)する　→　ご入学(にゅうがく)になります
입학하다　　　　　　　　　　입학하십니다

進学(しんがく)する　→　ご進学(しんがく)になります
진학하다　　　　　　　　　진학하십니다

研究(けんきゅう)する　→　ご研究(けんきゅう)になります
연구하다　　　　　　　　　　연구하십니다

* 来(く)る오다　→　お見(み)えになる、おこしになる、いらっ
しゃる, おいでになる　오시다

연습2

┌─────────────────────────────┐
│　　　出(で)かける　외출하다 │
│　　🔁　お出(で)かけになります │
└─────────────────────────────┘

① 読(よ)む　　　　읽다　🔁 ＿＿＿＿＿＿＿＿＿
② 待(ま)つ　　　　기다리다 🔁 ＿＿＿＿＿＿＿＿＿
③ 送(おく)る　　　보내다　🔁 ＿＿＿＿＿＿＿＿＿
④ 泊(と)まる　　　묵다　　🔁 ＿＿＿＿＿＿＿＿＿

⑤ 使(つか)う　　　　　　사용하다 ▷ _____

⑥ 生(う)まれる　　　　　태어나다 ▷ _____

⑦ 借(か)りる　　　　　　빌리다 ▷ _____

⑧ 心配(しんぱい)する　　걱정하다 ▷ _____

⑨ 卒業(そつぎょう)する　졸업하다 ▷ _____

정 답

① お読(よ)みになります　　　② お待(ま)ちになります
③ お送(おく)りになります　　④ お泊(と)まりになります
⑤ お使(つか)いになります　　⑥ お生(う)まれになります
⑦ お借(か)りになります　　　⑧ ご心配(しんぱい)になります
⑨ ご卒業(そつぎょう)になります

① 会員証(かいいんしょう)は**お持(も)ちになりました**か。

회원증은 지참하셨습니까?

② 先生(せんせい)、謝恩会(しゃおんかい)の件(けん)はもう**お 聞(き)きになりました**か。

선생님, 사은회 건은 이미 들으셨습니까?

③ 会長(かいちょう)は式典(しきてん)で感謝状(かんしゃじょう)を**お受(う)けになりました**。

회장님께서는 식전 행사에서 감사증을 받게 되셨습니다.

④ 先生(せんせい)がこの車(くるま)に**お乗(の)りになります**。

선생님께서 이 차를 타십니다.

⑤ 日本(にほん)からいつ**お帰(かえ)りになりました**か。

일본에서 언제 돌아오셨습니까?

⑥ よろしかったら、これを**お使**(つか)いになりますか。

　괜찮으시다면, 이것을 사용하시겠습니까?

⑦ 社長(しゃちょう)に**お会**(あ)いになりましたか。

　사장님을 만나셨습니까?

⑧ これは先生(せんせい)が**お書**(か)きになった本(ほん)です。

　이것은 선생님께서 쓰신 책입니다.

⑨ いつ**ご出発**(しゅっぱつ)**になりますか。**

　언제 출발하시겠습니까?

1.3 ～(ら)れます

～(ら)れます

▎「～(ら)れる」는 수동태와 같은 활용을 한다. (수동태 활용은 5 과 참조)

다음 ①은 「읽다」의 수동형이며, ②는 존경어이다.

① この雑誌は広く読まれている。 (수동형)

　이 잡지는 널리 읽히고 있다.

② 先生はこの雑誌をよく**読まれ**ます。(존경어)

　선생님께서는 이 잡지를 자주 읽으십니다.

1그룹 동사는 어미를 あ단으로 바꾸고, れる를 붙인다.

2그룹 동사는 어미る를 떼고, られる를 붙인다.

3그룹은 する→される、来(く)る→来(こ)られる

동사	사전형	(ら)れる
1グループ 1그룹	書(か)く 쓰다	書(か)かれる 쓰시다
	読(よ)む 읽다	読(よ)まれる 읽으시다
2グループ 2그룹	起(お)きる 일어나다	起(お)きられる 일어나시다
	受(う)ける 받다	受(う)けられる 받으시다
3グループ 3그룹	来(く)る 오다	来(こ)られる 오시다
	する 하다	される 하시다

> 出(で)かける   외출하다
> ▣ 出(で)かけられます

① 読(よ)む　　　　　　읽다　▣ _____

② 待(ま)つ　　　　　　기다리다 ▣ _____

③ 送(おく)る　　　　　보내다　▣ _____

④ 泊(と)まる　　　　　묵다　▣ _____

⑤ 使(つか)う　　　　　사용하다 ▣ _____

⑥ 止(と)める　　　　　멈추다, 세우다 ▣ _____

⑦ 借(か)りる　　　　　빌리다　▣ _____

⑧ 心配(しんぱい)する　걱정하다 ▣ _____

⑨ 卒業(そつぎょう)する　졸업하다 ▣ _____

정 답

① 読(よ)まれます   ② 待(ま)たれます
③ 送(おく)られます   ④ 泊(と)まられます
⑤ 使(つか)われます   ⑥ 止(と)められます
⑦ 借(か)りられます   ⑧ 心配(しんぱい)されます
⑨ 卒業(そつぎょう)されます

---

① たばこは**吸(す)われます**か。

담배는 피우십니까?

② 部長(ぶちょう)はもう**出発(しゅっぱつ)されました**か。

부장님께서는 벌써 출발하셨습니까?

③ 昨日(きのう)田中(たなか)さんに**会(あ)われました**か。

어제 다나카씨를 만나셨습니까?

④ ソウルには一人(ひとり)で**行(い)かれます**か。

서울에는 혼자서 가십니까?

⑤ 何時(なんじ)に**起(お)きられました**か。

몇 시에 일어나셨습니까?

⑥ お酒(さけ)は**飲(の)まれます**か。

술은 드시겠습니까?

⑦ 今朝(けさ)のニュースは**見(み)られました**か。

오늘 아침 뉴스는 보셨습니까?

* 「~(ら)れる」보다 앞에서 배운 존경을 나타내는 특별 동사와
「お~になる」쪽이 존경의 의미가 더 크다.

お酒(さけ)はめしあがりますか。 술은 드시겠습니까?

お酒(さけ)はお飲(の)みになりますか。

お酒(さけ)は飲(の)まれますか。

1.4 お~ください

「お~ください」는 초급에서 배운 의뢰 표현「~てください~해 주세요.」의 존경어이다.

이 표현은 공적인 장소에서, 특히 서비스 업종에서 일하는 사람이나, 예의를 갖춰야 할 상황에서 상대에게 의뢰를 하고 싶을 때 사용한다.

4 お~ください ~해 주십시오, ~하십시오

┃お＋동사 ます형＋ください

書(か)く → 書(か)きます → お書(か)きください
쓰다   써주십시오

呼(よ)ぶ→ 呼(よ)びます → お呼(よ)びください
부르다   불러주십시오

入(はい)る→ 入(はい)ります→ お入(はい)りください
들어가다   들어가십시오

┃ご＋한자어·する의 명사부분＋ください

説明(せつめい)する → ご説明(せつめい)ください
설명하다   설명해주십시오

利用(りよう)する → ご利用(りよう)ください
이용하다   이용해주십시오

確認(かくにん)する　→　ご確認(かくにん)ください
확인하다　　　　　　　　확인해주십시오

연습 4

> とる　집다
> 🔲　おとりください

① 読(よ)む　　　　　읽다　🔲　＿＿＿＿＿＿＿＿＿＿
② 待(ま)つ　　　　　기다리다 🔲　＿＿＿＿＿＿＿＿＿＿
③ 送(おく)る　　　　보내다 🔲　＿＿＿＿＿＿＿＿＿＿
④ 泊(と)まる　　　　묵다 🔲　＿＿＿＿＿＿＿＿＿＿
⑤ 使(つか)う　　　　사용하다 🔲　＿＿＿＿＿＿＿＿＿＿
⑥ 集(あつ)まる　　　모이다 🔲　＿＿＿＿＿＿＿＿＿＿
⑦ 座(すわ)る　　　　앉다 🔲　＿＿＿＿＿＿＿＿＿＿
⑧ 出席(しゅっせき)する　출석하다 🔲　＿＿＿＿＿＿＿＿＿＿
⑨ えんりょする　　　사양하다 🔲　＿＿＿＿＿＿＿＿＿＿

정 답

① お読(よ)みください　　　② お待(ま)ちください
③ お送(おく)りください　　④ お泊(と)まりください
⑤ お使(つか)いください　　⑥ お集(あつ)りください
⑦ お座(すわ)りください　　⑧ ご出席(しゅっせき)ください
⑨ ごえんりょください

---

① もう少(すこ)しお待(ま)ちください。
조금 더 기다려주십시오

② 会員証(かいいんしょう)をお持(も)ちください。
회원증을 지참해 주십시오

③ ご自由(じゆう)に**おとりください**。

　마음대로 가져 가세요.

④ どうぞ**ご利用(りよう)ください**。

　부디 이용해 주십시오.

⑤ 15分前(ふんまえ)までに**ご来場(らいじょう)ください**。

　15분전까지 오십시오.

▌존경을 나타내는 특별한 동사

行(い)く 가다	いらっしゃる 가시다	いらしてください 가 주십시오.
来(く)る 오다	お見(み)えになる おこしになる いらっしゃる おいでになる 오시다	おこしになってください、 おこしください、 いらしてください、 おいでください 오십시오.
いる 있다	いらっしゃる 계시다	いらしてください いらっしゃってください 계십시오.
食(た)べる ・飲(の)む 먹다・마시다	めしあがる 드시다, 집수시다	おめしあがりください めしあがってください お食(た)べください/お飲(の) 　みください 드십시오.
寝(ね)る 자다	お休(やす)みになる 주무시다	お休(やす)みになってください お休(やす)みください 주무십시오.
言(い)う 말하다	おっしゃる 말씀하시다	おっしゃってください 말씀하십시오.
見(み)る 보다	ご覧(らん)になる 보시다	ご覧(らん)になってください ご覧(らん)ください 보십시오.
着(き)る 입다	お召(め)しになる 입으시다	お召(め)しになってください お召(め)しください 입으십시오.

① 社長(しゃちょう)がお呼(よ)びですので、社長室(しゃちょうしつ)へ**いらしてください**。

　　사장님께서 부르시니 사장실로 가 주십시오.

② 本日(ほんじつ)３時(じ)に**おこしになってください**。

　　오늘 3시에 와 주십시오.

③ ありがとうございました。また、**おこしくださいませ**。

　　감사합니다. 또 와 주십시오.

④ ぜひ、一度(いちど)遊(あそ)びに**いらしてください**。

　　꼭 한번 놀러 와 주십시오.

④ 入学式(にゅうがくしき)は正装(せいそう)で**おいでください**。

　　입학식은 정장으로 오십시오.

⑤ そのままお席(せき)に**いらしてください**。)
　　(＝そのままお席(せき)に**いらっしゃってください**。)

　　그대로 자리에 계십시오.

⑥ お早(はや)めに**おめしあがりください**。

　　빨리 드십시오.

⑦ 事務所(じむしょ)のみなさんで**めしあがってください**。

　　사무소 사람들과 같이 드십시오.

⑧ ご自由(じゆう)に**お食(た)べください**。

　　마음대로 드십시오.

⑨ 準備(じゅんび)をしておきますので、いつでも**おっしゃってください**。

　　준비를 해 놓을 테니 언제든지 말씀해 주십시오.

⑩ 館内(かんない)をご自由(じゆう)に**ご覧(らん)ください**。

（＝館内(かんない)をご自由(じゆう)に**ご覧(らん)になってく
ださい**。）

관내를 마음대로 보십시오.

⑪ ガウンを**お召(め)しになってください**。

가운을 입으십시오.

もう一歩 step up

추천서를 써 주십시오.

× すいせん書(しょ)を**お書(か)きください**。

○ すいせん書(しょ)を書(か)いて**いただけないでしょうか**。
○ すいせん書(しょ)を書(か)いて**いただきたいのですが**。

「お～ください」는 정중하게 상대방을 재촉하거나 유도할 때 쓰는 표현이다. 그래서 나를 위해 추천서를 쓰도록 재촉하거나 유도하는 것은 실례가 되는 것이다. 의뢰를 하고 싶을 때는 「～ていただけないでしょうか。」「～ていただきたいのですが。」를 사용한다.

>>> 문장연습 1

정답 400쪽

① 야마다 선생님은 언제나 이 자리에 앉으십니다.

いつも 언제나, 席(せき) 자리

➡ _____

② 어느 역에서 내리십니까?   駅(えき) 역

　➡ _____

③ 스즈키 님은 계십니까?   ~様(さま) ~님

　➡ _____

④ 다음 전철을 이용해 주십시오.   利用(りよう) 이용

　➡ _____

2 겸양어謙讓語

1) 상대방에 대한 존경의 마음을 표현하기 위해 자신의 행위를 낮추어 겸손하게 말할 때 사용한다.

2) 겸양어의 형식에는 다음 3가지가 있다.

① 겸양을 나타내는 특별 동사
②「お~します」의 형태
③「お~いたします」의 형태

3) 존경어는 상대방의 행동에 쓰지만, 겸양어는 내가 하는 행위에 사용한다.

2.1 겸양을 나타내는 특별한 동사

🖐️④ 겸양을 나타내는 특별한 동사

사전형	겸양어
行(い)く 가다	まいる 가다(찾아 뵙다)
来(く)る 오다	まいる 오다
いる 있다	おる 있다
～ている ～하고 있다	～ておる ～하고 있다
～ていく ～하고 가다 ～てくる ～하고 오다	～てまいる ～하고 가다 ～하고 오다
聞(き)く 듣다	うかがう 여쭙다
食(た)べる・飲(の)む 먹다・마시다	いただく 먹다・마시다
言(い)う 말하다	申し上げる 말씀 드리다
見(み)る 보다	拝見(はいけん)する 보다
会(あ)う 만나다	お目(め)にかかる 만나뵙다
する 하다	いたす 하다
あげる 주다	さしあげる 드리다
もらう 받다	いただく 받다

① 明日(あした)の１時(じ)に**まいります**。 내일 1시에 가겠습니다.

② 昨日(きのう)**まいりました**。 어제 왔습니다.

③ 明日(あした)は事務室(じむしつ)に**おります**。
　　내일은 사무실에 있습니다.

④ ソウルに住(す)ん**でおります**。 서울에 살고 있습니다.

⑤ おみやげを持(も)って**まいりました**。 선물을 가지고 왔습니다.

⑥ その話(はなし)は**うかがいました**。 그 이야기는 들었습니다.

⑦ わたしはおすしを**いただきます**。 저는 초밥을 먹겠습니다.

⑧ 先日(せんじつ)**申(もう)し上(あ)げた**通(とお)りです。
　　일전에 말씀드린 대로입니다.

⑨ 先生(せんせい)の書(か)かれた本(ほん)を**拝見(はいけん)しま
した**。 선생님께서 쓰신 책을 보았습니다.

⑩ 明日(あした)また**お目(め)にかかります**。 내일 또 뵙겠습니다.

⑪ お先(さき)にしつれい**いたします**。 먼저 실례하겠습니다.

⑫ 記念品(きねんひん)を**さしあげます**。 기념품을 드리겠습니다.

⑬ 先生(せんせい)に本(ほん)を**いただきました**。
　　선생님께 책을 받았습니다.

＊자기소개에서는 申(もう)す 만 사용한다.

○ わたしは、たなかと申(もう)します。

× わたしは、たなかと申(もう)し上(あ)げます。

* 겸양어는 자신의 행위 말고도 나와 가까운 사람을 낮추어 겸손하
게 말할 때도 사용한다.

父(ちち)は出(で)かけ**ております**。아버지는 외출했습니다.

연습 5

> 1時(じ)に行(い)きます。
> 1시에 가겠습니다.
> ▷ 1時(じ)に**まいります**。

① 昨日(きのう)来ました。어제 왔습니다.

   ▷ _____

② 家(いえ)にいます。집에 있습니다.

   ▷ _____

③ ソウルに住(す)んでいます。서울에 살고 있습니다.

   ▷ _____

④ おみやげを持(も)ってきました。기념 선물을 가지고 왔습니다.

   ▷ _____

⑤ その話(はなし)は聞(き)きました。그 이야기는 들었습니다.

   ▷ _____

⑥ わたしはおすしを食べます。나는 초밥을 먹겠습니다.

   ▷ _____

⑦ 先生(せんせい)に言(い)いました。선생님에게 말했습니다.

   ▷ _____

⑧ 写真(しゃしん)を見ました。사진을 보았습니다.

   ▷ _____

⑨ **明日(あした)また会います。** 내일 다시 만납니다.

　　⏩ ＿＿＿＿＿＿＿＿＿＿＿＿＿＿＿＿＿＿＿＿＿＿

⑩ **テニスをします。** 테니스를 칩니다.

　　⏩ ＿＿＿＿＿＿＿＿＿＿＿＿＿＿＿＿＿＿＿＿＿＿

⑪ **記念品(きねんひん)をあげます。** 기념품을 줍니다.

　　⏩ ＿＿＿＿＿＿＿＿＿＿＿＿＿＿＿＿＿＿＿＿＿＿

⑫ **先生(せんせい)に本(ほん)をもらいました。** 선생님에게 책을 받았습니다.

　　⏩ ＿＿＿＿＿＿＿＿＿＿＿＿＿＿＿＿＿＿＿＿＿＿

[정 답]

① 昨日(きのう)まいりました。
② 家(いえ)におります。
③ ソウルに住(す)んでおります。
④ おみやげを持(も)ってまいりました。
⑤ その話(はなし)はうかがいました。
⑥ わたしはおすしをいただきます。
⑦ 先生(せんせい)に申(もう)し上(あ)げました。
⑧ 写真(しゃしん)を拝見(はいけん)しました。
⑨ 明日(あした)またお目(め)にかかります。
⑩ テニスをいたします。
⑪ 記念品(きねんひん)をさしあげます。
⑫ 先生(せんせい)に本(ほん)をいただきました。

もう一歩 step up

うかがっております。 들었습니다.

「うかがっております」는 「聞(き)いています」의 겸양어이다.

聞(き)く→うかがう / ～ています→～ております

聞(き)いて　います　→うかがって　おります

> その件(けん)については、**うかがっております。**
>
> 그 건에 대해서는 들었습니다.

2.2 お~します・お~いたします

「お~します」 대신에 「お~いたします」를 쓸 수도 있다. 「いたす」는 「する」 겸양어이기 때문에 「お~いたします」를 사용하는 쪽이 더 겸손한 표현이 된다.

④ **お~します・お~いたします** ~하겠습니다. ~해 드리겠습니다.

❚ **お＋동사ます형＋します/いたします**

書(か)く → 書(か)きます
쓰다   씁니다
         → お書(か)きします/お書(か)きいたします
              써드리겠습니다.

呼(よ)ぶ → 呼(よ)びます
부르다   부릅니다.
         → お呼(よ)びします/お呼(よ)びいたします
              불러 드리겠습니다.

待(ま)つ → 待(ま)ちます
기다리다   기다립니다.
         → お待(ま)ちします/お待(ま)ちいたします
              기다리겠습니다.

┃ご＋한자어/する동사의 명사부분＋します/いたします

説明(せつめい)する　　설명하다

→　ご説明(せつめい)します/ご説明(せつめい)いたします

설명해 드리겠습니다.

案内(あんあい)する　　안내하다

→　ご案内(あんあい)します/ご案内(あんあい)いたします

안내해 드리겠습니다.

確認(かくにん)する　　확인하다

→　ご確認(かくにん)します/ご確認(かくにん)いたします

확인해 드리겠습니다.

연습6

> **とる**　찍다
>
> ➡ **おとりします / おとりいたします**
>
> 찍어 드립니다

① 読(よ)む　　　　읽다　　➡ _____

② 待(ま)つ　　　　기다리다 ➡ _____

③ 送(おく)る　　　보내다　➡ _____

④ 持(も)つ　　　　가지다　➡ _____

⑤ 開(あ)ける　　　열다　　➡ _____

⑥ 貸(か)す　　　　빌려주다 ➡ _____

⑦ 借(か)りる　　　빌리다　➡ _____

⑧ 相談(そうだん)する　상담하다 ➡ _____

⑨ 連絡(れんらく)する　연락하다 ➡ _____

① お読(よ)みします/お読(よ)みいたします
② お待(ま)ちします/お待(ま)ちいたします
③ お送(おく)りします/お送(おく)りいたします
④ お持(も)ちします/お持(も)ちいたします
⑤ お開(あ)けします/お開(あ)けいたします
⑥ お貸(か)しします/お貸(か)しいたします
⑦ お借(か)りします/お借(か)りいたします
⑧ ご相談(そうだん)します/ご相談(そうだん)いたします
⑨ ご連絡(れんらく)します/ご連絡(れんらく)いたします

---

① お荷物(にもつ)をお持(も)ちします。

짐을 들어드리겠습니다.

② この本(ほん)、お借(か)りしてもいいですか。

이 책 빌려도 될까요?

③ すぐにメールをお送(おく)りします。

바로 메일을 보내드리겠습니다.

④ 明日(あした)ご連絡(れんらく)します。

내일 연락드리겠습니다.

⑤ 係員(かかりいん)がご案内(あんない)します。

담당자가 안내해 드리겠습니다.

⑥ 来週(らいしゅう)までにお届(とど)けいたします。

다음 주까지 전해드리겠습니다.

⑦ 以前(いぜん)、お会(あ)いしたことがあります。

이전에 뵌 적이 있습니다.

⑧ あとで**お知(し)らします**。

> 나중에 알려 드리겠습니다.

*「～ています」의 겸양표현은「～ております」이다.

⑨ **お待(ま)ちしております**。

> 기다리고 있겠습니다.

>>> **문장연습 2**

정답 400쪽

① 차로 데려다 드리겠습니다.

> ▶ _____

② 선생님을 만나뵈었습니다.

> ▶ _____

③ 나중에 보여드리겠습니다.   あとで 나중에

> ▶ _____

3 **정중어 ていねい語**

3.1 ～でございます・～がございます

1)「です」와「ある」의 정중어가 「ござる」이다.

～です → ～<u>で</u>ございます。

～があります → ～<u>が</u>ございます。

2) 상점이나 역, 레스토랑 등 고객을 상대로 하는 장소나 서비스업에
서 자주 사용한다.

① お座席(ざせき)はこちら**でございます**。

좌석은 이쪽입니다.

② こちらがランチセット**でございます**。

이쪽이 런치세트입니다.

③ お飲(の)み物(もの)はコーヒーと紅茶(こうちゃ)**がござい
ます**。음료는 커피와 홍차가 있습니다.

④ ~ございます

명사＋でございます (「です」의 정중어)

① これです。→ これ**でございます**。이것입니다.
② 国産(こくさん)です。→ 国産(こくさん)**でございます**。

국산입니다.

③ 輸入品(ゆにゅうひん)ではありません。

→ 輸入品(ゆにゅうひん)**ではございません**。수입품이 아닙니다.

명사＋が/はございます (「ある」의 정중어)

① 資料(しりょう)があります。

→ 資料(しりょう)**がございます**。자료가 있습니다.

② お部屋(へや)にテレビがあります。

→ お部屋(へや)にテレビ**がございます**。방에 텔레비전이 있습니다.

③ ソファーはありません。

→ ソファー**はございません**。소파는 없습니다.

연습 7

> 5階(ごかい)です。 5층입니다.
> ➡ 5階(ごかい)でございます。

① お茶(ちゃ)です。 차입니다.

  ➡ _____

② Mサイズがあります。 M사이즈가 있습니다.

  ➡ _____

③ こども用(よう)はありません。 아동용은 없습니다.

  ➡ _____

정 답

① お茶(ちゃ)でございます。
② Mサイズがございます。
③ こども用(よう)はございません。

3.2 お/ご + 명사/형용사

명사나 형용사에 お나 ご를 붙여 존경하는 마음을 표현한다.

④ お~・ご~

┃お + い형용사

┃お・ご + 명사、 な형용사

원칙은 「お」는 和語(わご, 순수 일본어), 「ご」는 漢語(かんご, 한자어)에 붙는다.

• お+和語 : お名前(なまえ) 성함, お考(かんが)え 생각, 의견, お
招(まね)き 초대
• ご+漢語 : ご氏名(しめい) 성함, ご意見(いけん) 의견, ご招待
(しょうたい) 초대

• 「お」가 붙는 것 :
- 명사 : お金(かね) 돈, お米(こめ) 쌀, お水(みず) 물, お皿(さ
ら) 그릇, おはし 젓가락, おもち 떡, お仕事(しごと) 일, お部
屋(へや) 방, お祝(いわ)い 축하

- 형용사 : お忙(いそが)しい 바쁘시다, おひま 한가하시다, お上
手(じょうず) 능숙하시다, お早(はや)い 빠르시다, お元気 건
강하시다, お美(うつく)しい 아름다우시다 등

• 「ご」가 붙는 것 :
- 명사 : ご住所(じゅうしょ) 주소, ご両親(りょうしん) 부모님,
ご兄弟(きょうだい) 형제, ご家族(かぞく) 가족
형용시 : ご多忙(たぼう) 바쁘시다, ご心配(しんぱい) 걱정하
시다, ご満足(まんぞく) 만족하시다, ご親切(しんせつ) 친절
하시다, ご出席(しゅっせき) 출석하시다

하지만, お+漢語(*)도 많다. お+漢語가 되는 것은 대부분 일상생활
에서 쓰는 것들이다.

お宅(たく) 댁, お時間(じかん) 시간, お電話(でんわ) 전화, お客
(きゃく) 고객, お勉強(べんきょう) 공부, お食事(しょくじ) 식사, お
料理(りょうり) 요리, お洗濯(せんたく) 빨래, お掃除(そうじ) 청소 등

① **お仕事(しごと)**は何(なん)ですか。

하시는 일은 무엇입니까?

② **ご家族(かぞく)**はどちらにいらっしゃいますか。

가족 분들은 어디에 계십니까?

③ 先生(せんせい)は来週(らいしゅう)も**お忙(いそが)**しいようです。선생님께서는 다음 주도 바쁘실 것 같습니다.

④ 先生(せんせい)は来週(らいしゅう)も**ご多忙(たぼう)**のようです。선생님께서는 다음 주도 바쁘실 것 같습니다.

⑤ ここに**ご住所(じゅうしょ)**と**お名前(なまえ)**を**お書(か)き**ください。여기에 주소와 성함을 써 주십시오.

⑥ **お食事(しょくじ)**はもうなさいましたか。

식사는 벌써 하셨습니까?

⑦ 何(なに)かあったら、**お電話(でんわ)**ください。

무슨 일 있으면 전화 주세요.

⑧ 何(なに)かあったら、**ご連絡(れんらく)**ください。

무슨 일 있으면 연락 주세요.

⑨ **お元気(げんき)**ですか。잘 지내시죠?

⑩ 日本語(にほんご)が**お上手(じょうず)**ですね。일본어를 잘하시는군요.

⑪ たなかさんは**おきれい**ですね。다나카 씨는 미인이시군요.

⑫ **ご親切(しんせつ)**にどうもありがとうございます。

친절함에 감사드립니다.

⑬ **お若(わか)く**みえます。젊어 보이십니다.

もう一歩 step up

④ お～ですか ~하실 겁니까? ~하고 계십니까?

「~ますか ~합니까」, 「~ていますか ~하고 있습니까」는 「お~ですか」를 사용하면 간단히 "~하십니까?", "~하실겁니까?" 또는 "~하고 계십니까?" 라는 존경 표현을 만들 수 있다.

┃お+동사 ます형+ですか

書(か)く → 書(か)きます → お書(か)きですか

飲(の)む → 飲(の)みます → お飲(の)みですか

入(はい)る → 入(はい)ります → お入(はい)りですか

① パスポートは**お持(も)ちですか**。여권은 가지고 계십니까?

② どちらへ**お出(で)かけですか**。어디로 외출하십니까?

③ 今(いま)**お帰(かえ)りですか**。지금 귀가하시는 겁니까?

④ どんな品物(しなもの)を**おさがしですか**。

　어떤 물건을 찾으십니까?

⑤ どなたを**お待(ま)ちですか**。어느 분을 기다리고 계십니까?

④ お～です

┃お+동사의 ます형+です

「~ていらっしゃいます」의 간결한 표현

① たなかさんが**お呼(よ)びです**。

　(＝呼んでいらっしゃいます。) 다나카씨가 부르십니다.

② 袋(ふくろ)はお持(も)ちですか。

(=持っていらっしゃいますか。) 봉지는 가지고 계십니까?

③ あちらですずき様(さま)がお待(ま)ちです。

(=待っていらっしゃいます。)

저기서 <u>스즈키</u>님께서 기다리고 계십니다.

>>> 문장연습 3

정답 401쪽

① 커피와 홍차가 있습니다.　　　　コーヒー 커피, 紅茶(こうちゃ) 홍차

▶ _____

② 디저트입니다.　　　　　　　　　デザート 디저트

▶ _____

③ 음료는 무엇으로 하시겠습니까?　お飲(の)み物(もの) 음료

▶ _____

やってみよう！

다음 한국어 문장을 일본어로 바꾸시오.

① 야마다 선생님은 귀가하셨습니다.

➡ _____

② 무슨 역에서 내리십니까?

➡ _____

③ 이것은 스즈키 선생님께 받은 편지입니다.

➡ _____

④ 그럼 내일 기다리고 있겠습니다.

➡ _____

⑤ 디저트인 아이스커피입니다.

➡ _____

문제 정답

① やまだ先生(せんせい)はお帰(かえ)りになりました。
　 やまだ先生(せんせい)は帰(かえ)られました。
② どの駅(えき)でお降(お)りになりますか。
　 どの駅(えき)で降(お)りられますか。
③ これはすずき先生(せんせい)にいただいた手紙(てがみ)です。
④ では明日(あした)お待(ま)ちしております。
⑤ デザートのアイスコーヒーでございます。

✏️ おさらい問題 복습 문제

정답 401쪽

1. 다음 동사를 お〜になる를 사용하여 존경어로 바꾸시오.

> 車(くるま)に乗(の)る 차에 타다
> ▷ 車(くるま)にお乗(の)りになりますか。
> 차에 타십니까?

① 部屋(へや)に入(はい)る 방에 들어가다

▷ _____

② やまださんに会(あ)う 야마다씨를 만나다

▷ _____

③ たなかさんを待(ま)つ 다나카씨를 기다리다

▷ _____

④ パソコンを使(つか)う PC를 사용하다

▷ _____

⑤ 日本(にほん)へ帰(かえ)る 일본으로 돌아가다

▷ _____

2. 다음 동사를 れる · られる를 사용하여 존경어로 바꾸시오.

> 車(くるま)に乗(の)る 차를 타다
> ▷ 車(くるま)に乗(の)られますか。
> 차에 타시겠습니까?

① 毎日(まいにち)何時(なんじ)に寝(ね)る。 매일 몇시 에 자다

▷ _____

② **新聞(しんぶん)を読(よ)む。** 신문을 읽다

　　▷ _____

③ **おみやげを買(か)う。** 선물을 사다

　　▷ _____

④ **テレビを見(み)る。** 텔레비전을 보다

　　▷ _____

⑤ **参加(さんか)する。** 참가하다

　　▷ _____

3. 다음 동사를 お~ください(~해 주십시오.)를 사용하여 존경어로
　 바꾸시오.

> **車(くるま)に乗(の)る**　차에 타다
> ▷　**車(くるま)にお乗(の)りください。**
> 　차에 타십시오.

① **名前(なまえ)を書(か)く**　이름을 쓰다

　　▷ _____

② **すこし待(ま)つ**　조금 기다리다

　　▷ _____

③ **ロビーに集(あつ)まる**　로비에 모이다

　　▷ _____

④ **ぜひ参加(さんか)する**　반드시 참가하다

　　▷ _____

⑤ **メールを確認(かくにん)する**　메일을 확인하다

　　▶ _____

4. 다음 동사를 존경어(尊敬語)로 고치시오.

① **行(い)ってください。** 가 주세요.

　　▶ _____

② **来(き)てください。** 와 주세요.

　　▶ _____

③ **お部屋(へや)にいてください。** 방에 계세요.

　　▶ _____

④ **たくさん食(た)べてください。** 많이 먹어요.

　　▶ _____

⑤ **ごゆっくり寝(ね)てください。** 푹 주무세요.

　　▶ _____

⑥ **なんでも言(い)ってください。** 무엇이든지 말해 주세요.

　　▶ _____

⑦ **こちらを見(み)てください。** 여기를 봐 주세요.

　　▶ _____

⑧ **ガウンを着(き)てください。** 가운을 입어 주세요.

　　▶ _____

5. 다음 문장을 존경어(尊敬語)로 고치시오.

① 新聞(しんぶん)読(よ)みますか。신문 읽습니까?

　　▷ _____

② コーヒー飲(の)みますか。커피 마십니까?

　　▷ _____

③ 何時(なんじ)ごろ来(き)ますか。몇 시쯤 옵니까?

　　▷ _____

④ 会員証(かいいんしょう)を持(も)ってきてください。
　 회원증을 갖고 와 주세요.

　　▷ _____

⑤ 少(すこ)し待(ま)ってください。조금 기다려 주세요.

　　▷ _____

6. 다음 문장을 겸양어로 고치시오.

① メールを送(おく)ります。 메일을 보냅니다.

　　▷ _____

② かさを持(も)ってきます。우산을 가지고 옵니다.

　　▷ _____

③ 連絡(れんらく)します。연락하겠습니다.

　　▷ _____

절대경어(絶対敬語)의 한국어와
상대 경어(相対敬語)의 일본어

한국어 경어(敬語)는 절대경어(絶対敬語)인 반면, 일본어 경어는 상대 경어(相対敬語)이다. 절대경어絶対敬語란 어떤 인물에게 인칭이나 장면에 관계없이 항상 일정한 표현을 쓰는 경어를 말한다. 반면, 일본어의 상대 경어相対敬語는 상대방하고의 '상하관계(上下関係)' 뿐만 아니라 '친소관계(親疎関係)', '안팎관계(内と外の関係)' 등에 따라 경어의 높낮이가 정해지는 경어이다.

일본어의 '안팎관계内と外の関係'란 가족, 자신이 속해있는 집단・회사・조직 등에 속한 사람을 안(内)이라 하고 밖(外)의 사람과의 대화에서 안(内)의 사람을 높이는 표현은 사용하지 않는 것이다.

社長(しゃちょう)がおっしゃいました。 사장님께서 말씀하셨습니다.
社長(しゃちょう)は今(いま)いらっしゃいません。
사장님은 지금 안 계십니다.

위와 같은 존경어는 한국어에서는 상대에 관계없이 사용할 수 있다. 하지만, 일본어에서는 밖(外)의 사람에게는 겸양어 謙譲語로 표현한다.

社長(しゃちょう)が<u>申(もう)し</u>ました。
社長(しゃちょう)は今(いま)<u>おりません</u>。

문장 연습 및
복습문제 정답

제 1 과

문장연습 1

　① 아버지가 케이크를 사 왔습니다.

　　父(ちち)がケーキを買(か)ってきました。

　② 신분증명서를 가지고 와 주세요.

　　身分証明書(みぶんしょうめいしょ)を持(も)ってきてください。

　③ 점심은 먹고 가겠습니다.

　　お昼(ひる)は食(た)べていきます。

　④ 내일은 도시락을 가지고 오세요.

　　明日(あした)はお弁当(べんとう)を持(も)ってきてください。

　⑤ 일요일에 여동생을 유원지로 데리고 갔습니다.

　　日曜日(にちようび)に妹(いもうと)を遊園地(ゆうえんち)へ連(つ)れていきました。

문장연습 2

　① 지금까지 도시에서 생활해 왔습니다.

　　今(いま)まで都市(とし)で生活(せいかつ)してきました。

　② 스무살 때부터 계속 이 가게에서 일을 해 왔습니다.

　　二十歳(はたち)のときからずっとこの店(みせ)で働(はたら)いてきました。

　③ 갑자기 추워지기 시작했습니다.

　　急(きゅう)に寒(さむ)くなってきました。

おさらい問題 복습 문제

1. 다음 한국어 문장을 일본어로 바꾸시오.

N4

　① 학생증을 가지고 와 주세요.

　　学生証(がくせいしょう)を持(も)ってきてください。

　② 주스를 사 가겠습니다.

　　ジュースを買(か)っていきます。

③ 남동생이 사과를 보내 왔습니다.

弟(おとうと)がりんごを送(おく)ってきました。

④ 앞으로도 일본어 공부를 계속해 가겠습니다.

これからも日本語(にほんご)の勉強(べんきょう)を続(つづ)けていきます。

2. 다음 (   )안 에「~ていく」「~てくる」 형태로 변형하여 쓰시오.

① 持(も)ち物(もの)に名前(なまえ)を(書(か)いてき)てください。

소지품에 이름을 써서 오세요.

② 明日(あした)は地下鉄(ちかてつ)に(乗(の)っていきます)。

내일은 지하철을 타고 가겠습니다

③ 息子(むすこ)が走(はし)って(帰(かえ)ってきました)。

아들이 뛰어 돌아왔습니다.

④ 運動(うんどう)ぐつを(はいてき)てください。

운동화를 신고 오세요.

⑤ 友達(ともだち)が年賀状(ねんがじょう)を(送(おく)ってきました)。

친구가 연하장을 보내 왔습니다.

⑥ 人(ひと)が(多(おお)くなってきた)。

사람이 많아지기 시작했다.

제 2 과

문장연습 1

① 맥주는 냉장고에 차갑게 해 놓았습니다.

ビールはれいぞうこに冷(ひ)やしてあります。

② 시간은 전해 두었습니다.

時間(じかん)は伝(つた)えてあります。

③ 서류는 복사해 두었습니다.

書類(しょるい)はコピーしてあります。

문장연습 2

① 식사를 준비해 두었습니다.

食事(しょくじ)を準備(じゅんび)しておきました。

② 내일 다나카씨에게 연락해 놓겠습니다.

明日(あした)たなかさんに連絡(れんらく)しておきます。

③ 모르는 부분은 공백으로 비워 놓으세요.

分(わ)からないところは、空白(くうはく)のままあけておいてください。

おさらい問題 복습 문제

1. 다음 한국어 문장을 일본어로 바꾸시오.

N4

① 상자에 설명이 써 있습니다.

はこに説明(せつめい)が書(か)いてあります。

② 짐은 이미 준비해 놓았습니다.

荷物(にもつ)はもう準備(じゅんび)してあります。

荷物(にもつ)はもう準備(じゅんび)しておきました。

③ 회의 전에 서류를 읽어 두십시오.

会議(かいぎ)の前(まえ)に書類(しょるい)を読(よ)んでおいてください。

④ 다나카씨에게 회의 시간을 알려 두세요.

たなかさんに会議(かいぎ)の時間(じかん)を教(おし)えておいてください。

⑤ 책을 책상 위에 놓아 두었습니다.

本(ほん)をつくえの上(うえ)に置(お)いておきました。

2. 다음 (   )안에 「書(か)く(쓰다)」를 적당한 형태로 변형하여 쓰시오.

① 今(いま)、手紙(てがみ)を(書いています。)

지금 편지를 쓰고 있습니다.

② はこに説明(せつめい)が(書いてあります。)

상자에 설명이 적혀 있습니다.

③ 本(ほん)に名前(なまえ)を(書いておきます。)

책에 이름을 써 놓겠습니다.

3. 다음 중, 표를 아직 예약하지 않은 것은 어느 것 입니까?

　정답 : ②

　해설 : ① チケットを予約(よやく)してあります.

　　　　　　티켓을 예약해 놓았습니다.

　　　　② チケットを予約(よやく)しておきます.

　　　　　　티켓을 예약해 놓겠습니다.

제 3 과

문장연습 1

　① 시험이 어려워졌습니다.

　　試験(しけん)が難(むずか)しくなりました。

　② 회사가 멀어졌습니다.

　　会社(かいしゃ)が遠(とお)くなりました。

　③ 요즘 시원해졌습니다.

　　最近(さいきん)すずしくなりました。

문장연습 2

　① 빨리 건강해지세요.

　　早(はや)く元気(げんき)になってください。

　② 요즘 예뻐졌어요.

　　最近(さいきん)きれいになりました。

　③ 일본을 좋아하게 되었습니다.

　　日本(にほん)が好(す)きになりました。

문장연습 3

　① 봄이 되었습니다.

　　春(はる)になりました。

　② 여행지는 삿뽀로가 되었습니다.

　　旅行先(りょこうさき)は札幌(さっぽろ)になりました。

③ 개시 시간이 되었습니다.
　　開始時間(かいしじかん)になりました。

문장연습 4

① 조금 약하게 해주세요..
　　少(すこ)し弱(よわ)くしてください。
② 사진 고마워요. 소중히 하겠습니다.
　　写真(しゃしん)ありがとう。大切(たいせつ)にします。
③ 여행지는 오사카로 정했습니다.
　　旅行先(りょこうさき)は大阪(おおさか)にしました。

문장연습 5

① 다음 달 도쿄로 이사하게 되었습니다.
　　来月(らいげつ)、東京(とうきょう)に引(ひ)っこすことになりました。
② 출장은 가지 않게 되었습니다.
　　出張(しゅっちょう)は行(い)かないことになりました。
③ 8시50분까지 출근하게 되어 있습니다.
　　8時(じ)50分(ぷん)までに出勤(しゅっきん)することになっています。

문장연습 6

① 다음 달부터 아르바이트를 하기로 했습니다.
　　来月(らいげつ)からアルバイトをすることにしました。
② 올해는 친정에 돌아가지 않기로 했습니다.
　　今年(ことし)は実家(じっか)に帰(かえ)らないことにしました。
③ 앞으로 단 것은 많이 먹지 않기로 하겠습니다.
　　これからあまい物(もの)はあまり食(た)べないことにします。

문장연습 7

① 아이는 초등학교에 들어가고 나서 자주 책을 읽게 되었습니다.
　　子供(こども)は小学校(しょうがっこう)に入(はい)ってから、よく
　　本(ほん)を読(よ)むようになりました。

② 아이가 밖에서 놀지 않게 되었습니다.

　子供(こども)が外(そと)で遊(あそ)ばなくなりました。

③ 요리를 맛있게 만들 수 있게 되었습니다.

　料理(りょうり)をおいしく作(つく)れるようになりました。

④ 일을 계속할 수 없게 되었습니다.

　仕事(しごと)を続(つづ)けられなくなりました。

문장연습 8

① 되도록 일본 드라마를 보도록 하고 있습니다.

　できるだけ日本(にほん)のドラマをみるようにしています。

② 내일은 아침 8시까지 오도록 하세요.

　明日(あした)は朝(あさ)8時(じ)までに来(く)るようにしてください。

③ 커피는 너무 마시지 않도록 합시다.

　コーヒーは飲(の)みすぎないようにしましょう。

おさらい問題　복습 문제

1. 다음 (　　) 안 에「ようになりました」와「ことになりました」중 어
느 것이 들어갑니까?

① 今日(きょう)の討論会(とうろんかい)に急(きゅう)に参加(さんか)す
る(ことになりました。)

　오늘 토론회에 급하게 참가하게 되었습니다.

② 学校(がっこう)の行事(ぎょうじ)に学生(がくせい)たちがだんだん
参加(さんか)する(ようになりました。)

　학교 행사에 학생들이 점점 참가하게 되었습니다.

2. 보기와 같이 바꾸시오.

> 例：クーラーをつけて部屋を(すずしい→すずしく)しました。
> 　　에어컨을 켜서 방을 시원하게 했습니다.

① (しずか → しずかに)してください。조용히 해주세요.

② 朝早く(起きられる → 起きられるように)するには、どうしたらい
いですか。아침 일찍 일어날 수 있도록 하기 위해서는 어떻게 하면 좋습니까?

③ 部屋を(明るい → 明るく)するために花をかざります。

　방을 밝게 하기 위해서 꽃을 장식합니다.

④ 次の授業は(休み → 休みに)します。各自、自習してください。

　다음 수업은 쉬는 것으로 하겠습니다.. 각자, 자습해 주세요.

⑤ パソコンにカバーをして、ほこりが(入らない → 入らないように)

　しました。PC에 커버를 하고, 먼지가 안들어가게 했습니다.

⑥ 娘が幼稚園に(通う → 通うように)なりました。

　딸이 유치원에 다니게 되었습니다.

⑦ 漢字が(書ける → 書けるように)なりました。

　한자를 쓸 수 있게 되었습니다.

⑧ 自転車に(乗れる → 乗れるように)なりました。

　자전거를 탈 수 있게 되었습니다.

⑨ 古いスカートをなおして(はける → はけるように)しました。

　낡은 치마를 고쳐서 입을 수 있게 했습니다.

⑩ もっと部屋を(きれい → きれいに)したほうがいいですよ。

　좀 더 방을 깨끗하게 하는 편이 좋을 거예요

3. 적당한 것을 고르시오

① テレビを見(み)すぎて、目(め)が悪(わる)く(なりました)。

　텔레비전을 너무 봐서 눈이 나빠졌습니다.

② ずいぶんかみが長(なが)く(なりました)。

　꽤 머리가 길어졌습니다.

③ へやをもっとあたたかく(しましょう)か。

　방을 더 따뜻하게 할까요?

④ もっとかんたんに(して)ください。

　더 쉽게 해 주세요.

⑤ わたしも今年(ことし)の春(はる)から社会人(しゃかいじん)に(なり

　ました)。저도 올해 봄부터 사회인이 되었습니다

⑥ 弟(おとうと)のことが気(き)に(なります/します)。

　남동생 일이 신경 쓰입니다.

⑦ わたしのことは気(き)に(ならないで/しないで)ください。

　저는 신경 쓰지 마세요.

4. 다음 한국어 문장을 일본어로 고치시오.

N5

① 最近(さいきん)、暑(あつ)くなりましたね。

　　최근 더워졌네요.

② 少(すこ)し静(しず)かにしてください。

　　조금 조용히 해주세요.

③ たまねぎは細(こま)かく切(き)ります。

　　양파는 잘게 자릅니다.

④ この辺(へん)はデパートができて前(まえ)よりにぎやかになりました。

　　이 주변에는 백화점이 생겨서 전보다 번화해졌습니다.

N4

① 日本語(にほんご)が話(はな)せるようになりたいです。(日本語が
　しゃべれるようになりたいです。)

　　일본어를 말할 수 있게 되고 싶습니다.

② 日本語(にほんご)の勉強(べんきょう)のために車の中で日本(にほ
　ん)の歌を聞くようにしている。

　　일본어 공부를 위해서 차 안에서 일본 노래를 들으려고 하고 있다.

③ 1年生(ねんせい)のときより日本語(にほんご)で文章(ぶんしょう)が
　書(か)けるようになりました。

　　1학년 때보다 일본어로 문장을 쓸 수 있게 되었습니다.

④ 今度(こんど)の連休(れんきゅう)に友達(ともだち)と沖縄(おきなわ)
　に行(い)くことにしました。

　　이번 연휴에 친구와 오키나와에 가기로 했습니다.

⑤ 東京(とうきょう)に一年間(いちねんかん)出張(しゅっちょう)する
　ことになりました。

　　도쿄에 1년간 출장가게 되었습니다.

제 4 과

문장연습 1

① 다나카 씨가 나에게 케이크를 줬습니다.

たなかさんが(わたしに)ケーキをくれました。

② 나는 다나카 씨한테 케이크를 받았습니다.

わたしはたなかさんにケーキをもらいました。

③ 나는 다나카 씨에게 꽃을 줬습니다.

わたしはたなかさんに花(はな)をあげました。

문장연습 2

① 선생님이 나에게 책을 주셨습니다.

先生(せんせい)が(わたしに)本(ほん)をくださいました。

② 나는 선생님한테 책을 받았습니다.

わたしは先生(せんせい)に本(ほん)をいただきました。

③ 나는 선생님께 여행 선물을 드렸습니다.

わたしは先生(せんせい)におみやげをさしあげました。

④ 아버지가 나에게 옷을 주셨습니다.

父(ちち)が私(わたし)に服(ふく)をくれました。

⑤ 나는 아버지에게 옷을 받았습니다.

私(わたし)は父(ちち)に服(ふく)をもらいました。

⑥ 나는 아버지에게 생일 선물을 드렸습니다.

私(わたし)は父(ちち)に誕生日(たんじょうび)プレゼントをあげました。

문장연습 3

① よくできた学生(がくせい)をほめてあげました。

잘한 학생을 칭찬해 주었습니다.

② きむらさんに本(ほん)を貸(か)してあげました。

기무라씨에게 책을 빌려주었습니다.

③ きむらさんがうちの娘(むすめ)と遊(あそ)んでくれました。

기무라씨가 우리 딸과 놀아 주었습니다.

문장연습 4

① 友達(ともだち)にノートをコピーしてもらいました。

친구가 공책을 복사해 주었습니다.

(＝友達(ともだち)がノートをコピーしてくれました。)

② お店(みせ)の人(ひと)にスーツを選(えら)んでもらいました。

점원이 정장을 골라 주었습니다.

(＝お店(みせ)の人(ひと)がスーツを選(えら)んでくれました。)

문장연습 5

① ひっこしを手伝(てつだ)ってくれませんか。

이사를 도와주시지 않겠습니까?

② かばんをもってくれませんか。

가방을 들어 주시지 않겠습니까?

③ タクシーを呼(よ)んでもらえませんか。

택시를 불러주시지 않겠습니까?

おさらい問題 복습 문제

1. 다음 한국어 문장을 일본어로 바꾸시오.

N5

① バレンタインデーは女(おんな)の子(こ)が男(おとこ)の子(こ)にチョコレートをあげる日(ひ)です。

발렌타인 데이는 여자 아이가 남자 아이에게 초콜릿을 주는 날입니다.

② バレンタインデーは男(おとこ)の子(こ)が女(おんな)の子(こ)にチョコレートをもらう日(ひ)です。

발렌타인 데이는 남자 아이가 여자 아이에게 초콜릿을 받는 날입니다.

③ ホワイトデーにたなかくんが私(わたし)にあめをくれました。

화이트 데이에 다나카군이 나에게 사탕을 주었습니다.

④ すずきさんに旅行(りょこう)のおみやげをいただきました。

스즈키씨에게 여행 기념 선물을 받았습니다.(겸양)

N4

① すずき様(さま)に社内(しゃない)を案内(あんない)してさしあげました。

스즈키 님에게 회사 안을 안내해 드렸습니다.

② たなかさんが荷物(にもつ)を持(も)ってくれました。

다나카씨가 짐을 들어 주었습니다.

③ 中村(なかむら)さんに家(いえ)まで送(おく)っていただきました。

다나카씨가 집까지 데려다 주셨습니다.

④ 日程表(にっていひょう)をすぐに送(おく)ってくれませんか。(送(おく)ってもらえませんか。)

일정표를 바로 보내주시겠습니까?

2. 다음 문장을 「～てあげる」「～てくれる」를 써서 바꾸시오.

① えりかさんは恋人(こいびと)にマフラーを<u>あんであげた</u>。

에리카씨는 애인에게(을 위해서) 목도리를 짜 주었다.

② 妹(いもうと)の宿題(しゅくだい)を<u>見(み)てあげた</u>。

여동생의 숙제를 봐 주었다.

③ 山本(やまもと)さんが弟(おとうと)の自転車(じてんしゃ)を<u>直(なお)してくれた</u>。

야마모토씨가 남동생의 자전거를 고쳐주었다.

④ 先生(せんせい)は学生(がくせい)たちに本(ほん)を<u>読(よ)んであげました</u>。

선생님은 학생들에게 책을 읽어 주었습니다.

3. ( ) 안에 들어갈 조사를 고르시오.

① 私(わたし)はキムさん(に)パクさんの住所(じゅうしょ)を調(しら)べてもらいました。

나는 김 씨에게 박 씨의 주소를 받았습니다.(김 씨가 박 씨의 주소를 알 아봐주었습니다.)

② 山田部長(やまだぶちょう)(に)駅(えき)まで送っていただきました。

야마다 부장님께서 역까지 데려다 주셨습니다.

③ たなかさん(が)私(わたし)(に)アルバムを見(み)せてくれました。

다나카 씨가 나에게 앨범을 보여주었습니다.

④ なかむらさん(が)パクさんの仕事(しごと)を手伝(てつだ)ってあげ
ました。나카무라 씨가 박 씨의 일을 도와주었습니다.

제 5 과

문장연습

① 社長(しゃちょう)の家(いえ)に招待(しょうたい)された。
사장님의 집에 초대되었다. (직접수동)

② 美容院(びよういん)で前髪(まえがみ)を短(みじか)く切(き)られてし
まった。
미용실에서 앞머리를 짧게 자르고 말았다. (간접수동)

③ 会場(かいじょう)は40席(せき)用意(ようい)されています。
회장은 40석 준비되어있습니다. (무생물의 수동)

おさらい問題　복습 문제

1. 다음 문장을 수동표현으로 고치시오.

① この国ではスペイン語を使っている。
이 나라에서는 스페인어를 사용하고 있다.
　→ この国ではスペイン語が使われている。
　→ 이 나라에서는 스페인어가 사용되고 있다.

② 毎年、記念日にはパーティを開く。
매년 기념일에는 파티를 연다.
　→ 毎年、記念日にはパーティが開かれる。
　→ 매년 기념일에는 파티가 열린다.

③ 子供がパソコンをこわした。
아이가 PC를 부쉈다.
　→ 子供にパソコンをこわされた。
　→ 아이가 PC를 부쉈다.(아이에 의해 PC가 부서졌다.)

④ 田中さんが夕食にさそった。

　다나카씨가 저녁 식사에 초대했다.

　→ 田中さんに夕食にさそわれた。

　→ 다나카씨에게 저녁 식사에 초대받았다.

⑤ この建物はいつごろ建てましたか。

　이 건물은 언제쯤 세웠습니까?

　→ この建物はいつごろ建てられましたか。

　→ 이 건물은 언제쯤 세워졌습니까?

2. 다음 문장을 피해 수동(迷惑受身)으로 바꾸시오.

① 電気(でんき)を消(け)した。

　→ 電気(でんき)を消(け)された。

② 水(みず)を止(と)めた。

　→ 水(みず)を止(と)められた。

③ ごみを捨(す)てる。

　→ ごみを捨(す)てられた。

④ となりでたばこを吸(す)う。

　→ たばこを吸(す)われた。

⑤ 席(せき)に座(すわ)る。

　→ 席(せき)に座(すわ)られた。

제 6 과

문장연습 1

① 学生(がくせい)に本(ほん)を持(も)ってこさせました。

　학생에게 책을 가지고 오게 했습니다.

② ここで働(はたら)かせてください。

　여기서 일하게 해 주세요.

③ 会議室(かいぎしつ)を使(つか)わせてもらえませんか。

　회의실을 사용하게 해 주실 수 있겠습니까?

문장연습 2

① 高(たか)いチケットを買(か)わされた。

비싼 티켓을 (억지로) 샀다.

② 小学生(しょうがくせい)の時(とき)、先生(せんせい)に毎日(まいにち)走(はし)らされた。

초등학생 때, 선생님이 매일 (억지로) 달리게 했다.

③ お酒(さけ)をたくさん飲(の)まされて、今朝(けさ)は頭(あたま)が痛(いた)い。

술을 (억지로) 많이 마셔서, 오늘 아침은 머리가 아프다.

おさらい問題 복습 문제

1. 다음 ( )안에 동사를 사역형으로 고쳐 문장을 완성하시오.

① 少(すこ)し 休(やす)ませ)てもらった。

조금 쉬도록 허락 받았다.

② パソコンを(使(つか)わせ)てください。

PC를 사용하게 해 주세요.

③ 子供(こども)にかさを(持(も)ってこさせた)。

아이에게 우산을 들고 오게 했다.

④ 子供(こども)に宿題(しゅくだい)を(やらせ)てから、遊(あそ)びに行(い)かせました。

아이에게 숙제를 시키고 나서 놀러 가게 했습니다.

2. 다음 ( )안 동사를 사역수동형으로 고쳐 문장을 완성하시오.

① 子供のころ、兄によく(泣(な)かされた)。

어렸을 적 형이 자주 (나를) 울렸다.

② 警察(けいさつ)に罰金(ばっきん)を(払(はら)わされた)。

경찰에게 벌금을 (억지로) 냈다.

③ すずきさんに1時間も(待(ま)たされた)。

스즈키씨를 1시간이나 (억지로) 기다렸다.

제7과

문장연습 1

① 福岡(ふくおか)で一泊(いっぱく)しようと思(おも)います。(思っています。)

후쿠오카에서 1박하려고 생각합니다.(생각하고 있습니다.)

(福岡(ふくおか)で一泊(いっぱく)するつもりです。)

후쿠오카에서 1박할 생각입니다.

② 来月(らいげつ)から料理教室(りょうりきょうしつ)に通(かよ)おうと思(おも)います。(思っています。)

다음 달부터 요리 교실에 다니려고 생각합니다.(생각하고 있습니다.)

(来月(らいげつ)から料理教室(りょうりきょうしつ)に通(かよ)うつもりです。)

다음 달부터 요리 교실에 다닐 생각입니다.

③ 家(いえ)を出(で)ようとしたときに雪(ゆき)が降(ふ)りはじめた。

집을 나오려고 했을 때 눈이 내리기 시작했다.

문장연습 2

① バスより電車(でんしゃ)で行(い)く方(ほう)が便利(べんり)だと思(おも)います。

버스보다 전철로 가는 편이 편리할 것이라고 생각합니다.

② 明日(あした)はちょっと忙(いそが)しいかもしれません。

내일은 조금 바쁠지도 모릅니다.

③ 田中(たなか)さんは今(いま)家(いえ)にいないはずです。

다나카씨는 지금 집에 없을 것입니다.

おさらい問題　복습 문제

1. 적당한 것을 고르시오

① 今日(きょう)は、雨(あめ)が(降る/降ろう)と思(おも)います。

내일은 비가 내릴 것이라 생각합니다.

② 明日(あした)は、学校(がっこう)を(休む/休もう)かもしれません。

　　내일은 학교를 쉴지도 모릅니다

③ 今日(きょう)は、お店(みせ)は休み(　だと思(おも)います。/と思(おも)います。)

　　오늘은 가게가 쉴 것이라 생각합니다

④ 駅(えき)から遠くない(だと思(おも)います。/と思(おも)います。)

　　역까지 멀지 않다고 생각합니다.

2. 적당한 것을 고르시오.

① やまださんは何でもできます。料理も上手(じょうず)な(　はずです/かもしれません)。

　　야마다 씨는 무엇이든 가능합니다. 요리도 능숙할 것입니다

② 夜(よる)は危険(きけん)(はずです/かもしれません)。

　　밤은 위험할지도 모릅니다.

③ パクさんはまだ学生(がくせい)の(はずです/かもしれません)。

　　박 씨는 아직 학생 일 것입니다.

3. (　　) 안의 말을 적당한 형태로 바꾸어 쓰시오.

① たなかさんは家(いえ)にいます。

　　다나카씨는 집에 있습니다.

　　→ たなかさんは家(いえ)に(いる)はずです。

　　　　다나카씨는 집에 있을 것입니다.

② たなかさんは今、ソウルにいないです。

　　다나카씨는 지금 서울에 없습니다.

　　→ たなかさんは今、ソウルに(いない)はずです。

　　　　다나카씨는 지금, 서울에 없을 것입니다.

③ 会社(かいしゃ)をやめます。

　　회사를 그만둡니다.

　　→ 会社(かいしゃ)を(やめる)かもしれません。

　　　　회사를 그만 둘지도 모릅니다.

④ 東京(とうきょう)は暑(あつ)いです。

　　도쿄는 덥습니다.

　　→ 東京(とうきょう)は(暑(あつ)い)かもしれません。

　　　　도쿄는 더울지도 모릅니다.

　⑤ 会議(かいぎ)は明日(あした)です。

　　　회의는 내일입니다.

　　→ 会議(かいぎ)は(明日(あした))かもしれません。

　　　　회의는 내일일지도 모릅니다.

제 8 과

문장연습 1

① 少(すこ)し遅(おく)れそうです。

　　조금 늦을 것 같습니다.

② たなかさんは少(すこ)し遅(おく)れるそうです。

　　다나카 씨는 조금 늦는다고 합니다.

③ 後(あと)5分(ふん)ぐらいで着(つ)きそうです。

　　앞으로 5분정도면 도착할 것 같습니다.

④ すずきさんは後(あと)5分(ふん)ぐらいで着(つ)くそうです。

　　스즈키 씨는 5분정도면 도착한다고 합니다.

문장연습 2

① この食堂(しょくどう)はおいしいようです。

　　(식당이 항상 붐비는 것을 보고) 이 식당은 맛있는 것 같습니다.

② 先生(せんせい)はお酒(さけ)が好(す)きなようです。

　　(매일 술 마시는 것을 보고) 선생님은 술을 좋아하는 것 같습니다.

③ たなかさんはピクニックに行(い)けないようです。

　　(바쁜 것을 보고) 다나카 씨는 피크닉에 못 갈 것 같습니다.

문장연습 3

① キムチが食(た)べられない韓国人(かんこくじん)もいるらしいです。

　　김치를 못 먹는 한국사람도 있는 것 같습니다.

② たなかさんの息子(むすこ)さんは学校(がっこう)で一番(いちばん)
らしいです。

다나카 씨 아드님은 학교에서 1등인 것 같습니다.

③ 春(はる)にはさくらがとてもきれいらしいです。

봄에는 벚꽃이 매우 예쁜 것 같습니다.

문장연습 4

① 先生に日本語が上手になったとほめられました。

선생님에게 일본어가 능숙해졌다고 칭찬받았습니다.

② 駅前の「とも」という居酒屋で8時に集まります。

역 앞의 '토모'라는 선술집에서 8시에 모입니다.

③ わたくし山田商事のすずきという者です。

저는 야마다 상사의 스즈키라고 하는 사람입니다.

おさらい問題　복습 문제

1. 다음 3개 문장의 차이점은 무엇입니까?

① 田中(たなか)さんは風邪(かぜ)(の)ようです。

다나카씨는 감기인 것 같습니다.

② 田中(たなか)さんは風邪(かぜ)(だ)そうです。

다나카씨는 감기라고 합니다.

2. (　)안의 「降る(내리다)」를 적당한 형태로 바꾸시오.

A : 雨が(降り)そうですね。

비가 내릴 것 같네요.

B : ええ、午後から(降る)そうです。朝、天気予報でそう言ってました。

네, 오후부터 내린다고 합니다. 아침에 일기예보에서 그렇게 말했어요.

3. (　) 안에 「決(き)まる」를 적절한 형태로 바꾸시오.

① 日程(にってい)は来週(らいしゅう)には(決(き)まる)そうだ。

일정은 다음 주에는 결정된다고 한다. <전문(伝聞)>

② 日程(にってい)は来週(らいしゅう)には(決(き)まり)そうだ。

일정은 다음 주에는 결정될 것 같다. <징후>

4. 적절한 것을 고르시오.

① たなかさんは(ひまな/ひまの)ようです。

　　다나카 씨는 한가한 것 같습니다

②すずきさんは(げんきな/げんきだ)そうです。

　　스즈키 씨는 건강하다고 합니다.

③彼女は独身(な/の)ようです。

　　그녀는 독신인 것 같습니다.

④最終電車(さいしゅうでんしゃ)は11時半(じはん)(な/だ)そうです。

　　막차는 11시 반이라고 합니다.

5. 다음 문장을 일본어로 바꾸시오.

① 다나카씨는 연휴에 유럽여행에 갈 것 같습니다. (나의 판단)

　　田中(たなか)さんは連休(れんきゅう)にヨーロッパ旅行(りょこう)
　　へ行(い)くようです。

　　田中(たなか)さんは連休(れんきゅう)にヨーロッパ旅行(りょこう)
　　へ行(い)くみたいです。

② 다나카씨는 연휴에 유럽여행에 갈 것 같습니다. (본인에게 직접 들은 내
　용은 아니지만, 다른 사람한테 들었다.)

　　田中(たなか)さんは連休(れんきゅう)にヨーロッパ旅行(りょこう)
　　へ行(い)くらしいです。

③ 다나카씨는 연휴에 유럽여행에 간다고 합니다. (본인에게 직접 들은 정보)

　　田中(たなか)さんは連休(れんきゅう)にヨーロッパ旅行(りょこう)
　　へ行(い)くそうです。

제 9 과

문장연습 1

① もうおそいから、早(はや)く寝(ね)なさい。

　　이제 늦었으니 빨리 자거라.

②すぐ行(い)くから、待(ま)っていて。

　　바로 갈　테니까 기다리고 있어.

③ 暑(あつ)いから、まど開(あ)けて。

　더우니까 창문 열어줘.

문장연습 2

① 明日(あした)は土曜日(どようび)なので、会社(かいしゃ)は１２時(じ)までです。

　내일은 토요일이라서 회사는 12시까지입니다.

② 頭(あたま)が痛(いた)いので、今日(きょう)は休(やす)みます。

　머리 아파서 오늘은 쉬겠습니다.

③ 音楽(おんがく)が好(す)きなので、よくコンサートに行(い)きます。

　음악을 좋아하기 때문에 종종 콘서트에 갑니다.

문장연습 3

① わたしがお店(みせ)に着(つ)いたとき、外(そと)はまだ明(あか)るかった。

　내가 가게에 도착했을 때 밖은 아직 밝았다.

② 寝(ね)るときは必(かなら)ずまどを閉(し)めてください。

　잘 때는 꼭 창문을 닫아 주세요.

③ 何(なに)か問題(もんだい)があったときは,ヘルプデスクに電話(でんわ)してください。

　무슨 문제가 생겼을 때는 헬프데스크에 전화해 주세요.

문장연습 4

① 授業(じゅぎょう)を受(う)ける前(まえ)に必(かなら)ず読(よ)んでください。

　수업을 듣기 전에 반드시 읽어 주세요.

② 大学(だいがく)を卒業(そつぎょう)した後(あと)、すぐ結婚(けっこん)した。

　대학을 졸업한 후 바로 결혼했다.

③ ご飯(はん)食(た)べてから行(い)きます。

　밥을 먹고 나서 갑니다.

문장연습 5

① 休(やす)みの間(あいだ)、ずっと勉強(べんきょう)していました。

쉬는 동안 계속 공부하고 있었습니다.

② こどもが寝(ね)ている間(あいだ)に、家事(かじ)を終(お)わらせました。

아이가 자고 있는 사이에 가사일을 끝냈습니다.

문장연습 6

① 仕事(しごと)が終(お)わって、今(いま)家(いえ)に帰(かえ)るところ
です。

일이 끝나고 지금 집에 돌아갈 참입니다.

② 今(いま)、ごはんを食(た)べているところです。

지금 밥을 먹고 있는 참입니다.

③ 今(いま)、たなかさんに会(あ)ってきたところです。

지금 막 다나카씨를 만나고 온 참입니다.

문장연습 7

① この子(こ)は2さいになったばかりなのに、もういろいろなことば
を知(し)っている。

이 애는 이제 막 2살이 되었는데 벌써 여러 가지 말을 알고 있다.

② 昨日(きのう)買(か)ったばかりなのに、もうこわれた。

어제 막 샀는데 벌써 고장났다.

문장연습 8

① 音楽(おんがく)をききながら散歩(さんぽ)するのが好(す)きです。

음악을 들으면서 산책하는 것을 좋아합니다.

② 仕事(しごと)をしながら学校(がっこう)に通(かよ)っています。

일을 하면서 학교를 다니고 있습니다.

문장연습 9

① くつをはいたままでいいですよ。

구두는 신은 채로 있어도 괜찮아요.

② 遊(あそ)びに行(い)ったまま、帰(かえ)ってこない。

놀러 간 채, 아직 돌아오지 않았다.

おさらい問題　복습 문제

N5

① 危(あぶ)ないから走(はし)らないで。

위험하니까 달리지마.

② あそこは学生(がくせい)のとき、よく食(た)べに行(い)ったお店(みせ)です。

거기는 학생 때, 자주 먹으러 갔던 가게입니다.

③ 駅(えき)に着(つ)く前(まえ)に電話(でんわ)してください。

역에 도착하기 전에 전화해 주세요.

④ 食事(しょくじ)の後(あと)、ホテルのまわりを散歩(さんぽ)した。

식사 후에 호텔 주변을 산책했다.

⑤ 大学(だいがく)を卒業(そつぎょう)してからすぐ家(いえ)を出(で)ました。

대학을 졸업하고 나서 바로 집을 나갔습니다.

⑥ コーヒーでも飲(の)みながら話(はな)しましょうか。

커피라도 마시면서 이야기할까요?

N4

① 今日(きょう)は用事(ようじ)がありますので、お先(さき)に失礼(しつれい)します。

오늘은 일이 있어서 먼저 실례하겠습니다.

② 冬休(ふゆやす)みの間(あいだ)、日本(にほん)にいました。

겨울방학 동안 한 번 일본을 방문하려고 생각합니다.

③ 今(いま)プログラムを作(つく)っているところです。

지금 프로그램을 만들고 있는 참입니다.

④ すずきさんは入社(にゅうしゃ)したばかりです。

스즈키씨는 막 입사한 참입니다.

⑤ くつをはいたまま上(あ)がってください。

구두를 신은 채로 들어와 주세요.

제 10 과

문장연습 1

① 交差点(こうさてん)を曲(ま)がると郵便局(ゆうびんきょく)が見(み)えます。

교차로를 돌면 우체국이 보입니다.

② 8時(じ)に着(つ)けばだいじょうぶです。

8시에 도착하면 괜찮습니다.

③ 暑(あつ)ければ、まどを開(あ)けてください。

더우면 창문을 여세요.

문장연습 2

① パソコンを買(か)うなら秋葉原(あきはばら)に行(い)ったらいいですよ。

컴퓨터를 산다면 아키하바라에 가면 좋아요.

② ソウルに来(き)たら連絡(れんらく)ください。

서울에 오면 연락주세요.

③ 3時(じ)になったら行(い)きましょう。

3시가 되면 갑시다.

문장연습 3

① このホテルはきれいですが、高(たか)いです。

이 호텔은 깨끗하지만 비쌉니다.

② やまださんは子供(こども)もいるのに若(わか)く見(み)えます。

야마다씨는 아이도 있는데 젊게 보입니다.

③ せっかく行(い)ったのに、お店(みせ)が休(やす)みでした。

일부러 갔는데 가게가 쉬는 날이었습니다.

おさらい問題　복습 문제

1. 다음 (　　　　　)안에 단어를 문장에 맞게 하시오.

① 冬(ふゆ)に(なる)と、雪(ゆき)が降(ふ)ります。

　겨울이 되면 눈이 내립니다.

② 車(くるま)で1時間(じかん)ぐらい(行(い)く)と、富士山(ふじさん)
が見(み)えます。

　차로 1시간 정도 달리면 후지산이 보입니다.

③ まわりが(しずかだ)と、よく寝(ね)られます。

　주변이 조용하면 잘 잘 수 있습니다.

④ へやが(暗(くら)い)と、本(ほん)が読(よ)めません。

　방이 어두우면 책을 읽을 수 없습니다.

⑤ 明日(あした)雨(あめ)が(降(ふ)れ)ば、家(いえ)にいます。

　내일 비가 오면 집에 있습니다.

⑥ 雨(あめ)が(降(ふ)らなけれ)ば、ドライブに行(い)きます。

　비가 안 오면 드라이브에 갑니다

⑦ (おもしろけれ)ば、買(か)います。

　재미있으면 삽니다.

⑧ (おもしろくなけれ)ば、買(か)いません。

　재미없으면 안 삽니다.

⑨ 冬(ふゆ)に(なっ)たら、スキーに行(い)きましょう。

　겨울이 되면 스키장에 갑시다.

⑩ 駅(えき)に(着(つ)い)たら、電話(でんわ)します。

　역에 도착하면 전화하겠습니다.

⑪ (よかっ)たら、いっしょに行(い)きませんか。

　괜찮다면 같이 가지 않겠습니까?

⑫ たなかさんが(行(い)かない)なら、わたしも行(い)きません。

　다나카 씨가 안 간다면 나도 안 갑니다.

⑬ 駅(えき)に(行(い)く)なら、バスが便利(べんり)です。

　역으로 간다면 버스가 편리합니다.

⑭ 学生証(がくせいしょう)を(見(み)せれ)ば、記念品(きねんひん)が
もらえます。

　학생증을 보여주면 기념품을 받을 수 있습니다.

2. 적당한 것을 고르시오.

① 桜(さくら)が(咲(さ)くと/咲(さ)いたら)、花見(はなみ)に行(い)くつ
  もりだ。

  벚꽃이 피면 꽃놀이를 갈 예정이다.

② 食事(しょくじ)が(できると/できたら)、呼(よ)んでください。

  식사가 준비되면 불러주세요.

③ (寒(さむ)いと/寒(さむ)かったら)まどを閉(し)めてください。

  추우면 창문을 닫아 주세요.

④ パソコンを(買(か)ったら/買(か)うなら)秋葉原(あきはばら)に行っ
  たらいいですよ。

  PC를 산다면 아키하바라에 가면 좋아요.

제 11 과

문장연습 1

① やまだ先生(せんせい)はいつもこの席(せき)にお座(すわ)りになり
  ます。

  やまだ先生(せんせい)はいつもこの席(せき)に座(すわ)られます。

  야마다 선생님은 언제나 이 자리에 앉으십니다.

② どの駅(えき)でお降(お)りになりますか。

  どの駅(えき)で降(お)りられますか。

  어느 역에서 내리십니까?

③ すずき様(さま)はいらっしゃいますか。

  스즈키 님은 계십니까?

④ 次(つぎ)の電車(でんしゃ)をご利用(りよう)ください。

  다음 전철을 이용해 주십시오.

문장연습 2

① 車(くるま)でお送(おく)りいたします。

  차로 데려다 드리겠습니다.

② 先生(せんせい)にお会(あ)いしました。

　선생님을 만나뵈었습니다.

③ あとでお見(み)せします。

　나중에 보여드리겠습니다.

문장연습 3

① コーヒーと紅茶(こうちゃ)がございます。

　커피와 홍차가 있습니다.

② デザートでございます。

　디저트입니다.

③ お飲(の)み物(もの)は何(なに)になさいますか。

　음료는 무엇으로 하시겠습니까?

おさらい問題　복습문제

1. 다음 동사를 お~になる를 사용하여 존경어로 바꾸시오.

① 部屋(へや)に入(はい)る

　방에 들어가다

　→ 部屋(へや)にお入(はい)りになりますか。

　　방에 들어가십니까?

② やまださんに会(あ)う

　야마다씨를 만나다

　→ やまださんにお会(あ)いになりますか。

　　야마다씨를 만나십니까?

③ たなかさんを待(ま)つ

　다나카씨를 기다리다

　→ たなかさんをお待(ま)ちになりますか。

　　다나카씨를 기다리십니까?

④ パソコンを使(つか)う

　컴퓨터를 사용하다

　→ パソコンをお使(つか)いになりますか。

　　컴퓨터를 사용하십니까?

⑤ 日本(にほん)へ帰(かえ)る

　일본으로 돌아가다

　→ 日本(にほん)へお帰(かえ)りになりますか。

　　일본으로 돌아가십니까?

2. 다음 동사를 れる・られる를 사용하여 존경어로 바꾸시오

　① 毎日(まいにち)何時(なんじ)に寝(ね)る。

　　매일 몇시에 자다

　　→ 毎日(まいにち)何時(なんじ)に寝(ね)られますか。

　　　매일 몇시에 주무십니까?

　② 新聞(しんぶん)を読(よ)む。

　　신문을 읽다

　　→ 新聞(しんぶん)を読(よ)まれますか。

　　　신문을 읽으십니까?

　③ おみやげを買(か)う。

　　기념 선물을 사다

　　→ おみやげを買(か)われますか。

　　　기념 선물을 사십니까?

　④ テレビを見(み)る。

　　텔레비전을 보다

　　→ テレビを見(み)られますか。

　　　텔레비전을 보십니까?

　⑤ 参加(さんか)する。

　　참가하다

　　→ 参加(さんか)されますか。

　　　참가 하십니까?

3. 다음 동사를 お~ください(~해 주십시오.)를 사용하여 존경어로 바꾸시오

　① 名前(なまえ)を書(か)く

　　이름을 쓰다

　　→ 名前(なまえ)をお書(か)きください。

　　　이름을 써 주십시오

② すこし待(ま)つ

　　조금 기다리다

　　→ すこしお待(ま)ちください。

　　　조금 기다려 주십시오

③ ロビーに集(あつ)まる

　　로비에 모이다

　　→ ロビーにお集(あつ)まりください。

　　　로비에 모여 주십시오.

④ ぜひ参加(さんか)する

　　꼭 참석하다

　　→ ぜひご参加(さんか)ください。

　　　꼭 참석해주십시오.

⑤ メールを確認(かくにん)する

　　메일을 확인하다

　　→ メールをご確認(かくにん)ください。

　　　메일을 확인해주십시오

4. 다음 동사를 존경어(尊敬語)로 고치시오.

① 行(い)ってください。

　　→ いらしてください。

　　　가 주십시오.

② 来(き)てください。

　　→ おこしになってください。/おこしください。/いらしてください。/

　　　おいでください。

　　　오십시오.

③ お部屋(へや)にいてください。

　　→ お部屋(へや)にいらしてください。/

　　　お部屋(へや)にいらっしゃってください。

　　　방에 계십시오.

④ たくさん食(た)べてください。

　　→ たくさんおめしあがりください。/たくさんめしあがってください。/

　　　たくさんお食(た)べください。

　　　많이 드십시오.
⑤ ごゆっくり寝(ね)てください。
　　→ ごゆっくりお休(やす)みになってください。/
　　　ごゆっくりお休(やす)みください。
　　　푹 주무십시오.
⑥ なんでも言(い)ってください。
　　→ なんでもおっしゃってください。
　　　무엇이든지 말씀하십시오.
⑦ こちらを見(み)てください。
　　→ こちらをご覧(らん)になってください。/
　　　こちらをご覧(らん)ください。
　　　여기를 보십시오.
⑧ ガウンを着(き)てください。
　　→ ガウンをお召(め)しになってください。/
　　　ガウンをお召(め)しください。
　　　가운을 입으십시오.

5. 다음 문장을 존경어(尊敬語)로 고치시오.
① 新聞(しんぶん)お読(よ)みになりますか。
　　新聞(しんぶん)読(よ)まれますか。
　　신문 읽으십니까?
② コーヒー、めしあがりますか。
　　コーヒー、お飲(の)みになりますか。
　　コーヒー、飲(の)まれますか。
　　커피 마시십니까?
③ 何時(なんじ)ごろお見(み)えになりますか。
　　何時(なんじ)ごろおこしになりますか。
　　何時(なんじ)ごろいらっしゃいますか。
　　何時(なんじ)ごろおいでになりますか。
　　何時(なんじ)ごろ来(こ)られますか。
　　몇 시쯤 오십니까?
④ 会員証(かいいんしょう)をお持(も)ちください。

　　　회원증을 지참하십시오.

　⑤ 少(すこ)しお待(ま)ちください.

　　　조금 기다려 주십시오.

6. 다음 문장을 겸양어로 고치시오.

　① メールをお送(おく)りします.

　　　メールをお送(おく)りいたします.

　　　메일을 보냅니다.

　② かさをお持(も)ちします.

　　　かさをお持(も)ちいたします.

　　　우산을 가지고 옵니다.

　③ ご連絡(れんらく)します.

　　　ご連絡(れんらく)いたします.

　　　연락하겠습니다.

하치노 토모카 (八野 友香)

· 한국외국어대학교 대학원 일어일문학과 언어학박사
· 대한민국 정부초청 외국인 장학생 국무총리상 수상
· 현 사이버한국외국어대학교 일본어학부 교수

연구분야
　현대일본어문법, 한일어대조연구, 이러닝

저서
· 『시츄에이션 일본어 회화』 제이앤씨
· 『고급 일본어 작문』 제이앤씨
· 『현대 일본어 접속조사 연구』 인문사

일본어문법 - 중급 -

초판 1쇄 인쇄　　2015년 07월 21일
초판 1쇄 발행　　2015년 07월 31일

저　　　자　하치노 토모카
발 행 인　윤 석 현
발 행 처　제이앤씨
책임편집　최인노 · 김선은 · 최현아
등록번호　제7-220호

우편주소　서울시 도봉구 우이천로 353 성주빌딩 3층
대표전화　02) 992 / 3253
전　　　송　02) 991 / 1285
홈페이지　http://www.jncbms.co.kr
전자우편　jncbook@hanmail.net

ⓒ 하치노 토모카, 2015. Printed in seoul KOREA.

ISBN 978-89-5668-106-1　13730　　정가 22,000원